U0945234

20世纪都市女性形象与都市文化

傅建安 著

湖南师范大学出版社

图书在版编目（CIP）数据

20世纪都市女性形象与都市文化／傅建安著．—长沙：湖南师范大学出版社，2010.8

ISBN 978－7－5648－0135－9

Ⅰ．①20…　Ⅱ．①傅…　Ⅲ．①女性—人物形象—文学研究—中国—当代　Ⅳ．①I206．7

中国版本图书馆CIP数据核字（2010）第146607号

20世纪都市女性形象与都市文化

傅建安　著

◇责任编辑：吴亮芳　杨　敏
◇责任校对：秦洁雯
◇出版发行：湖南师范大学出版社
　地址/长沙市岳麓山　邮编/410081
　电话/0731.88853867　88872751　传真/0731.88872636
　网址/http：//press.hunnu.edu.cn
◇经销：湖南省新华书店
◇印刷：国防科技大学印刷厂

◇开本：670×960　1/16
◇印张：17.25
◇字数：267千字
◇版次：2010年8月第1版　2010年8月第1次印刷
◇书号：ISBN 978－7－5648－0135－9
◇定价：18.00元

目　录

绪 论

近年来，中国经济的飞速发展、科技的进步与由此而来的快速的城市化进程为广大女性提供了大显身手的舞台。随着前所未有的自由生活空间的到来，女性的生命形态发生了很大的改变，一批张扬个性、崇尚自我的“新女性”以其绚目色彩与不无偏激的言行引起人们的广泛关注。而女性写作中自我激情的燃烧与乍然解禁之后的欲望化狂欢更使恪守礼教人伦的人们震惊侧目。这些现象在近年来的都市文学创作中也得到及时体现。

一、众说纷纭的都市“新女性”

流行乐坛的 S. H. E 为新女性创造了一个新词叫“SHERO”。她们号召人们不要再等待

"HERO"，而是要做自己的女王，即"SHERO"。要成为女王，必须具备"三有条件"——有种，有钱、有身材。"有种——就是要敢爱、敢放手；有钱——就是要努力工作、独立生活、满足自己的需求；有身材——喜欢自己的身体，不因外表而妄自菲薄，想露就露，自己做主"。[①] 可见，S. H. E 对女性问题有着别具一格的思考，而流行文化的特征又使她们的思考具有某种代表性与导向性。博客文学中的"木子美"现象与九丹的《乌鸦》、卫慧的《上海宝贝》在文坛与社会上引起轩然大波，有的甚至一度被视为禁书。女性的欲望可以不借助于"黑夜"的遮蔽，女性意识不仅"浮出历史地表"，而且在某种情况下异化为张扬怪异之态。对于这种情况，人们或赞扬或贬抑，呈现出众说纷纭的热烈。有的站在生命价值的角度对其肯定；有的站在比较客观公正的立场批评"新女性"用对抗性的、颠覆的、极端的方式表达自我或许违背了女性意识的初衷[②]；而有的则报以叫骂与酷评，如被西方传媒追捧为"中国近代最杰出的批评家"的李敖就讥讽"'新女性'可能有五分好条件，就自我膨胀为五十分不知天高地厚"，为"过去的新女性从厨房里走出来，现在的新女性从来没有进过厨房"而遗憾，并且认定"新女性"要成正果，就"绝不要站在你丈夫的面前"。[③]从以上观点看来，一方面，有些文化观念鼓励女性成为"SHERO"，敢爱敢恨，敢做敢当，甚至无父无君；另

---

① SHERO［2010－06－20］. http：//baike. baidu. com/view/3277005. htm？ fr = ala0_1_1.

② 李卫红等．对抗与超越——"新女性现象"的文化审视与关照．贵州日报，2004-03-09.

③ 李敖．呜呼新女性．2009－11－01. http：//blog. sina. com. cn/s/blog_499d4009010005t6. html.

一方面，又有人认为女性“绝不要站在你丈夫的面前”，否定女性的独立性，让女性退居噩梦般历史的魅影。各执一端，难以调和。无疑，文化的发展有助于女性挣脱旧有的行为规范，西方女权主义思想又进一步加强了女性解放的自觉，但是，在这失序的状态中，“新女性”究竟将向何处去？这仍然是一个值得思索的问题。

二、女性文学与都市文化：本课题研究现状探析

傅立叶说过，妇女解放的程度是衡量社会发展的一个尺度。这一尺度与人类文化、经济、政治的各个侧面都有千丝万缕的联系。所以，在人的基本权利和人格地位平等的前提下，具体、历史地规范社会的性别关系，达成双性和谐，携手共进，仍是一个很有意义的命题。为此，大批学人抱以巨大的热情投入了大量精力。在20世纪80年代中后期主要是借助西方文化资源来进行研究。西方女权/女性主义论中西蒙·德·波伏娃的《第二性》①、贝蒂·弗里丹的《女性的奥秘》②、弗吉尼亚·伍尔夫的《一间自己的屋子》③和凯特·米利特的《性的政治》④迅速传入中国，张京媛将埃莱娜·西苏、西蒙·德·波伏娃、玛丽·雅各布斯等西方代表性女性主义理论编辑成《当代女性主义文学批评》，为女性的自觉提供了理论的依据。西蒙·德·波伏娃的《第二性》被称为西方妇女的“圣经”，叙说了妇女自童年至老年的实际经历，解说她们身心发展的过程，指出

① ［德］西蒙娜·德·波伏娃．第二性．陶铁柱，译．北京：中国书籍出版社，1998.

② ［美］贝蒂·弗里丹．女性的奥秘．南京：江苏人民出版社，1988.

③ ［英］弗吉尼亚·伍尔夫．一间自己的屋子．王还，译．北京：三联书店，1989.

④ ［爱尔兰］凯特·米利特．性的政治．北京：社会科学文献出版社，1999.

长期以来，男性理所当然的是第一性，女性居于次于男性的“第二性”的地位。弗吉尼亚·伍尔夫的《一间自己的屋子》则强调了女性独立经济地位的重要性。这些理论著作给中国研究者带来耳目一新的感觉。1995年世界妇女大会在北京召开，推进了这一研究的进程。为此，作家出版社出版了“莱曼女性文化”书系，由七位女作者与三位男作者从各自研究的领域深入探讨女性问题。包括刘纳的《颠踬窄路行》①、夏晓虹的《晚清文人妇女观》②、黄乔生《西方文化与现代中国妇女观》③、王绯的《睁着眼睛的梦》④、谭桂林的《宗教与女性》⑤、孟晖的《中原女子服饰史稿》⑥、解玺璋的《中国妇女向后转》⑦、（韩）洪信子的《为自由辨明》⑧，戴锦华的《镜城突围》⑨、郑伊的《女智者共谋》⑩。他们从女性问题的历史沿革、女性的生存困境、女性与其他社会学科等多方面进行研究，形成了一个多彩的理性世界，对女性研究进行了一次大的总结。他们的成就使女性研究从以往思想研究、文学研究中慢慢独立出来，成为一门独立的学科。随后，首都师范大学成立了女性文学研究中心，编写了一套“中国女性文化”丛书，力图及时反映女性文学的最新研究成果，推动女性文化建设。性

① 刘纳．颠踬窄路行．北京：作家出版社，1995.
② 夏晓虹．晚清文人妇女观．北京：作家出版社，1995.
③ 黄乔生．西方文化与现代中国妇女观．北京：作家出版社，1995.
④ 王绯．睁着眼睛的梦．北京：作家出版社，1995.
⑤ 谭桂林．宗教与女性．北京：作家出版社，1995.
⑥ 孟晖．中原女子服饰史稿．北京：作家出版社，1995.
⑦ 解玺璋．中国妇女向后转．北京：作家出版社，1995.
⑧ ［韩］洪信子．为自由辨明．北京：作家出版社，1995.
⑨ 戴锦华．镜城突围．北京：作家出版社，1995.
⑩ 郑伊．女智者共谋．北京：作家出版社，1995.

别研究逐渐系统化，在学科梯队里形成了女性文学研究的三代女学人，女性学日渐成为一门显学。

综观以往女性研究，批评家们主要从女性意识的觉醒、男权陷阱等女性批评的角度建构女性文化。

孟悦、戴锦华的《浮出历史地表》[①] 运用精神分析学、结构主义、后结构主义理论分析庐隐、冰心、丁玲、张爱玲等九位现代女作家的创作，揭示了中国女性命运与中国历史发展之间错综复杂的关系，揭示出女性由地心而地表的特殊历程，是一部女性批评的代表性著作。而戴锦华的《涉渡之舟：新时期中国女性写作与女性文化》[②] 全面地运用女性主义的观点对新时期代表性女作家如张洁、张抗抗、张辛欣、王安忆、铁凝、残雪等时隐时现的女性立场进行分析，提出了女性生活与女性写作的“花木兰式境遇”（即化妆为男人的境遇），指出女性突围中的镜城情境与奇遇种种。刘慧英的《走出男权传统的樊篱——文学中的男权意识批判》以丰富的材料与雄辩的论述历数男权价值标准与男权意识在现实生活与文学创作中的种种表现，指出传统的才子佳人程式体现出女性对男性的物质和精神依附，《雷雨》、《苔丝》文学作品中的诱奸故事程式标志着女性自我的迷失，而《白毛女》式的社会解放程式的故事则意味着对女性自我的回避与否定。综合这三种情形，历来文学作品对女性形象的塑造有着将女性“自我”空洞化的局限。她批判中国文化的性爱死角，历来对性的扭曲与丑化，将

① 孟悦，戴锦华. 浮出历史地表：现代妇女文学研究. 北京：中国人民大学出版社，2004.

② 戴锦华. 涉渡之舟：新时期中国女性写作与女性文化. 北京：北京大学出版社，2007.

性与情截然对立的“无性的爱”与“无爱的性”，最终提出了不带偏见的文化设想。刘思谦的《“娜拉”言说》[①] 梳理了中国现代女作家的心路历程，指出“娜拉”走后行程的艰难。旅美学者胡缨在《翻译的传说：中国新女性的形成(1898—1918)》[②] 一书中指出五四时期中国新女性形成的复杂血缘，各种西方话语在其中扮演的重要角色。从 1898 年至 1918 年的 20 年间，中国女性经历了由“旧”到“新”蜕变的复杂而痛苦的历程，“新女性”与三重“他者”，即传统才女、男性、外国女性之间构成对应的告别、参与、趋同关系。在新女性的形成过程中，《孽海花》中的傅彩云、《东欧女豪杰》中的苏菲亚、法国大革命温和派吉伦特党人的罗兰夫人对新女性自主意识的勃发，以榜样的力量起着引路人的作用。荒林与王光明合作编写的《两性对话》[③]，改变了由女性学人进行性别研究的格局，从男性视角对女性与女性文化进行研究与了解。

这些对女性的研究注重性别的视角，为女性认识自我及自身处境都做出了很大的贡献。

近年来，在都市文化与都市文学研究方面，学术界和理论界也各有建树。都市文化的研究成为热门，北京、上海、苏州及湖南古城凤凰等均有人专门从事城市文化史的研究，但是缺乏对整个都市文化特征及发展脉络的把握。在都市文学研究方面，海派的研究进行得比较充分。除对作家作品重新发掘、对海派在文学史中的位置进行重新定

---

① 刘思谦．“娜拉”言说——中国现代女作家心路历程．上海：上海文艺出版社，1993.

② 胡缨．翻译的传说：中国新女性的形成（1898—1918）．龙瑜宬，彭珊珊，译．香港：凤凰出版传媒集团，南京：江苏人民出版社，2009.

③ 荒林，王光明．两性对话．北京：中国文联出版社，2001.

位以外，对海派与中国现代都市文化之间关系的解读也是海派文学研究的重点。如吴福辉的《都市漩流中的海派小说》[①] 为海派正名，系统地阐释了海派文化的历史变迁，海派文化心理和行为方式，海派小说的文化风貌，并梳理了海派和20世纪中国文化之间的关系。李欧梵的《上海摩登·一种新的都市文化在中国1930—1945》[②] 把上海与现代文学联系在一起，描述了上海都市的各面，揭示了上海现代性特征，并重点分析了刘呐鸥、穆时英、邵洵美、叶灵凤等6位作家及其作品。李今的《海派小说与现代都市文化》[③] 解析了海派唯美、颓废的审美品格及海派文化对于新的生活方式的探寻，海派文学适应都市市民品位与神经的文学观念，以及体现出来的日常生活意识与都市市民哲学。李俊国在2004年出版的《中国现代都市小说研究》[④] 中，深入探究了中国现代都市小说的审美嬗变。这些研究从作家作品、文学文化等各个视角对海派文学与文化进行了准确的阐述。研究者对于新时期都市文学的研究主要集中在异彩纷呈的都市文学现状、各位作家风格各异的创作风格等方面。李洁非在1999年就出版了《城市像框》[⑤]，他对20世纪90年代都市文学的作家作品作了详尽的研究；蒋述卓2003年出版了《城市的想象与呈现》[⑥]，将都市文化与都市文学置于全球化理论和美学理论的平台上进行解析。这些理论研究均充实了都市文学研究领域的成果。

---

① 荒林，王光明．两性对话．北京：中国文联出版社，2001.

② 李欧梵．上海摩登．毛尖，译．北京：北京大学出版社，2001.

③ 李今．海派小说与现代都市文化．合肥：安徽教育出版社，2000.

④ 李俊国．中国现代都市小说研究．北京：中国社会科学出版社，2004.

⑤ 李洁非．城市像框．太原：山西教育出版社，1999.

⑥ 蒋述卓．城市的想象与呈现．北京：中国社会科学出版社，2003.

女性意识的发展是与都市化进程密不可分的。只有都市才能为女性提供平等的就业机会，也只有在都市，女性的才能才得以一显身手。女性拥有如同伍尔夫所说的“一间自己的房间”以后，出走的“娜拉”才不至于“不是堕落，就是回来”。而都市的发展历程又随时呈现出现代化的多副面孔，这些面孔均折射在女性形象的巨大变化上。可见，女性意识的建构、发展与都市化、现代化的进程紧密相关。而这正是以往女性研究所忽略的。只有姚玳玫的《想像女性》[①] 突破以往女性研究的格局，从叙事学的想象理论出发，以女性形象阐释海派文化建构，如“唯美”、“摩登”、“肉欲趣味与波皮垮掉” 等。理论界对都市化进程中整体女性形象的发展与都市文化发展的关系、女性形象文化发展过程却鲜有系统的研究。

三、女性形象与都市文化：本课题立论依据与研究内容

正如赵园所说：“文学艺术的寻找城市，生动地传达着一种文化期待，对于中国的城市化、城市现代化的文化期待。”[②] 将女性形象作为考察的案例，一个基本的理由是在女性身上可以更明显地反映出社会变化的内涵，在一个社会转型和变化的时期，女性自身的道德因素和其变化都能够清楚地显现。

中国新文化建立是一项极具颠覆性质的过程，特别是在女性解放过程中呈现为文化极端姿态。

从母系氏族进入父权制社会以来，女性一直处于被压抑、被遮蔽的状态。所谓“夫受命于朝，妻受命于家”，

---

① 姚玳玫．想像女性．北京：中国社会科学出版社，2004.

② 赵园．北京：城与人．北京：北京大学出版社，2001：192.

"妇顺者，顺于舅姑，和于家人，而后当于夫，以成丝麻布帛之事"，"男子居外，女子居内……男不言内，女不言外"等经典言论成为两性话语的性别分野；"夫者妻之天"，"三从四德"等强大的"菲勒斯中心"权力话语成为男性共谋的以制约女性的集体无意识。近代辜鸿铭仍盛赞"手不离纺锤，指不离纱杆"的女性如同红宝石般德行出众。女性存在的某种意义是成为男人的好"te-kaki（手靠）"或好"me-kaki（眼靠）"。[①]近代都市化进程以来，西方资本主义文明的影响与不同伦理价值观念的洗礼催生出新的思维方式与行为习惯，使女性的言行表现出与传统行为规范相左的某种特异性。因言行有悖于流行的社会行为规范，她们通常不被道德伦理所认可。如张抗抗的《作女》[②]，描写了一类"不安分守己，自不量力、任性而天生热爱折腾的女人"。她指出，"京城的方言中，有一个专门的字来形容这类女人。……其实，在东北以及上海苏杭一带，方言中都是有这个'作'字的。意指那些不安份守己、自不量力、任性而天生热爱折腾的女人。可以肯定不是褒义词，但贬义又有些含混，不肯直截了当地说明白了，留着给人自个儿琢磨反省的余地。"这一类女性在北方，被命名为"作女"，根据南方的语言习惯，我们把她们称之为"巫女"。都市化的进程又使这些特异女性形象处于不断发展之中，她们在敏于观察、思考与表现的中国现当代作家作品中得到反映，形成现代都市女巫形象系列。

近代都市工业的发展为女性提供了一显身手的舞台，

① 辜鸿铭．中国妇女//夏丹，孙木犁．辜鸿铭作品精选．武汉：长江文艺出版社，2004：64-82.

② 张抗抗．作女．北京：华艺出版社，2002：72.

而西方资本主义文明的影响与不同伦理价值观念的洗礼催生出了新的思维方式与行为习惯。“虽然乡土的因素一直存在，但从五四到三十年代，现代文学基本上是一个城市化的文学，它在思想上承袭着二十世纪初形成的‘西化’或曰‘欧化’的强大思潮。”① 人们在观念上强烈地渴望融入世界，而基本的创作风貌体现为强烈的城市化倾向。在女性形象表现方面，清末民初出现了张恨水等通俗作家笔下以“自由”为灵魂，并呈现出启蒙现代性的“都市自由女”。20 世纪三四十年代，中国都市化得到了长足发展的背景下，刘呐鸥、穆时英、施蛰存等海派作家描绘了一批游弋于其中“都市摩登女”，她们生动地体现出都市的表征，传达了都市的脉动，表达了都市情绪。中华人民共和国成立前后，中国几十年的社会政治形势发展特点使人们过分关注与表现乡村而忽略了都市，即使是都市题材作品，作家们关注的大多是“里弄情”、“家务事”，缺乏真正的都市意识，没有 20 世纪上半叶作家们所关注的城市的现代性特征，因此也就中断了与现代都市的文学连接。直到 20 世纪 80 年代末，由于商品经济的发展，中国社会才形成真正意义上的现代城市，才重新出现真正意义上的都市意识，且由于文学创作处于相对开放的环境中，中国当代都市文学也才找到与现代城市文学的衔接点。都市文学的发展才成为 20 世纪 80 年代末以来一个令人关注的现象。都市文学以欣欣向荣之势向前发展着，在他们的创作中体现出一种现代都市精神，带有都市的快节奏、消费经济与精神孤独、困惑等特征。都市文化进一步从现代走向后现代，以至于

① 陈晓明．现代性与中国当代文学转型．昆明：云南人民出版社，2003：40.

呈现回归的态势，中国都市女性形象也呈现为建构、解构与重构的发展轨迹。

本书试图从文化与性别的视野以镜像理论、精神分析与心理分析理论、西方现代主义哲学美学理论及性别文化理论研读20世纪都市文学，系统研究女性形象与都市文化发展的关联，现代性在女性形象中的体现；女性在都市化、现代化进程中体现出的女性意识突围的重要意义与偏执性以及由于这种变化触及潜意识领域的男权本位时，男性对其进行的妖魔化想象，展现女性突围的艰难；最后，从女性形象的发展历程昭示出中国文化的未来走向。

第一章 巫女形象的文化变迁

第一节 都市化与巫女形象

现代都市的到来给女性带来划时代的意义，比对于男性的意义更为重要。但与此同时，她们又陷入了另一种生存的困境。

一、都市化与女性独立人格的形成

女性经济角色决定了她的社会地位。所以，鲁迅在《娜拉走后怎样》如此解析当时风行一时的“娜拉出走”现象：“所以为娜拉计，钱——高雅的说罢，就是经济，是最要紧的了。”① 从娜拉必将面临的经济困境断言娜拉走后的艰难。李大钊也强调：“妇女在社

① 鲁迅．娜拉走后怎样//鲁迅全集（一）．北京：人民文学出版社，1980：159.

会上的地位随着经济状况而变动”，“经济问题一旦解决，什么政治问题、法律问题、宗教制度问题……都可以解决”。[①] 女性要求得人身解放，首先必须求得经济的独立。人类进入父权制社会以来，女性由于失去了经济的独立性而被男性所淹没与覆盖。中国妇女长期保持着与诱惑隔绝的地位，安全、本分、平和、贤良成为她们最优良的品性，失去了与男性争锋的基础，也就失去了与男性竞争的意识与勇气。正如恩格斯所说：“母权制的被推翻，乃是女性的具有历史意义的失败。丈夫在家中掌握了权柄，而妻子则被贬低，被奴役，变成丈夫淫欲的奴隶，变成生孩子的简单工具了。”[②]所以，长期以来人类文明与文化的结果，使得女性的依附性格与“第二性”的地位甚至已经内化为女性自身自觉的规范与要求。

都市的发展为女性提供了许多就业机会，为女性实现经济独立创造了可能。人权意识的发展又为女性的经济独立提供了理论保障。于是，工人、教师、打字员、接线员、邮务员、新闻记者成为都市化初期女性从业者的主要职业。五四前后，女工人成为工厂职工的一大主体。如下表：

1915—1920 年全国女工人数比较表[③]

年份	职工数（人）	女工数（人）	比例（%）
1915	648524	245076	37.8
1916	576032	239954	41.7
1917	555592	237745	42.8

① 李大钊．再论问题与主义．每周评论，1919（35）．

② ［德］恩格斯．家庭、私有制和国家的起源//马克思恩格斯选集：第4卷．北京：人民出版社，1972：52.

③ 王清彬．第一次中国劳动年鉴．北平：北平社会调查部，1928：549.

年份	职工数（人）	女工数（人）	比例（%）
1918	488605	181285	37.1
1919	410278	183589	44.7
1920	413040	167367	40.5

可见，在工业革命带来的社会变迁中，女性虽然大多处在劳动分工的底层，但是她们在时代的发展中走出了家庭这个私人领域。女性不仅初步获得经济的独立，而且开阔了视野。在这一点上，恩格斯也做过非常精辟的论述："妇女解放的第一个先决条件就是一切女性重新回到公共的劳动中去。"[①] 正因为她们重新回到公共的劳动中，她们才有人格的独立，社交公开、婚姻自由才不至于一纸空谈。所以，清末民初的都市自由女大谈公妻、男妾，海派笔下游弋于十里洋场的都市摩登女如同雌螳螂般吞食异性也绝不是空穴来风。（具体论述见第二、三章）

二、物欲时代的消费能指系统

许纪霖在《近代中国城市的公共领域——以上海为例》中谈到公共领域的出现的两个条件："一是从私人领域中发展出公共交往的空间，伴随书籍、杂志、报纸的日常生活化，出现有教养的阅读公众，这些公众以新闻记者为中介、以交流为核心，逐渐形成开放、批判的公共领域。二是公共领域讨论的虽然是公共政治问题，但本身是非政治化的，是在政治权力之外建构的公共讨论空间，相对于权力系统来说拥有独立性。"近代中国都市女性的变化从男女两性交

① ［德］恩格斯．家庭、私有制和国家的起源∥马克思恩格斯选集：第4卷．北京：人民出版社，1972：71.

往与日常生活伦理的私人空间通过小说、报刊、杂志的捕捉展现出来，从而产生影响与辐射作用，并在公共领域内逐渐被人们所认可与接受，变成流行与时尚的观念，最终形成都市的文化特征与文化精神。比如，在20世纪30年代中期出版的一本专门介绍、宣传现代女性恋爱和生活的小册子《恋爱随笔》认为："现代生活幸福的钥匙"取决于"现代趣味"，而所谓的现代趣味即是"电影、运动、读书、跳舞、音乐、手艺"，只有在这些活动中才能塑造现代女性的摩登品行，古典的相夫教子的角色和温良恭俭让的美德已不再是"时代女性"所承担的"应该"。如何获得"美"和"媚"以增加自己作为女性的社会资本成为她们日常生活精心营构的重大事件。所以，南方特别是上海的女性在任何时候都不会忘记自己的性别角色，决不会像许多北方女孩一样，满不在乎地穿男人的衣裤，即便在"不爱红装爱武装"的年代，她们也会对当时的流行色动点手脚，突出属于女人的韵味。杨东平在《城市季风》中指出："上海女孩从少女时代起，就得到来自母亲和外婆的'女性养成教育'。她们从小就知道自己是女人及如何做女人。"女性形象的变迁同时也是都市变迁的睛雨表。

对于娱乐业高度发达的上海，消费与享乐是其突出的主题。在男权社会中，女性是男性欲望的对象，而近代上海的都市化进程，女性的身体则成为最好的消费品。所以，都市与女性的关系复杂纠结。一方面，城市的发展为女性提供了就业的可能，为女性解放提供了一定的经济基础；城市人口的聚居性与信息传媒的发达等为女性解放提供了理论阵地。另一方面，上海又是一个欲望空间，物的诱惑又使女性的物化在城市的都市化进程中登峰造极。近代上海既是女学之中心，又是妓女的聚集地。晚清许多女学生、女志士、妓女多集中在上海。上海既时刻上演着女性们的前卫表演，也永远上演着甘愿为物、不知今夕何夕的悲喜剧。即使在女性们的前卫表演中，也不乏以身体为武器来实现其崇高目的的宏才大略。所以，与都市化联系紧密的都市巫女的行为表现又是一个不断物化的过程。

（一）她们以对物的享受与占有引导着社会的消费能指系统

让·波里亚指出："消费社会的逻辑根本不是对商品的使用价值的占有，而是满足于对社会能指的生产和操纵；它的结果绝非在消费产品，而是在消费产品的能指系统。"① 清末民初的狭邪小说写尽了妓女的风光、奢华与放荡，她们带着昂贵的金刚石钻戒，坐豪华马车兜风，出入番菜馆吃大菜，游张园，看大戏，姘戏子。在上海街头，打扮得极尽时尚和奢华的妓女们坐着豪华富丽的马车疾驰而过，马车上的装饰包括车夫的号衣也都是时新的。而新感觉派小说所表现的女性生活场景主要集中在夜总会、赌场、公园、舞厅、酒吧、饭店、跑马场等寻欢作乐的场所，吉士牌香烟、骆驼牌香烟、好莱坞电影、爵士乐、Tap 舞、Tango、Saxophone、1932 年的跑车、奥斯汀汽车等随着发达资本主义国家的生产和消费向殖民地都市的蔓延而成为了都市消费的符码。丁玲《1930 年春上海》中的玛丽丽服靓妆，逛街购物，看电影，读流行报刊。她要到非常阔气的影院去看电影，并要从雕饰得很讲究的扶梯上和站有漂亮侍者的门边走到座位上去。白先勇笔下的尹雪艳则由奢华与侈糜构筑了她的"永远不老"。她吃的是"国际饭店 24 楼屋

---

① ［匈牙利］让·波里亚．消费社会．刘成富，全志钢，译．南京：南京大学出版社，2001.

顶花园华美消夜”，穿的是织锦旗袍、银狐大氅，住的是高级住宅区的崭新的西式洋房。她“坐在尹公寓里，很容易忘记外面台北市的阴寒及溽暑。客厅案头的古玩花瓶，四时都供着鲜花”。都市巫女们的奢侈、淫糜之风引导、推动着都市的消费、享乐潮流，成为引导都市化进程的重要因素。正如迈克·费瑟斯通所言：“平凡与日常的消费品，与奢侈、奇异、美、浪漫日益联系在一起，而它们原来的用途或功能越来越难以解码出来。”①

所以，中国城市史学者乐正在《近代上海人社会心态（1860—1910）》中指出：“19 世纪末 20 世纪初，上海正经历着一场跨世纪的消费革命，新的消费时尚风靡了上海滩，塑造了新一代上海人的生活形象和性格，并使上海人取得了中国消费新潮的代表者、引导者的重要地位。”“老上海追求的是优雅生活和精致品位，锦衣玉食中衬托着一口软糯娇嗲的上海话：坐在霞飞路 DDS……老上海西装笔挺，口袋里叠着一方整整齐齐的白手帕，黄的香槟皮鞋一尘不染，踩着轻盈步履出入固定的消费场所，和平饭店、国际饭店、上海大厦、美琪大戏院……”②“对流行时尚，巴黎新近时兴一种什么衣装，纽约风行一种什么汽车，伦敦新发明一种什么香水，她们早已关心到，并且立刻‘东施效颦’起来。”③ 以下就是在上海消费能指系统指导下，上层社会的人们达成的共识：

---

① ［英］迈克·费瑟斯通．消费文化与后现代主义．南京：上海：译林出版社，2000.

② 熊月之，周武．海纳百川——上海城市精神研究．上海：上海人民出版社，2003：71.

③ 吴健熙，田一平．上海生活（1937—1941）：老上海期刊经典．上海：上海社会科学院出版社，2006：230.

坐人力车是寒酸的！

电车的三等是“下流人”乘坐的！

国货总没有西洋货好！

优良的货品只有公司里才买得到！

青菜豆腐是我们吃的吗？

“香烟屁股”应该留半寸长，能够留长些愈好！

不是“洋装书”不买、不看！

尽管一百码长的一段路，也得坐汽车！

看电影要进头轮的戏院！闲谈之中必须夹杂一些“洋泾浜英语”！

……

“大减价”不会有好东西卖！

“小吃部”不是为我们设立的。①

在他们的字典中，没有“适合”二字，只剩下饕餮的胃口。喧嚣的跑马厅、热闹的百乐门、洋气的张园，共同诠释着上海的消费，也共同构筑了上海的繁华。

(二) 在商品经济条件下将自身物化

按商品经济以物易物、等价交换的原则，对物的毫无节制的享受与占有是与自身物化分不开的。另外，商品经济条件下的即时消费观念给“刹那”间的感官快乐和愉悦提供了强大的理论支持。理想、神圣、永恒消解又带来末日狂欢的纵欲气息。所以，和都市巫女与都市化进程密切联系的另一方面是肉欲、淫糜气息的充斥。

晚清狭邪小说中金钱与性畸形结合表现出人际关系的

① 吴健熙，田一平．上海生活（1937—1941）：老上海期刊经典．上海：上海社会科学院出版社，2006：230.

畸形的平等。当代激进女性主义者认为，妓女是男权社会男女关系的原型，认为所有的妇女都在卖身，女人在社会中的唯一角色是妻子、秘书和女朋友，而所有这些都要求她们把自己出卖给一个或几个男人。[①]巴里也指出："卖淫是男性法则的一部分，是男人保证得到女人身体的一种方式。"[②]

穆时英小说中的主角舞女、交际花们的嘴角、大腿等总是充满着"肉感的气息"和"色情"的声浪，"男女凑巧相遇，各自说一点漂亮话"[③]，然后上酒吧，最后去旅馆开房间，充分享受着感官的快乐。"颓加荡"作家邵洵美、叶灵凤笔下的"恶之花"满溢着"春的气息，肉的甜热"。即使在左翼作家笔下，革命女性的反叛方式也以身体的放纵为主，她们以颠倒众生的性魔力实现个人的享乐、宣扬"性道德方面的反传统的彻底性和道德的虚无主义"。丁玲《1930 年春上海》中的玛丽"艳丽、丰满"，"有荡佚的媚态"，茅盾笔下的时代女性肉感的身体既有"颓加荡"的现代性和淫靡的都市感，又充满了强旺的、精血充沛的色情。

有人曾生动描绘过 20 世纪三四十年代观念巨变的上海女性们：

> 上海社会，鬃着粉红色的仕女们浸淫欲海孽涛中，很易发生关系。上海男女相好，都采用'特别快车'，十九一见倾心，再见窝心，三见那便是伤心了！……上海的红倌人、女明星、名坤

① 肖巍. 女性主义伦理学. 成都：四川人民出版社，2000.

② ［美］凯瑟林·巴里. 被奴役的性. 晓征，译. 南京：江苏人民出版社，2000.

③ 沈从文. 论穆时英//沈从文文集：第 11 卷. 广州：花城出版社，上海：生活·读书·新知三联书店，1984.

伶、交际花、风流少奶、浪漫姨太，阔阀千金，摩登女学生……都为小房子的台柱人物。”①

（现在的大家闺秀）未曾出嫁，先有‘奸情’，她们把贞操看得不值钱，和男子到旅馆开房间，即使在白天，也不会脸红！主张面首越多越好，以便多多选择！有的小姐甚至还主张：即使和你同居过，嫁不嫁你由我！②

都市中性爱与欲望的膨胀表明现代社会正经历着社会伦理道德的巨大转型，一种“娱乐道德观”正全面替代“行善道德观”，欲望话语渐渐成为生命的中心意识。

无疑，这是一种不健全的、畸形的人生。她们缺少自觉自省的理性之光的投射而使主体的自我意识处于懵懂混沌状态。自我只能被动地、不自觉地听命于偶然消长着的律令和欲望，从而导致主体目标的缺失。作为自由的物化型自我，她们也缺乏超越，她们的生活目标尚停留在物欲满足的世俗生存境界，而一切形而上的精神追求和信仰热情则与此无缘。在这种自我面前，爱情、友谊、亲情等具有超越性维度的精神需要都物化为赤裸裸的功利性欲求，而社会伦理规范则只剩下确保其成为社会所接受的合法角色的单一功能。当主体面临灵与肉的冲突与抉择时，便丧失了超越性而沦为物欲的奴隶。

---

① 吴健熙，田一平．上海生活（1937—1941）：老上海期刊经典．上海：上海社会科学院出版社，2006：195.

② 吴健熙，田一平．上海生活（1937—1941）：老上海期刊经典．上海：上海社会科学院出版社，2006：228.

第二节 巫女形象与现代性

现代性是个非常复杂的概念，文学上的现代性与社会发展的现代性往往并行相悖。伍方斐指出，“现代性”通常包括两层涵义：“一是‘社会现代性’，又称‘世俗现代性’，它表现为和社会的现代化与工业进程相关的占主流地位的价值观念和社会规范，如启蒙主义、工具理性与科技万能等；二是‘审美现代性’或‘美学现代性’，它以主体性和个体为内核，对工业主义和资产阶级市侩主义及观念进行批判，文学上的现代主义是这种富于批判性的美学精神的集中体现。”①

随着中国社会现代性的演进，中国许多城市日益呈现出异于传统农业文明的现代风貌，上海更因其特殊的地理位置迅速崛起成为“中国现代性的化身”（李欧梵语）。在西方资本主义文明的烛照下，传统文化承载着的“文明的碎片”失去了往日的神圣与庄严，现代性以其富于魅力的面孔展现了现代都市的崭新图景。不同风格、不同流派的作家展现着都市的不同侧面，如赵园所说：“上海是个大拼盘，是不同质料的合成物，自身即呈‘时空交错’”②。巫女

① 伍方斐．现代性：跨世纪中国文学展望的一个文化视角//宋剑华．现代性与中国文学．济南：山东教育出版社，1999：233.

② 赵园．北京：城与人．北京：北京大学出版社，2001：206.

形象作为现代性的载体也露出了现代性的多副面孔。

一、世俗现代性中都市“恶之花”

在以私有制为基础的商品经济中，人与人的社会关系被物与物的关系所掩盖，从而使商品具有一种神秘的属性，似乎它具有决定商品生产者命运的神秘力量。马克思把商品世界的这种神秘性比喻为拜物教，因而称之为商品拜物教。“市场变幻无常”，资本主义商品经济的发展带来的利益原则与竞争法则褪去了农业社会温情脉脉的面纱，如同浮士德似的向魔鬼靡菲斯特出卖了自己的灵魂。在商品拜物教的主宰下，清末民初的狭邪小说就集中体现了妓女对金钱因素的强调与突出。有史记载：“官妓既革，青楼遂不再承担为士大夫消愁遣兴的义务，妓女也不必再含英咀华，濡染翰墨，去迎合士大夫的雅趣。妓家的一切均以迅速赢利为依归。”鸨母当然也会让买来的讨人从小学一门技艺，也从小训练她们的言谈举止、待人接物等各方面的能力，但这只是笼络恩客的手段，并不像柳如是、李香君似的提高自身品位。《海上花列传》写赵朴斋、赵二宝兄妹从农村来到上海，赵朴斋沉缅于深酒色之中，日益落魄，而赵二宝几经包装渐渐得意。为了提高商品的卖价，换取恩客的青睐，妓女的生活排场极其豪华奢侈，而豪华奢侈的生活又使妓女们负债累累。为了摆脱困境，她们采取的最常见的办法就是“淴浴”——拣一有钱的主儿，假意同他好，说些情深意重的话等那人着迷，倾家荡产地帮她还债、赎身，把她娶回去。然后翻脸，终日吵吵闹闹，做下许多丑行，使那人不得不放她回去。所以鲁迅在《中国小说史略》中指出：“然自《海上花列传》出，乃始实写妓家，暴其奸谲，即以过来人现身说法，欲使闻者，按迹寻踪，心通其意，见当前之媚如西子，即可知背后泼如夜叉，见今日之密如糟糠，即可卜他年之毒如蛇蝎。”可见，商品经济影响下的恶魔现代性。陈思和也指出《海上花列传》里的妓女作为近代上海商业环境下的真实剪影，她们既有普通人的欲望、企盼和向往，也有近代商业社会沾染的唯利是图、敲诈勒索、欺骗嫖客等恶行，她们对男性的爱情早已让位给对金钱的骗取。[①] 所以，妓女成为了都市的指代，以荒淫和无耻指向都市的本质。一方面，妓女唯利是图与寡廉鲜耻、物欲的合法化和伦理的沦丧混为一体等象征着都市特征，另一方面，它是无责任地占有、享用并且可唾弃诅咒的对象，个体的责任和义务由于货币的中介而被消解。妓女——都市的意象代表着人们对都市恶魔现代性既恨又唾弃又没法不认同的情绪。所以，邵洵美通过巫女歌颂色欲与肉感，在罪恶中找寻快乐，书写“花一般的罪恶”；张爱玲笔下的丑怪女性有着旺盛的生命力与强有力的破坏性。

所以，杜衡在谈到海派时说：“‘海派’的涵义方面极多，大概地讲，就是有着爱钱、商业化，以至于作品低劣，人格卑下的这种种意味”[②]，姚雪垠也称“海派有江湖气、流氓气、娼妓气”[③]，周作人论及上海气时说，上海滩本来是一片洋人的殖民地，那里的（姑且说）文化是买办流氓与妓女的文化，压根儿没有一点理性与风致。张秋虫在《海市莺花》中也说：斗大的上海，平添了无数奇形怪状的人物……高鼻子洋人的骄气，富人的铜臭气，穷人的怨气，

① 陈思和．论海派文学的传统．杭州师范学院学报，2002（1）：1-6.

② 杜衡．文人在上海．现代，19334（2）.

③ 姚雪垠．京派与魔道．芒种，1935（8）.

买办的洋气，女人的骚气，鸦片烟的毒气，以及洋场才子的酸气。这些作家都敏锐地把握了上海恶魔现代性的典型特征。

二、审美现代性中翻云覆雨手

卡林内斯库在谈到“现代”、“现代性”与“现代主义”的时候，指出其表达的是一种日益强烈的历史相对主义意识，也就是对传统的批评。从传统到现代意味着一个重要的文化转变，“即从一种由来已久的永恒性美学转变到一种瞬时性与内在性的美学，前者是基于对不变的，超验的美的理想的信念，后者的核心价值观念是变化与新奇”①。

作为一个社会学概念，现代性总是和现代化过程密不可分，工业化、城市化、科层化、世俗化、市民主义、殖民主义、民族主义、民族国家等历史进程，就是现代性的种种指标。作为一个文化或美学概念的现代性，似乎总是与作为社会范畴的现代性处于对立之中，它的核心词汇就是“反叛”，浪漫主义、现代主义和后现代主义等文化思潮里面潜藏着的都是反叛的因子。所以有人认为现代性的一个重要特征就在于“断裂”。它是“导致先锋派产生的现代性”，“更能表明文化现代性的是它对资产阶级现代性的公开拒斥，以及它强烈的否定激情”。所以巫女们一方面认同世俗，在罪恶的都市如鱼得水，成为都市“恶之花”，另一方面，她们又以强烈的否定激情进行反叛。她们的不合时宜就是与既有规范“断裂”。清末民初的妓女以身体作为谋生的资本，以物易物，并且机智理性地与嫖客周旋，体现

---

① ［美］卡林内斯库. 现代性的五副面孔. 北京：商务印书馆，2004.

了不同于优雅、从容、贞静等传统的美德的现代性。“新感觉派”圣手穆时英笔下的蓉子将男性作为“消遣品”，无聊时当作“辛辣的刺激物”，高兴时当作“朱古力糖似的含着”，厌烦时就成了“被她排泄出来的朱古力糖渣”。刘呐鸥《热情之骨》中的花店老板娘对追求她的忧郁而诗意的外交官索要金钱的举动现实地打断了男主人公的浪漫化的想象，从而消解了传统爱情的浪漫与神秘。新感觉派笔下的巫女们通常具有享乐的本领与诱惑的手段。她们在两性关系中的主动地位体现出某种颠覆性。张爱玲的传奇则对以往观念进行全方位的解构，她把天长地久还原为衣食住行，把海誓山盟化解为身体情欲。茅盾笔下的时代女性以自己的身体作为报复的武器，更不用说新时期新新人类的后现代生命狂欢了。

三、放荡的欢娱殿堂中的忧郁栖居者

在欧洲，对“市侩式现代性”的批判是由“反现代”的美学现代性来承当的，而这个美学现代性的传统是由波德莱尔开创的。福柯在《何为启蒙》中指出：“正是在他（指波德莱尔）的作品中，人们一般看到的是19世纪现代性的最尖锐的意识之一……对他来说，成为现代的，并非指承认和接受这种恒常的运动，恰恰相反，是指针对这种运动持某种态度。这种自愿的艰难的态度在于重新把握某种永恒的东西，他既不超越现时，也不在现时之后，而在现时之中。”波德莱尔的现代性不仅体现出“现代”介于永恒与非永恒之间的时间性悖论，而且还致力于揭示在社会现代性的可怕对比背后的美。正是在这种“美”的诡异光芒的闪烁中，“颓废”显示出它的批判力量。所谓的“恶魔

主义”，就是从质疑“市侩式现代性”开始的，对波德莱尔来说，是从他发现都市中的“人群”往往意味着“孤独”开始的：“人群，孤独。对富有创造精神的诗人来说是意义相同的、可以互换的词语。如果你不懂得怎样使你的孤独状态中充满人群，你也就不懂得怎样在忙碌的人群中感受孤独”。芝加哥学派的帕克曾说过：“个人的流动——交通和通讯的发展……使得人们互相接触的机会大大增加，但却又使这种接触变得更短促、更肤浅。大城市中人之相当大一部分，包括那些在公寓楼房里或住宅中安了家的人，都好像进入了一个大旅店，彼此相聚而不相识。”这样流动的人际关系代替了农耕社会稳定的人际关系，人们于是产生理解与信任危机。和草原与森林中的危险相比，文明的日常震惊更容易让人产生恐惧感。就业生存的压力与商品经济展露出的冷漠脸孔越发使人感到都市无形的压力。在美学表现上即体现为审美现代性。

都市人既纵情于欲望的狂欢，又怀想失去的乡土家园，形成精神上的颓废和忧郁气质。正如齐奥尔格·西美尔所分析的那样：“在最放荡的欢娱殿堂的大门上应该刻上这么几个字：‘忧郁的栖居者’。”[①] 据《恶之花》的翻译者莫渝先生的考证：“忧郁 spleen 这英文，在十八世纪就引进法语中，意为无端的烦厌，厌倦，消沉，一直是萦绕诗人创作的主题，深入于诗人的病、死、冷、苦、爱情和艺术之中。”[②] 现代精神中的忧郁“是一种巨大的气馁，一种不可忍受的孤独，对于一种朦胧的不幸的永久的恐惧，对自己

① ［德］齐奥尔格·西美尔．忧郁的栖居者//时尚的哲学．北京：文化艺术出版社，2001：120.

② 金丝燕．文化的接受与文化过滤．北京：中国人民大学出版社，1994：244.

的力量的完全的不相信，彻底地缺乏欲望，一种寻求什么消遣的不可能”。[①] 现代都市的发展出现了现代都市空间，现代人所谓“先验的无家可归者”，那是些孤独的个人，以及他们漫游都市的经历。所以，戴锦华指出，当代社会已由过去的冉阿让式的犯罪慢慢过渡为疯狂、变态与精神病。

清末民初妓女与恩客的关系已不同于过去田园牧歌式的恋情与无拘无束的情爱，青楼女性们从繁华到落寞的必然使人感受到的是一种哀婉、感伤的现代情绪。穆时英通过笔下的尤物表现出丑角般被抛出正常生活轨道的人，她们悲哀的脸上戴着快乐的面具，写出她们不被人理解、精神隔绝及无法排除的寂寞感。施蛰存小说“善女人不善”与都市魔女构成互文关系共同阐释着人的压抑感。茅盾通过时代女性宣泄大革命失败后精英知识分子的颓废、沉沦、苦闷等现代性的情绪。张爱玲笔下的女性形象流露出一种把世情都看透的悲凉，她们都是“忧郁的栖居者”。

四、后现代解构思潮中的生命狂欢者

卡林内斯库认为，后现代主义是“与现代主义，颓废、先锋派或媚俗艺术处于同一个水平”的又一副丰满成熟的“现代性面孔”。[②] 在西方，作为恶魔现代性的顶峰，第二次世界大战以其史无前例的野蛮与破坏，以其对居于高度技术文明核心深处的残暴的揭示代表着现代性的终结。在其葬礼的狂野欢庆的时刻，迎来了西方历史的一个新时代，英国历史学家汤因比将它称为“后现代”，并因欧洲战后满目疮痍的现状，汤因比赋予其悲观焦虑的精神特征。杰拉

① 郭宏安．论恶之花．桂林：漓江出版社，1992：77.

② ［美］卡林内斯库．现代性的五副面孔．北京：商务印书馆，2004：285.

尔德·格拉夫把现代主义斥为对抗文化的核心神话之一，认为旨在反智识地赞美兽性生命力和一种无头脑享乐主义的精神风习张目。而另外一些诗人、艺术家、批评家则对它做出乐观主义——天启式的阐释。一般说来，后现代主义代表着意义上的“不确定性”、“不可决定性”及“多元性哲学”，它采用拼贴、戏拟、反讽等手法对“元叙事”（包括道德、人性等命题）进行解构，表达一种认识上的“虚无主义”。按照哈贝马斯对尼采后现代的理解，尼采标志的后现代的精神之一就是酒神狄奥尼索斯精神①，可见后现代主义的狂欢性质。中华人民共和国成立以来几十年的社会政治意识形态使人们过分关注与表现乡村而忽略了都市，而自20世纪80年代以来，在精英知识阶层的呼吁下，在“球籍”问题的焦灼中，中国再次将经济建设作为工作重心。中国都市再一次得到迅速发展，特别是1988年中国第一次遭到商业化大潮的冲刷和袭击以来，许多经济与文化现象表明中国正步入后工业时代。与此同时，西方后现代文化与哲学思潮又对中国文化观念产生了重要影响。商品结构与消费文化消解了传统观念对真、善、美的追寻，现代文化开始丧失了批判力量。在一片反叛声中，人们逐渐失去了精神的停泊地。体现在女性形象的塑造中，就是一批放任生命抓住现实存在及时享乐，放纵生命恣意妄为，率性而为，不拘形迹的都市巫女。正如后现代特征中的不确定性与多元性，后现代在解构的同时，蕴涵着社会现实的多种可能性。从陈染、林白到卫慧、棉棉，再到盛可以，都市女性形象乘着后现代思潮，也在解构颠覆过程中体现

① 陈晓明．重论德里达的后现代意义及其转向．学术月刊，2007（12）：14-27.

出新的重构的重要意义。

从以上实例可以看出，巫女形象与都市现代性有着本质的同一性。20 世纪都市巫女形象的书写既展现了都市女性艰难突围的曲折历程，又成为都市化与现代化前进方向的有力印证。她们既展现出都市繁华与糜烂同体的现代性图景，又体现出都市发展的强劲生命力。

第三节 巫女形象的文化积淀

在长期的文化积淀中，对于女性态度的两极型的思维模式，代表着人类社会以男性为中心的统治秩序对于女性的征服策略。

一、“巫”的辞源意义

“巫”最初是个中性词，其本义是古代称能以舞降神的人。小篆的“巫”就像女巫两袖舞形，《说文》中这样解释：“巫，祝也。女能事无形，以舞降神者也。”作为与上天对话的使者，她有着一般人不具有的聪明智慧。在商代，“巫”的社会地位是很高的。后来渐渐地发展出欺骗的性质，如“装神弄鬼”、“诡计”、“妖术”等贬义。如巫婆，指用妖术为人祈祷求神的女人。巫师，指替人祈祷的装神弄鬼的人。术，指心怀恶意地使用咒语、妖术和诡计。巫医，专门从事于用咒语、符咒、卜占、草药和魔法以治病、驱邪除祟等的人。王干与戴锦华曾就“巫”的问题进行过对话，他们总结出：第一，巫，代表着有才华，很有灵气，能通天接地；第二，女人长得好，“近妖”也是个高境界，代表着中国古代男人的性欣赏；第三，从巫文化、巫婆、巫女、巫术等词源意义上，“巫”讲女人的美，同时意味着危险，意味着邪恶。第四，从形而下意义上，“巫”也和装神弄鬼、疯疯癫癫联系在一起。所以，巫女的不可索解性，又带来女性的神秘性与和威胁性。[①]整体而言，巫女对于男性来说既是一种吸引，也是一种排斥，具有既爱又怕的复杂性，对于长期以来的男权中心文化，她又构成某种冲击性。美国女权主义者桑德拉·吉尔伯特、苏珊·格巴说：“妖女是迷人的，她就像一种涌动剧团的女演员，演出一部具有这种诱惑性和叛逆性的戏剧，以反抗父权制结构对她的摧残，于是她成为对女性有诱惑力的叛逆，如同她对男人一样。”[②]巫女形象的形成在中西方文化中有着很深的文化积淀，代表着男权社会对女性放逐，是父系社会政治文化体系中的性别针对性，性别敌对性与性别统治意味的一场性别文明之战。

二、女性形象的男权划分

由于男权主义文化功利化特征，在古今中外的文学作品中，天使与魔鬼成为女性形象的男权划分。温柔、美丽善良、纯洁等等是理想和完满的女性形象普遍具备的特征。

---

① 戴锦华．女性写作脉络与男性视点//犹在镜中——戴锦华访谈录．北京：知识出版社，1999：192-211.

② ［美］桑德拉·吉尔伯特，苏珊·格巴．镜与妖女：对女性主义批评的反思//张京媛．当代女性主义文学批评．北京：北京大学出版社，1993：271-302.

中国古代“红袖添香”，“落难公子佳人救”等情境与格局屡屡成为男性视野下女性的天使图景。作为其对立面的则是强蛮的悍妇，可怖的巫婆和淫秽的荡妇等等。中国古代文学作品中出现很多祸国误事的女子，妲已是史书载明的误国第一美女，其后褒姒、西施、潘玉奴、杨玉环、陈圆圆等皆以倾国倾城之貌，开启了男性的好色欲望，使他们沉溺于温柔之乡而忘却军国大事。所谓“媚如西子，泼如夜叉，密如糟糠，毒如蛇蝎”（韩庆帮语）的妖艳而邪恶的女性形象构成了中国古典文学中的“红颜祸水论”，成为中国人根深蒂固的集体无意识。“女人是祸水，万恶以淫为首”是中国古代对沉迷于女色的男人的谆谆告诫。在西方的文化史上，女性也是处于客体的位置上，她要么成为男性理想的载体，是引导男性飞升的天使，要么是诱惑男人堕落的祸水。《简·爱》中罗切斯特先生就憧憬有这样一位天使给其安慰，与之同游，这个天使“富有同情心，十分迷人，绝无私心，擅长处理棘手的家庭生活艺术。她日日牺牲自我，处处心甘情愿地为他人着想。却从不曾有自己的想法和意愿”。女人邪恶的观念在西方有着更深远的历史根源。在古希腊的神话、史诗与悲剧中，英雄的人生历程就是与自然、女人斗争的过程，就是征服自然、抵制女人的历程。女人不但以世俗的肉体、歌声、美食等诱惑英雄，使之死亡或者使其忘记使命，并且往往以超现实的女妖或女神的面目出现，以一种阴性化的自然毁灭力将英雄拖下水去。但不论她们是阻挡英雄前进的自然之邪恶的符号，还是使英雄堕落、死亡的女人，作为欲望的载体和男性理性的对立面，她们都是外表美丽的诱惑者和毁灭者，诱惑、贪婪和欺骗是她们的本性。她们集中地表现了男性世界对女人的深刻厌恶、拒绝和明知危险却无法抵挡其诱惑的恐惧心理。

三、原型研究与文化心理

按照荣格的原型研究，在人的集体无意识中，都好像有另一个异性的性格潜藏在背后。男人的女性化一面为阿尼玛（anima），而女人的男性化一面为阿尼姆斯（animus）。阿尼玛原型为男性心中的女性意象，阿尼姆斯则为女性心中的男性意象，或称之为女性潜倾和男性潜倾。阿尼玛是男性心目中的一个集体的女性形象，是他的所有祖先对女性经历所留下的一种印痕或原型，是女人打下的全部印象的一种积淀："她也是一个海妖，一尾美人鱼，一个变成了树的山林水泽之仙子，一位优雅女神，或者是艾尔金的女儿，或者是一个女妖，或者是一个女魔，她迷惑年轻的男子，从他们身上吸走了生命。"① "随着阿尼玛原型，我们进入神的王国，或者更准确地说，进入了形而上学为自己保留的王国。阿尼玛所触及的一切事物都变得神秘起来——变成了无限制的、危险的、禁忌的、魔幻的事物。她是那天真无邪的人所居住的乐园中的蛇，怀着良好的决心，怀着更为良好的愿望。"② 所以阿尼玛是一个自然的原型，它总是预先存在于人的情绪、反应、冲动之中，存在于精神生活中自发的其他事件里。"荣格的阿尼玛与阿尼姆斯学说使我们意识到这样一种真实，即在我们的异性意象中反映出来的是我们自己的真面目；尤其是当我们不切实际地把异性对象理想化或者尽力贬低其价值的时候，这一

① ［瑞士］荣格．荣格文集．北京：北京改革出版社，1997：64.

② ［瑞士］荣格．荣格文集．北京：北京改革出版社，1997：67.

点显得更为清晰。”[1] 可见，女性形象两极化模式先验地代表着男性世界对女性的想象、要求与规约，把天使形象意识形态化为女性理想，妖女言行则化为女性行为的警戒。在长期的菲勒斯中心话语中，也即自觉内化为女性自身的行为规范与女性性别特征。西蒙·波伏娃在论述西方妇女处境时说过：“中产阶级的上层妇女和贵族妇女，毫不犹豫地准备彻底牺牲掉她们作为一个人的独立性，她们压抑一切思想，一切批判性判断，一切本能冲动；她们对公认的见解随声附和，人云亦云，她们把理想同男性法典强加给她们的货色混为一谈。”[2] 所以，这种传统的女性性别角色特征一方面是“性别之战”后，父系社会对女人的防范与控制，是传统男权的女性价值尺度在文学中的折射，另一方面，它又作为一种文化现象长存于人类历史之中，逐渐成为人类常规文化心理。[3]

女性形象的演变打上了都市化进程的烙印，而长期的文化积淀又成为都市现代化进程必需克服的集体无意识。由于如前所述女性解放程度与社会发展程度的密切联系，20 世纪都市巫女形象发展序列则体现为人类不断体现与克服这种集体无意识的心理历程与其不断被接受的社会变化历程。

---

① ［美］波利．扬·艾森卓．性别与欲望——不受诅咒的潘多拉．杨广学，译．北京：中国社会科学出版社，2003：43.

② ［法］西蒙娜·德·波伏娃．第二性．陶铁柱，译，北京：中国书籍出版社，1998：706.

③ 刘慧英．走出男权传统的樊篱——文学中的男权意识批判．北京：三联书店，1996：12.

第四节　都市巫女突围表演的建构意义与艰难接受

20 世纪中国文学的都市巫女客观呈现了女性解放的突围表演。由于女性的觉醒，都市巫女表现了女性对于自身命运的探寻，从而具有文化建构的重要意义。但基于传统文化心理的积淀，男性书写的先锋姿态中对其不自觉地采取了放逐姿态。可见随着文化转型进行自我建构的女性为社会接受之艰难。

一、都市巫女突围表演的文化建构

在殖民地与半殖民地化的过程中，中国步入了都市化的进程。一方面，发达资本主义国家对中国进行物质倾销与精神殖民；另一方面租界以其强有力的辐射作用影响着周边城市，他们以民主、平等、自由观念给中国女性的突围带来契机。于是张恨水等通俗作家笔下出现了一批以自由为灵魂的都市自由女。中国工业发展所形成的直线、速度与力量使游弋于其中的都市摩登女思维方式更新转变，为其迎来了新一轮的机缘与际遇。而新时期以来的现代与后现代思潮，更为女性对于传统男权话语的彻底反叛提供了可能。

与此同时，都市女性文学的兴起是新文学发展的一个可喜现象。性别意识的觉醒使她们试图摆脱被遮蔽的地位，大批女性摆脱封建家庭、包办婚姻，走向社会，拥抱时代，与男性站在同一地平线上。“我是我自己的，谁也没有干涉我的权力”的庄严宣告，成为时代的最强音。对于大多数女性来说，巫女形象的特立独行意味着对既存女性规范的质疑与突围，代表着对女性出路的探寻。她们虽然不断地逃离又不断地落网，却也对主流文化与权威话语进行了有力反抗。在这其间，既有激昂的呐喊，也有冷静的思考。丁玲以令人震惊的莎菲形象写出一代人孤独的、病态的，无出路的反抗；白薇在《打出幽灵塔》中以被污辱被损害的母女两代人对封建社会男权罪恶的反抗，实现了“恶魔死了，这世界是我们的了”的妇女理想。张爱玲对传统故事《霸王别姬》的改写就展现了具有现代感的虞姬作为一个女性丰富的内涵，对女性命运进行了思考。在张爱玲的传奇文学作品中，她塑造一系列性格特异的人物形象，但这些人物都寄托着作者对女性生存基本层面的人文关怀，从而使她的女性思考具有现代性。苏青则从现代与传统、开放与保守的矛盾中关注过渡时期的女性幸福，写出职业女性既谋生又谋爱的艰难。她们对待女性自我的问题的理性与理智，成为女人掌控自己命运的开始。而新时期的女作家们力图反拨新中国成立以来给女性带来的“花木兰”式的境遇，大胆地表白女性独特的生理与心理体验：林白的《一个人的战争》写出主人公多米的性的经验、欲望和幻想，坦言女性的生命欲望，突出了女性不同于男性的性别特征。陈染为我们展现的是具有独特思维的叛逆女性：她们不囿于成规，勇敢地逃脱，又不断地投奔——从“九月父亲”的阴影到无法建立安全感的母爱，再到不断营造和失落的“剪不断，理还乱”的姐妹情谊。陈染书写女性们的“潜性逸事”，倾听“另一只耳朵的敲击声”，建立了一个超乎性别之上的言说系统。她为这个世界指认命名，并确立其行为规范。陈染的突围为我们展现了一个虽不无焦灼却自在自为的世界，女性也由此获得自己的精神性别。在后现代文化思潮的影响下，卫慧和棉棉以自我的极度扩张形态表达对旧道德、旧秩序、旧规范的反叛，呈现后现代色彩的生命狂欢。一批新生代女作家彻底颠覆男权话语，她们在男女性爱关系中采取了绝对主动，“以炮为礼”、“以炮会友”，认为两性之间的关系不过是一场“取暖运动”。她们笔下主人公的所作所为虽然不无偏激，笔者也并不苟同，但她们以形象的力量显示出了探索的精神与突围的努力。

正如张抗抗作品中以卓尔为代表的“作女”在大学时可以忽而从校园消失，去太行山办学；不断地将发型从短发折腾为波浪再恢复为挂面，令人目不暇接，直到别人不再惊异；把整个家折腾过来折腾过去，日新月异。她们不买房只看房，只是为了一次次折腾作准备；她们可以为了凑齐一次极地的旅行费用，不仅押上自个儿的整个家当，还故意把工作做差做坏，谋划让公司将其辞退以赚取违约金；她们可以在电脑上做企划，一次次地删除，又一次次地重新输入，产生过10个设想10种可能10个方案，她否定了自己100次，最后一个满意的也没剩下。她们“作”得勇敢，“作”得收不住，“作”进监狱里去，甚至往死里“作”。她们却像一支敢死队，但没有这一支敢死队，女人就还得半死不活地苟且下去。所以，张抗抗以不无赞赏的意味说，一个女人“作”一阵子不难，难的是一辈子“作”下去，直到实在“作”不动那一天为止。这么看来，“作”

意味着不断放弃和不断的开始，贯穿着一种可贵的批判意识与创新意识。正如张抗抗所言，"'作'使我的人生有声有色"，"'作'着才能感受蓬勃的生命"，综观中国20世纪小说发展史，从清末民初开始的一大批女性以"作"的精神，面对旧有的陈规陋习，与都市文化的发展相应和，不断地探索前进。

二、都市巫女突围表演的艰难接受

由于都市巫女的特立独行，对传统文化构成了冲击与破坏，所以，她们的言行不能为社会理解与接受。况且几千年的菲勒斯中心文化不可能在一刻之间土崩瓦解，即使瓦解，也还有残余灰烬。所以，作家们在表现女性的转型变化时，其征服与放逐姿态，仍延续了中西文化传统对待女性的策略意识，从而体现出女性文化建构的艰难。

对于逸出规范的巫女，中西文化传统一直采取放逐的姿态。依照M. 福柯的论述，任何社会都内在地需要它的离轨者。离轨者的命名与放逐，是社会权力得以正常运作的重要保障。社会通过对离轨者的放逐，象征性地纯洁了社会机体，同时使未遭放逐者确认了他们的社会主体地位，增强了社会的向心力，而离轨者的选择与命名则依据不同社会的需要来变更与确认。一部叙事文本中的离轨者的命名，本身便是一种明确而有效的意识形态行为，其放逐便成了阿尔图塞所谓对难于或无法解决的社会困境的"想像性解决"。女性性别角色内容为男权文化所炮制和利用，男人成功地放逐了女人的疯狂、淫荡，同时获得了女人的美丽、温存与善良，并将其看作男性欲望的完满与社会的完满，向观者给出了一份抚慰与安全。男性对巫女的放逐很多表现为“厌女症”倾向，“厌女症”（misogyny）是广泛存在于文学、艺术和种种意识形态表现形式之中的“病症”，表现为对女性化、女性倾向以及一切与女性相关的事物和意义的厌恶，并“把妇女，尤其是妇女的性，当作死亡与痛苦，而不是当作生命和快乐的象征”。其次，男性对女性的征服策略是将女性物化，表现为男性将作为他性的女子纳入自己文化秩序的一种方式。女性唯有以客体——物的方式存在，才能被作为非敌对力量接受下来。恩格斯在《家庭、私有制和国家的起源》中论述父权制社会中妻子对于丈夫的意义“不过是他的婚生嗣子的母亲，他的主要管家婆和女奴隶的总管而已”[①]。从“太昊定婚仪”的那天起，女性便作为男性实现欲望的方式与传宗接代的工具而存在。常言道：“做做饭，生生蛋，再好的女子也是围着锅台转。”而对那些不甘为物的女子，则被描述为妖魅、邪恶、祸水，从而实现男性在政治、文化、生理、心理等各方面的绝对统治。

近现代转型时期的文学作品，大多延续了这一叙事传统。狭邪中的《品花宝鉴》、《花月痕》、《风月梦》、《青楼梦》则是女性作为“物”纳入男性文化秩序的生动写照。如《品花宝鉴》中的苏蕙芳，对于田春航这个落迫的文士，苏蕙芳“全没有半点势力之心”，还时常周其乏。她苦劝田春航“勿为我辈丧名”，激励其奋发向上，最后帮助春航独占鳌头，大魁天下，成就了田春航的知识学问。《花月痕》中的妓女不论士人是穷是达，都与之终身相守，不离不弃。《青楼梦》里的金挹香一妻四妾三十六美均美善多情，与才

① 马克思，恩格斯．马克思恩格斯选集：第 4 卷．北京：人民出版社，1972：52.

子金挹香酬唱相伴。这些女性美好的思想与言行，均是男性标榜赞誉而让女性仿效的对象。而《风月梦》中陆书为博得月香的欢心，花钱如流水，当陆书山穷水尽，月香便把他赶回客寓，让他面对一盏孤灯。《九尾龟》中“撩云拨雨夜渡银河，辣手狠心朝施毒计”、“假温柔瘟生中计，真潒浴名妓私奔”等都在揭穿妓女“深情”的假、“温柔”的骗，无情的“敲”和“砍”等罪恶的伎俩，呈现出“恶女症”倾向。这些作品中的女性则被夸张丑化，攻击挞阀，从而在意识形态范围内起到警示告诫的作用。随着中国半殖民地化进程加快，西方资本主义文化的影响日益加剧，个性解放思潮成为一股席卷一切的潮流。许多作家为之做出很多有益的思考，试图实现妇女的解放，以图建立一个两性和谐的社会。但是在很多情况下菲勒斯中心文化与商品经济共谋，都市女性仍没能摆脱被改造，被想象，被包装，被物化和商品化的命运。如穆时英作品表现出的纯粹的性艳羡和玩赏的不良倾向：“我爱憔悴的脸色，给许多人吻过的嘴唇，黑色的眼珠子，疲倦的神情。”（《公墓·夜》）刘呐鸥作品中女子的身体具有西化的特征，但男子是主角，她们身体的动感都是为了男主角的倾心。施蛰存小说“善女人不善”与都市魔女构成互文关系，既共同阐释着人的压抑感，同时对善女人行为规范的定位，及对都市魔女的夸张放诞的反讽式叙事也体现了传统男性的价值观。对具有主动性的女性，由于她们不甘于精神劣势而被妖魔化为鲸鱼、老虎、夜叉等令人恐怖的意象。正如陈晓明所指出的：“文明社会通过贬抑女性为祸害、灾难、淫乱而肯定男性的正面权威和价值，所有的善和优秀品质都属于男人，而低劣、邪恶、罪孽则是女人天生的本性。文明社会设立的道德禁忌在很大程度上是用以防范女人的，通过把女人宣布为不道德的根源，男性社会的‘道德秩序’才得以建立和完善，统治阶级的意识形态恰恰是通过这种父权制的虚荣满足而有效地控制整个社会”。① 白先勇小说《一把青》中对朱青形象的塑造上篇突出的是她的“痴”，下篇突出她的“荡”，及对其不同的情感取向，虽然有着历史沧桑、人生忧患的背景底色，却也表明了白先勇对女性要求的价值取向。从许多作品中我们都可以看出，男人的目光，男人的选择仍然是评价女人最好的镜子，只有男人才是金苹果的授予者。

新中国的建立使女性在社会中的平等地位得以用法律的形式确立，女性的社会政治与人格地位有了很大的提高，但实际生活中，男女平等并未完全实现。20 世纪 80 年代以来，市场经济的高度发展使女性再次陷入商品化的陷阱。正如法国学者波德里亚所说，女人的身体本身就是消费社会中最美的消费品。市场化唤醒了许多男性传统文人的记忆，不少男性作家对女性的书写与明清通俗小说对接，再一次将女性成功放逐。许多官场小说中众多女性一任男性当权者为所欲为，演绎官场风流；而许多商战小说则描画女性以身体为武器颠倒众生，造就商海风云。贾平凹的《废都》所描写的是文化名人庄之蝶与诸多女性的婚外性生活就是典型例证。如同《青楼梦》众女性对金挹香的性趋附，唐婉儿、柳月、阿灿对庄之蝶也是如蚁附膻的。美艳妖娆的唐宛儿每天不断调整出“新鲜感”、为庄之蝶“常活常新”以激活庄的艺术思维，并期盼庄之蝶能对她施以

---

① 陈晓明．反抗与逃避：女性意识及其对女性的意识//张清华．中国新时期女性文学研究资料．济南：山东文艺出版社，2006：73-90.

“性虐待”，重整庄之蝶作为男人的信心；年轻美貌的保姆柳月把肉体当成改变自身处境的商品；有夫之妇阿灿则以其独特的下体之香与庄之蝶燃起爱火熊熊。毫无疑问，这些女性在作品中的价值都只是风情万种的性感尤物。另一个描写现代文明对传统家族文化冲击的作品《白鹿原》即最典型地表现了男性对巫女的放逐态度。田小蛾不甘心充当郭举人的性物，为追求自由爱情而与黑娃私奔，她来到白鹿原后不仅被鹿三拒之门外，被迫破窑容身，又成为鹿子霖发泄性欲的玩物和利用的工具，最后被鹿三残忍杀害。作者却以不无批判的视点写道：“白鹿村乃至于白鹿原上最淫荡的一个女人以这样的结局终结了一生。”

法国女权主义者埃美娜·西苏说：“所有的父权制——包括语言、资本主义、一神论——只表达了一个性别，只是男人力比多机制的投射。女人在父权制中是缺席与缄默的，女人不是被动与否定，便是不存在。”“她总是被认为某个本质的东西，不可避免地可以打动男人的心弦，尽管男人对她的本质特征的解释有多种多样，但她总是客体，受到它自然或自然现象控制的次等混合物。”《废都》、《白鹿原》正好从正反两个方面说明了男权中心文化对巫女要么征服，要么放逐的鲜明立场。征服者与放逐者对待巫女表现上看似相反，在根本立场上实则是绝对一致的。

第二章 启蒙现代性与清末民初都市自由女

第一节 女生风流演绎新的都市摩登

20 世纪是一个风云动荡的世纪。八国联军的入侵唤醒了沉睡已久的中国人的危机意识，于是救亡图存成为中华民族的最迫切的主题。怀着寻找民族出路的历史使命感，五四新文化运动高扬起科学与民主的大旗，以摧枯拉朽之势荡涤了封建主义的旧思想、旧文化、旧习惯与旧道德。为了集中绝大多数的力量实现中国的自强，女性作为一股长期被忽视的力量得到前所未有的重视。“强女以强男，智女以智男”，一批精英知识分子把女性看作了启发民智，激励民心的一个中介，于是“兴女学，开女智”，“不缠足”、“劝女学”成了男性引路人的中心工作。不少五四女青年完成了由传统定位的贤妻良母到国民之母的角色转换，由被遮蔽的家庭走上了社会大舞台。特别是女学所造就的一大批吸收了西方平等自由观念的女生，她们以与传统决裂的姿态演绎了轰轰烈烈、回肠荡气的女性风流。

一、女学生风流

在时代的召唤中，19 世纪与 20 世纪之交，一些新式与半新式的女子学堂出现在古老的中国土地上。最先出现的是一批教会女学，1890 年，美国女教士海淑德在上海创办中西女塾（后改为中西女子中学）；1897 年，美国南浸信会在上海建立桂秀女学（后改名晏摩氏女中）；1897 年 2 月，江兰陵在苏州创办了第一所非教会女校；1898 年 5 月，中国人自办的第一批女子学校中影响最大的中国女学堂经正女学正式开学。以后一些有识之士更发起“大学开女禁”与“男女同校”的倡议。随着女学的开办与女禁的开放，男性出于改善种族的目的的思想启蒙促成了女性的解放自觉，女性的意识形态与生存命运得到了前所未有的改变，狂飚突进的五四精神在女学生身上得到精彩演绎。所以，梁启超在 1901 年写道：“19 世纪与 20 世纪交点一刹那顷，实中国两异性之大动力相搏相射，短兵相接，而新陈嬗代之时也。”①

在女学中，真正触动女性生活基础、实现女性解放的运动与观念就是“放足运动”与婚变自由的观念，这样女性得以从幕后走向前台，站在风口浪尖，实践救亡图存。

---

① 刘纳．颠踬窄路行．北京：作家出版社，1995：3.

（一）放足运动为实现男女平等提供了可能

在几千年的缠足历史中，女性被束缚于锅台，“大门不出，二门不迈”，变相囚禁在家中。从而纳入男性为女性制定的工具理性的轨道，“为牛马，为奴隶，为玩具，为傀儡，为生殖机器”，而唯独不是与男人比肩而立的“人”。欲使女子获得独立的人格，第一要务就是对女性肢体的解放。在轰轰烈烈的“放足运动”中，女学起到了不可低估的引导与示范作用。当时绝大多数不缠足会章程中，都有关于设立女塾的规定，这样放足的女性在女塾中能获得相互的支持与鼓励。而女学也视缠足为大敌，甚至发生了“以身殉足”的事件①，女生以实现自身解放的决绝与悲怆给人们带来令人目瞪口呆的震惊。这样，在人们的意识形态中，三寸金莲不再是女性美的标志，而代表着畸形、残缺。由金莲崇拜到鄙视小脚，女学逐渐完成了事实的矫正与观念的转变。女性得以迈出家庭，走向社会，从而获取经济独立的可能性，摆脱依附于男性的地位。

不仅如此，在西学东渐的历史背景下，“三纲五常”、“三从四德”、“男尊女卑”的旧礼教受到了前所未有的置疑与挑战，“天赋人权，平等自由”的观念强烈地冲击着封建主义的伦理道德观。将女性性格气质中的敏感、脆弱、温柔、感伤、浪漫等“弱”的因素导向了审美价值中的“强”，女性文学创作领域所流露的不再是女性“闺怨”的悲吟，而陶铸出了公共性的情绪。“巾帼英雄”、“女英雄”、“女豪杰”已不足以表达男女社会地位的平等，转而一个令人惊奇的新词——“英雌”脱颖而出。

---

① 夏晓虹．晚清文人妇女观．北京：作家出版社，1995：14.

（二）恋爱神圣、婚姻自由观念的引入瓦解了制约中国女性几千年的道德规范

与男女平等观念同样给国人带来震撼的是恋爱神圣、婚姻自由观念。洋务运动期间，一批走出国门的中国人认识到西方婚俗与中国婚俗的区别："男女自相择配，非其所愿，父母不能强也"，于是以夫妻爱情为基础的婚姻与家庭一时成为人们的共识。他们批判旧式婚姻把父母的一日戏言，当成青年们百年的盟约所造成的苦果，提出了男女社交公开、恋爱自由、婚姻自主的主张，认为男女社交公开"无非是把反常的状态回到合理的状态罢了！"[①] 一时间，"我是我自己的，你们谁也没有干涉我的权力"，成为时代女性的呼声。不少女性摆脱封建包办婚姻离家出走，追求属于自己的人生幸福。丁玲、萧红就是其中的杰出代表。据记载：1920 年春，长沙发生了女青年李欣淑反抗包办婚姻毅然出走的事件，李欣淑还登报声明："我于今决计尊重我个人的人格，积极地同环境奋斗，向光明的人生大道前进。"李欣淑以实践的勇敢、积极的办法为自己婚恋的神圣进行抗争。[②]"父母之命，媒妁之言"制约了女性几千年的道德规范一时之间土崩瓦解。

（三）女学生们站在风口浪尖，救亡图存，以激进的姿态演绎都市风流

女性由男女平等的观念而引发了关注现实、改造社会的公共情绪，进而站在了救亡图存的最前沿。苏菲亚、罗兰、贞德等东欧女英雄的壮举更加激励了女性的英雄情怀。

---

① 全国妇联．五四时期妇女问题文选．北京：三联书店，1981：182..

② 全国妇联妇运史研究室．中国妇女运动史·新民主主义时期．北京：春秋出版社，1989：105.

20 世纪初，广大妇女产生了与男子共担救亡责任的意识，“国亡而不能补救，则匹夫匹妇，皆与有罪；国将亡而思补救，则匹夫与无妇，皆与有责也。”于是，辛亥革命时期秋瑾跨马携枪，策划起义，起义失败后又大义凛然，杀身成仁。吴芝瑛、徐自华等又前赴后继。接着，1919 年 5 月 4 日为抗议北洋军阀的卖国行径，一群群女学生走向街头游行示威，她们火烧赵家楼，痛打章宗祥，高呼口号，散发传单，要求“外争国权，内惩国贼”，“取消二十一条”，“还我青岛”，勇敢地投身于爱国救亡的大风暴中。1924 年，“始终微笑着的刘和珍君”和北师大女生以血肉之躯面对段祺瑞执政府门前卫队的荷枪实弹，虽殒身不恤，但是为女性的抗争写下了新的篇章。以致周作人指出“在这个混乱之中最令人感动的事，是支那女学生之刚健”，“青年女子的面上现出一种生气，与前清时代的女人完全不同了……”①

女性以摧枯拉朽之势涤荡了一切传统因袭，显得果决而又有力度，令人刮目相看。其激进的姿态也带来一种新的都市风流。

二、一种新的都市摩登

女学生以其先进性，醒目性成为一般女性效仿的对象。女性的审美内涵也发生了巨变。人们以往所欣赏的那种“笑不露齿，话莫高声”的优雅、贞静的处子之美为朴实、落落大方的自然之美所取代。女学生成了一种文化符码，引导着时代铸就一代风流。据老上海经典期刊记载，小家

① 周作人．新中国的女子//苦雨．北京：京华出版社，2005：232.

碧玉最大的目的就是想“冒充女学生”，以为这是很光荣的事。她们往往仿效女学生的装束：春天，青布旗袍，平底皮鞋；夏天，白布衫、黑短裙，白皮鞋或白色球鞋；秋天灰布旗袍或灰布衫、黑短裙；冬天，藏青色或黑色旗袍。呢大衣或绒线衫、绒棉靴。[①②] 清末民初的通俗小说经常写引领时代消费潮流的妓女突如其来的女学生打扮给人带来的耳目一新的感觉：在雍容华贵，矫揉造作成为审美疲劳时，女学生装成为北里时装。如王书奴引用《秦淮感旧集》所记道出的人们当时观感：“三五年来……每见秦淮名妓，最著者不施脂粉，淡扫蛾眉，或效女学生装束，居然大家。是以湖海宾朋，乌衣子弟，靡不目眩神迷，逢迎恐后，情长气短，沉溺日深。”[③④] 张恨水《金粉世家》中看惯了“珠光宝气、浓妆艳抹、矫揉造作”的女子的金总理的七公子金燕西猛然见到这么清纯、亮丽、端庄的冷清秋，被她“素净的妆扮”迷住了，竟不免心中为之一动，“仿佛一股清泉流过心头”。《啼笑因缘》中沈凤喜吸引樊家树与刘德柱的就是她如学生般的朴实、清秀。沈喜凤一开始上学，就“吵着要家树办”几样当时学生标志的东西——手表、两节式高跟皮鞋，白纺绸围巾，以及一支自来水笔，玳瑁平光眼镜、赤金戒指等。女学生以其巨大的影响力成就了另一种都市摩登。

① 吴健熙，田一平．上海生活（1937—1941）：老上海期刊经典．上海：上海社会科学院出版社，2006：219.

② 王书奴．中国娼妓史．北京：团结出版社，2004：296.

③ 吴健熙，田一平．上海生活（1937—1941）：老上海期刊经典．上海：上海社会科学院出版社，2006：219.

④ 王书奴．中国娼妓史．北京：团结出版社，2004：296.

三、都市自由女

女学生的激进行为产生了强烈的震撼力，引起市民的普遍关注。针对她们所信奉的文明自由理念，人们概括为“自由女”。如通俗小说家何海鸣所说：“在中国今日半开化之时代，亦有一种女子，曾为学生，自命开通，喜尚文明，百粤之人目之曰‘自由女’。此种自由女出没社会，颇喜与男子为恋爱之交际，间或为一种文明结婚。”这类人物形象已经频频出现在民初辛亥革命成功后至 1919 年五四运动前的言情小说中。如徐枕亚《玉梨魂》中有提倡婚姻自由的筠倩，李涵秋《广陵潮》中浪漫不羁的明似珠和所谓“文明”女士紫罗女士，《魅镜》中的鲍超雄女士，网蛛生《人海潮》中的秦爱心女士，张恨水小说中有《现代青年》中的孔令仪，《啼笑因缘》中的何丽娜、胡晓梅，《金粉世家》中白秀珠，《似水流年》中米锦华，《五子登科》中的李香絮，等。按照作品出现的顺序，自由女们的自由理论又有一个逐步发展的过程：1914 年出版的《玉梨魂》中的筠倩虽满口自由文明，但自由于她只是一件漂亮的西式礼服，在自我的婚姻中并没有真正体现自由精神，最终还是落入父亲与嫂嫂为她设计的婚姻窠臼中，李代桃僵，郁郁而终；《似水流年》中米锦华，《现代青年》中的孔令仪等在学校中以自由理论为指导，实践与多名男青年恋爱的纯粹自由；《广陵潮》中明似珠和紫罗女士，《魅镜》中的鲍超雄女士，网蛛生《人海潮》中的秦爱心女士等则是走入社会的“自由女”，她们不仅身体力行地实践自由理论，而且还对其有不少理论建树。

第二节　欧风美雨中都市自由女的文化建构

确如何海鸣所言，“自由女”生活于“半开化的时代”，当时一些知识分子为了寻找救国之门留学欧美，带来一整套“洋派”作风。各国纷纷在中国划定租界，租界以其强有力的辐射作用影响着周边城市，发达资本主义国家对中国进行物质倾销与精神殖民，国门打开之后视野的豁然开朗，都使中国受资本主义文明的影响。而作为站在时代前沿的“自由女”不免从表到里都体现着欧式作派。

一、健美女性与欧派作风

放足运动带给女性由处子之美到自然之美的内涵变化。随着欧风东渐，西方对人体的崇尚与对健全体格与人格的追寻，社会对女性美的追寻又由自然美过渡到健康之美，传统女性的弱柳扶风、多愁多病之身让位于活泼开朗的个性风貌。所以这些自由女的第一变化就是对几千年人层层包裹的人体进行“祛魅”。

（一）对女体神秘性的“祛魅”

与中国商纣以来裹足之风形成截然对比，“胳膊秀”、“大腿秀”成为都市盛行的一大景观。如《金粉世家》中金燕西对乌家姊妹的赞扬：“四只雪白的胳膊，自肋下便露出来，别有丰姿”；而“秀珠穿了一套淡绿色的西服，剪发梳成了月牙式，脖子和两只胳膊，全露在外面”，燕西见白秀珠两只雪白的胳膊，全露在外面，“便伸手去握住她的一只手，正要低头用鼻子去嗅”；又写跳舞的时候，几个穿西装的，“上身仅仅一层薄纱护着，胸脯和背脊一大截白肉，露在外面，下身穿着稀薄的长统丝袜，也露着肉红”。《啼笑因缘》中樊家树初见何丽娜：“一个十七八岁的女子，穿了葱绿的西洋舞衣，两只胳膊和雪白的前胸后背，都露了许多在外面。”“（何丽娜）左腿放在右腿上，那肉色的丝袜子，紧裹着珠圆玉润的肌肤，在电灯下面，看得很清楚”。《似水流年》中的米锦华跳舞的姿态更是一幅以胳膊和腿为中心的女体绘：“她上身只穿一件绿纱的坎肩，不但两只手臂，完全在外面，就是胸前背后的肌肤，也隐隐约约可见，下面两条腿，那是不必说，完全光着在外面，仅仅是腰以下，围了一幅一尺长短的裙子，稍微掩盖了一点，真个把全副的人体美，都暴露出来了。”《广陵潮》中的明似珠也是“雪藕也似的臂膀”。而这些均由《啼笑因缘》中樊家树的心理揭了秘：“当下家树心里想，中国人对于女子的身体，认为是神秘的，所以文字上不很大形容肉体之美。而从古以来，美女身上的称赞名词，什么杏眼，桃腮，蝤蛴，春葱，樱桃，什么都歌颂到了，然决没有什么恭颂人家两条腿的，尤其是古人的两条腿，非常的尊重，以为穿叉脚裤子都不很好看，必定罩上一幅长裙，把脚尖都给它罩住。现在染了西方的文明，妇女们也要西方之美，大家都效法露出这两条腿来。”可见，西方文化影响下女性美的转变。

（二）欧派作风

她们多穿西服、礼服，喜爱西化的装饰打扮，如《啼笑因缘》中何丽娜奔放的披肩发，性感的肉色丝袜，垂着长穗子的西班牙大红花披巾、斜插在额发上的硬壳扇面牌花、香气逼人的巴黎香水，在夜总会中大声地用英语叫香槟，令人荡气回肠的夏威夷草裙舞等，在人们眼中就是一个“冒充的外国小姐”。当《玉梨魂》中的筠倩发现嫂嫂梨娘生病了的时候，她的第一反应是在其床边跪下祈祷。她们的生活空间多为公园、舞厅、戏院、饭店、电影院、咖啡馆、购物市场等公共场所，多似好莱坞现代电影的经典场景。《现代青年》中孔令仪的时间安排经常就是下午逛公园，然后下小馆，接着研究哪家电影好看，最后兴尽而返。《金粉世家》中的白秀珠先约金燕西咖啡馆见面，第二天又相约在公园喝蔻蔻，乐此不疲。《似水流年》中培大校花米锦华与追求她的多位男生多出没于饭馆、戏院、市场；《啼笑因缘》中的何丽娜与樊家树的主要活动就是跳舞、看戏、听音乐。

在行为处世方面她们也不是传统的羞人答答，未语脸先红，而是体现出落落大方的欧式作风。如《广陵潮》中的明似珠与表哥朱成谦疯疯颠颠，袒胸露臂，毫不避忌。当朱成谦动手动脚，捏她的肩膀，搔她的手心时，明似珠小姐不解其意，“笑得合合的”，问：“哥哥，你这是做什么?”当朱成谦买了如意楼的点心嬉皮赖脸地求她在每件上略咬一口再留给他吃时，她大大方方地咬一口，以天真未凿之态化解了朱诚谦卑劣猥亵之心。紫罗女士身材伶俜，眉目间颇露着英敏神态，见了红珠就上前握手。《现代青年》中孔令仪甚至“自己会驾汽车出来拜会朋友”，“南京上海苏杭二州，什么地方，都跑了个够”。《似水流年》中的米锦华在黄惜时找座位踩了她的脚时，黄惜时羞得脸通红，她反倒安慰人家，显示欧式的宽容与大度；《现代青年》中的孔令仪看到计春之后，在影院与计春并排坐着，“一伸手握着计春的手”，心态坦然，全不似计春的心房跳荡，血管沸腾，脸色腼腆。不仅如此，她们开口闭口法律、人权，如孔令仪在听到冯子云老师说她是害群之马时，懂得用法律来维权：“你若不走，我就到法院去告你，说你公然侮辱我”。后来当她与周计春的故事为不怀好意的人捅上报纸时，便跳着脚道：“这报上胡造我的谣，我不能随便放过，一定要告他一状。”“都登了，我就全告他!”“人家毁坏了我的名誉，我就得去告他赔偿我的损失。”

二、主动追逐爱情、坚持独立人格与个人本位观——对西方启蒙理论的核心观念的接受

西方的文艺复兴，破除了中世纪的禁欲主义，肯定人权，肯定人的正常欲望，为欧洲各国冲破黑暗的中世纪走向现代，实现经济与文化的繁荣提供了宝贵的思想与文化资源。作为深受西方文化影响的都市自由女，除了表面的欧式作风与气派以外，更重要的是对西方启蒙理论的核心观念——婚恋自主、平等自由观念与个人本位观的接受。

（一）对爱情（包括性爱）的主动追逐

在婚恋问题上，中国传统文化坚持“三从四德”、“父母之命、媒妁之言”的观念，其核心词汇就是一个“从”。当西方的婚姻神圣、恋爱自由观念传来时，自由女们对其进行了个性化的发挥，变“从”为“主”，对爱情（包括性爱）主动追逐。如《魅镜》中，当袁杰还“羞羞缩缩”，想见师妹不敢开口时，超雄早已穿好袁杰赠送的衣服，站在窗里向外张望，只等她母亲一声呼唤，便像花蝴蝶似的飞舞出来。第一次同席，“袁杰将自己眼光只顾一闪一闪的

递将过去，超雄也就将自己眼光一闪一闪地迎将过来。”袁杰佯醉强留宿，夜深人静闪入闺闼，超雄早已秉烛而待。后来超雄同秋岚结识，觉得秋岚的人物比较袁杰格外可爱，舍弃袁杰与秋岚双宿双飞。乃至同秋岚结婚以后，又觉得秋岚渐渐可厌，便在外面有些拈花惹草。当袁杰易容为曾春宇来报复时，看春宇生得“唇红齿白，目秀眉清，粉嫩肌肤，简直掐得出水，看人的时候，那种似笑非笑，似嗔非嗔的神情，简直让人销魂荡魄。”听那春宇的声音，又觉得清圆朗亮。于是为之失魂落魄，在报上公开招贴情人，又将校长让给曾春宇做以示诚意。当秋岚气急败坏地回来质问时，她郑重宣告：她已让曾先生做了校长，校中一切事物，全归他一人处理，便是秋岚国文教员一席，也应听曾先生指挥。在她看来，做女人就应当这样争取主动，若不如此，“在世界上也算不得是个英雄”。

《广陵潮》中的明似珠风闻柳春办学的同志举措，第二天便率众女生访柳春学校。后又看中云麟，主动倾诉相思之意。当她看见富玉鸾时，觉得云麟文弱弱的一个书生，又远不及这位少年英伟，于是鼓着小腮颊儿，掉转身子不理云麟。“两个眼珠，只滴溜溜在富玉鸾面庞上滚来滚去。”明似珠轻轻地将她一份爱情，移到富玉鸾身上去了。

《现代青年》孔令仪看定了小陈会照相，会打网球，会跳舞，会写热烈的情书，“钱不必说，充量地给他用，就是别的什么，他所需要的，我都给他了”。小陈离开她之后，看到计春，便有意无意地接近，以强大的物质攻势赢得了计春的爱。当计春被袁佩珠抢去时，又行贿茶房以撞破计春与佩珠的玄机，请表叔设计以分化瓦解，为计春假拟华侨身份以便让家庭承认她与计春的婚姻，可谓经心营构，主动进取。《金粉世家》中的白秀珠也是如此。她与燕西恋爱时两人耳鬓厮磨，已经是无所不至、最后的一着，不过是形式上的婚礼。燕西移情，另娶了清秋之后，白秀珠宣布“人家既在我手上夺了去，我一定要现现本领，还要在人家手上夺回来”。《春明外史》中的胡晓梅，虽然已与任放结了婚，却成天在娘家住着，又喜欢在外面招蜂引蝶。“如今看见许多翩翩少年围着她，心花怒放，什么忧愁也忘了。”《似水流年》中培大校花米锦华性情活泼，刚入大学就与许多追求她的男生交际周旋，与黄惜时恋爱同居又潇洒地主动与之分手，伺机靠近据说有 19 万遗产的徐子诚，最后选择了一个有钱有势的军阀远嫁。《啼笑因缘》中的何丽娜为了追求家树，主动邀请他跳舞、看戏、听音乐，家树刚到家电话便追踪而至，家树母病时，送上贵重的礼品以获家树的欢心，家树考上大学后到上海拜访叔父她也尾随而至。《魅镜》中的鲍超雄甚至上演在报纸上公开招贴情人的喜剧。

当传统文化通过“节妇”、“牌坊”等文化策略把妇女纳入男权文化缜密的统治轨道时，自由女不仅不当“节妇”、不接受“牌坊”，而且对恋爱对象主动出击，主动挑选、又主动抛弃，随时选择新的更有魅力的恋爱对象。她们不会发生将心中所爱藏之肺腑，缄诸胸臆，以至春天伤春，秋天悲秋，郁郁而终的悲剧，也没有古代弃妇、怨女的闺怨悲吟，甚至超越了现当代为情所累为爱所困的新时代女性。她们给人突出印象的是“泛性”、“泛爱”，惯会“三角恋爱，多角恋爱”，但深入现象表层，我们可以看出这是女人掌控自己命运的开始。

（二）作为女性主体人格的独立

陈独秀在论及中西文化差别时谈到：“儒者三纲之说为

吾伦理政治之大原……近世西洋之道德政治，乃以自由、平等、独立之说为大原。”[①]对于集体的重视与对个人主体意识的强调成为中西文化的一大分野。以忠孝思想为基础的中国传统文化将人的存在置于国家利益与集体利益之中，否定人独立存在的价值与意义。特别对女性而言，夫妻之道更进一步决定女性仅处于工具理性的地位。西方文化的自由平等独立思想突出的却是个体人格的独立性。作为急于借鉴西方文化以重建中华文明的中国人来说，这一点尤其重要。体现在站在时代前沿、反映时代潮流的都市自由女身上，不仅是她们恋爱自由权利的实现，还有作为女性主体人格的独立。

在《广陵潮》中，鲍橘人夫人紫罗女士为与丈夫抢一封情书，“胸口大敞着，露出大红兜肚，一条单裤已脱落到小腿底下”。“要我性命可以，要看我这封书子，万做不到。”紫罗女士将一封情书与性命等同，虽是丈夫也不能干涉及私生活，显示出维护自我人格独立的可贵意识。其中明似珠与柳春恋爱，后又爱上云麟。当柳春表示不同意她与云麟的关系时，似珠说：“怪呀，我虽然同你交好，我并不曾同你行婚礼，你又有甚么权利，不许我爱他？”当她与云麟交谈时，看到柳春还立在门外，马上将其赶走。她解释文明结婚道：“他爱上我，叫我嫁她，我也有些爱她，我就任她娶我。”婚嫁是建立在彼此爱慕与尊重的基础之上的，在爱情不存在的时候，“既是文明结婚，我就可以抛弃得他”。当她见云麟姐姐田福恩的尊容，申斥道：“你的姐姐，为何人不嫁嫁个鬼？”“将来文明进步的时辰，我第一

① 陈独秀．吾人最后之觉悟．青年杂志，1916，1（6）．

件不主张别事，我就先主张你那令姊抛弃了你那姊丈。”这不仅体现为婚恋自主的观念，同时唤起的是对女性主体意识的思考——不以男性的喜好为立足点，立足于女性个人的感受、对女性主体尊重的现代意识。《魅镜》中鲍超雄对袁杰为她与贾秋岚之事吃醋时，坚定地表达了自我独立的立场与观点：“你这人真正不近人情，在一块玩笑也要各人愿意，你难道能干预我的自由?”《人海潮》中的秦爱心的女人娶妾思想则不是人格独立，而是表现为自我的过度膨胀了。

（三）个人本位价值观

如前所述，中国崇尚集体本位精神，而西方自文艺复兴以来崇尚的是个人价值的实现。所以中国人考虑的多是忠君爱国，顾忌社会影响，“饿死事小，失节事大”，而西方个人本位文化精神的“合理利己主义”的人际关系原则得到西方社会的普遍认同，每个人都坚定地维护自己的利益。英国功利主义伦理学家边沁更是这样明确地声称：“不了解个人利益是什么，而侈谈社会利益是无益的。”① 他们考虑的不是名节，而是个人生存状态，个人价值的实现，是一种个人本位主义价值观。

深受西方文化影响的都市自由女则首先体现为从不掩饰个人欲望。与物欲都市相映衬，她们表现出对物质享受的极大热心。“自由女”穿行于都市，堂而皇之地挥金如土，纸醉金迷。她们出入公园、饭馆、舞场、影院，呼朋引伴，视金钱如粪土。孔令仪的父亲孔大有是一省首富，所以，令仪手笔阔绰，一掷千金，“阔小姐的脾气，她都有

① 周辅成．西方伦理学名著选辑（上卷）．北京：商务印书馆，1964：87.

了”。“你不要说我挥霍，昨天晚上我打八圈麻将，就输了二百块钱。一二百块钱在我高兴的时候，我随便就花了的，那很不算一回什么”，而当时一个外地普通学生一个学期的所用费用不过五六十元。她与计春刚刚结识就给她租房子，做新西装，一年给计春千儿八百没一点问题。她花钱请客从不让人道谢，与家里交流时经常将打电报当成是写信，对管家经常发的指令就是向家里催钱。《啼笑因缘》中何丽娜一次赏给替她取大衣的下人就是二元小费，一年要穿几百元的跳舞鞋子，一年的插头花要用一千多元，而家树第一次见到凤喜唱大鼓时给她一元她们一家就受宠若惊，感激涕零。她们引领着都市的消费潮流，装点了都市的繁荣，与现代都会互相辉映。

并且对她们来说，讲究气节，“不食周粟”的事情是不可能的。只要能满足她们的需要，则一概“拿来”。当袁杰看上超雄，想以强大的物质攻势引诱时，超雄并不扭昵作态，人家刚开口说送她衣物，一刹那间便从房间丢出一张字帖儿，“将衣裙长短若干，开得清清楚楚”。《似水流年》中培大校花米锦华抵半推半就委身于黄惜时，同时接受了惜时送的鲜花、自来水笔、赤金的粉匣、戒指等一些奢侈的生活用品。后来听说徐子诚即将继承了一笔19万的遗产时，对这个脸上又黄又黑，一双绿豆眼，两条吊线眉的男生立刻把皇后的身份降下，主动示好。《春明外史》中的胡晓梅与任放感情不好，成日住在娘家。好不容易回一次家，必不可少的就是向任放要每个月的500块钱生活费。情趣的不能相投使胡晓梅决意与任放离婚，但当她听说任放要放到南边去不是当参谋长也少不了红差事时，也就将就了那小小的不如意。明似珠充当真都督的姨太太，平时在外游玩，都叫那柳春追随鞭镫，真都督在外间拿出手段来敲诈商民的财产，明似珠便在里面拿出手段来敲诈都督的积蓄。当明似珠与柳春落魄上海时，不顾惜身份，说要去当婊子，“我何不将这被你玷污了的身躯，拿出来吸取吸取那些浮薄少年的银子，想还不至于折本。”便买了几件时髦衣履，终日坐了马车，“在马路上颠倒着奔驰”。逢着标致少年朋友，便放出全身本领去同他吊膀子。在回扬州途中被骗财物后回到柳春家，公然向柳春父母要首饰银钱。以后又设计诬柳春父亲为革命党及与匪人勾结以敲竹杠。

其次，体现为不顾一切手段的实现个人价值上。也即西方论者所说的：“他要自己思考，自己做决定，并且用自己的双手以自己的能力开辟自己的前途。”[①] 不可否认，这一批自由女由于最先接受新式教育，视野开阔，且天资聪颖。如明似珠英文、算学、体操样样能行，鲍超雄不仅长得丰韵不凡、眉目如画，而且学问很不错，教授也很得法。她们运用自己有限的资源发挥最大的个人价值，并且在实现的过程中权衡变通。鲍超雄到处募借，建立了一所女子学校。“她办学的程度，没有一个不啧啧叹服。”明似珠将家里的屋址辟宽了，做了一个女学校舍。又逼着母亲拿出些积蓄，替各女学生做了全身操衣操裤。这样简陋的条件下的女学比柳春还齐整许多。当她结识真济美之后，在还我“汉室河山”的热潮中，结集扬州学界女豪杰，练兵北伐。《人海潮》中的秦爱心以与姓柳一场官司，得到一大笔损失费，从而得以在北京结交伟人政客，成为风云一时的英雌。《春明外史》中的胡晓梅不管别人如何议论，其出色

① ［美］许烺光．宗族、种族、俱乐部．北京：华夏出版社，1990：3.

的表演才能在天星社南面称王，成为该社的台柱。《似水流年》中的米锦华以其艺术才华在话剧演出与舞蹈节目中出尽风头，成为培大校花。正如鲍超雄在应对袁杰依依不舍之情所说的："一个男孩子须得自立，一个女子也须得自立。我有我的学术，我有我的才识，到处都可成就一番事业。"

再次，在人才的培养上，中国人的集体观、大局观使其将满腔的希望寄托于后代，自己可以一无所为，但是子孙有出息则是家族的骄傲，他们博取功名的主要目的就是封妻荫子。其实这也是为自我推卸责任的做法。而西方文化观念不一样，她们注重把握现在，抓住此时，不必将希望寄托于子孙，从自我出发，实现自我，即丹尼尔·贝尔所说的"把个人从传统束缚和归属纽带中解脱出来，以便它按主观意愿塑造自我。"① 所以，《魅镜》中鲍超雄的孩子在肚腹中夭折，秋岚深深惋惜。她听着还生气说："孩儿有什么可惜，万一将他造就出来，也须得在二十年后，你不爱惜我这成立的人材，转去爱惜那二十年后的人材，可想你胸中全然没有经纬。"这一观念同样体现人材培养上的个人本位观。

三、思维方式的创新——西方启蒙运动的精髓的运用

自由女不仅从西方启蒙主义思想中学习天赋人权、平等自由的观念，更重要的是她们从中学到西方启蒙运动的精髓——那就是无视既有的规范，将问题复归原始混沌状态，进行重新思考，敢于大胆创新的勇气。一切别人不敢

① ［美］丹尼尔·贝尔．资本主义文化矛盾．赵一凡，蒲隆，任晓晋，译．北京：三联书店出版社，1989：25.

说的她们敢说，不敢为的她们敢为，标新立异，刻意创新。她们对于男女两性关系、婚姻家庭均做出了惊人的见解。

历来对于爱情婚姻的态度，从古到今，人们都相依缘定三生，都愿意天荒地老，海枯石烂。明似珠对于婚姻却有着独特的见解，认为喜欢与嫁之间有界线，喜欢并不一定要嫁，也不赞成嫁了就一辈子一生一世在一起。虽然她为了获得云麟的欢心，标榜“我们这一班女学生，举动虽是文明，用情却极专一”[①]，表白“我这爱情，是牢牢地托付在你身上了”。但她却先爱上柳春的英俊，继而眷恋云麟的文雅，厥后又着迷于富玉鸾的英伟，后来又爱慕当时的都督真济美。并且她还认定当着丈夫的面，照样可以和旁人亲热。

鲍超雄无视孔圣先贤的种种礼法，大发高论：“水性杨花，东飘西荡……这种性格原是我们女人的本色，”她论述男女之道：“男女二字是天赋的，夫妇二字是人为的，凡事都有个进化，以我的愚见，中国字典一定不许有夫妇字样，只许有男女字样，谁有爱情，便同谁亲密些，世界上既然没有夫妇，那做女人的，固无所谓私情，那做男子的，也省得争许多闲气。你们细评这共和的意味，共者，共也，共则不能独据，和者，和也，和则不至相争。你们以为这共和是为国体建设的，我还以为这共和是为我们建设的呢!”当有人提及不知谁是孩子父母时，她头摇得像拨浪鼓，双手齐摇，冷笑说道：“腐败，腐败！不通，不通！你这样议论，全是家庭制度的见解。如今你可知道，换了社会制度了，便是生下儿女，也不能私为己有，因为她们通是中

① 李涵秋．广陵潮．长沙：湖南文艺出版社，1998：747.

国的国民，既替国家制造国民，就不应再注重姓氏。请问这姓氏的作用，不过做人的符号罢咧，原没有什么打紧。”既而由君臣关系的已经解构，谈及夫妇关系的必须解构，以及由此而来的父子关系的解构，质疑传统的“君君臣臣、父父子子”等传统秩序的道德根基，说“譬如自古以来，三纲并重，如今君臣一纲已是打消了，也没有人说它不是，将来这父子同夫妇的两纲，一定也要同归消灭。可惜这父子一纲，还是因为夫妇带累着它，没有夫妇，自然就没有父子……做女人的既不倚赖丈夫养活，做男子的也不希望妻子替他持家。继而大胆提出她的所谓“公妻”理论。“不幸我当初嫁个秋岚，如今又不幸遇着这袁杰，变通办法，我也只好无党无偏，一例看待，好好的做他们一个公妻罢了。这公妻的字样，又不是我鲍超雄创造出来的，外间很有些文明少年，都主张这种学说，将来一定做到这步田地，我不过首先承认，请自隗始。”这一段高论，虽颇觉漫画化，但超雄敢于将问题追溯原始本原，不至人云亦云，可见其新质。

秦爱心女士坦言性欲，将性欲与生育同日常生活现象吃饭、拉屎进行类比，认为发挥性欲与生男育女、传宗接代无必然的因果关系，从而将性欲作为一种工作、一个问题来进行研究。针对男子纳宠，认为女子照样可以娶妾。所以，她“在广东有广东的男妾，在北京有北京的男妾，在上海有上海的男妾”。并且她娶男妾，选择很严，要把他们都通通试验到。只有生理、心理、性欲，统有特长之处，才够得上做她男妾。当试验时，也像考试考验巡捕一样，全身都用软尺量过。”美国城市社会学学者 R. E. 帕克说：“在大庭广众之中公开谈论性道德，这本身就是性道德的一个巨大变化。这场运动到处都与女性解放、女性就业、女性提高文化技能、女性参预党派政治等等同时发生，这个事实就很值得研究。”① 自由女从最为敏感的性道德的角度探讨社会文化，可见女性对既成规范进行重新思考的勇气。

超雄自由结婚，父亲不认同她的婚事，不肯认超雄为他女儿，转而气死。超雄便重新思考孝道。她与父亲恩断义绝，父亲虽死，她依旧花团锦簇，谈笑自如。还振振有词：他不认我为女儿，我也不认他为父亲，世界上没有人替陌生人戴孝的道理。明似珠练兵北伐时，当别人质问她做为满人怎么随同汉人北伐，似珠回答：“难道不许我们满人革命吗?”她不拘束于狭隘的种族观念，实行大义灭亲。

如此种种，都显现出趋异型的思维特征，比中国传统趋同型思维更富于创造性。这些生灵活现的都市自由女，也许让我们目瞪口呆，忍俊不禁，但我们对其的考虑也许不是她们的行为如何荒唐怪诞，而是对接受几千年奴化教育，只有顺同思维的中国人的启迪：也许问题并不见得只有一个题解，向朝另一个方向思考也许更加豁然开朗。这一点不仅标志着当时人们思维格局的改变，对今天仍具有启示意义。

四、自由女新的精神风貌

作为最先一批受过学校新式教育的女性，她们看“移译西洋的，新主义新问题的书”，这些新问题、新主义便浸淫于她们的内心深处，从而使她们展现出崭新的精神风貌。她们不仅发出“黑暗女界，今日始放光明”，“做女儿要自

① ［美］R. E. 帕克，E. N. 伯吉斯，R. D. 麦肯齐．城市社会学——芝加哥学派城市研究论文集，宋俊岭，吴建华，王登斌，译．北京：华夏出版社，1987：34.

立，要平权”等这些激进言论，也积极参与各种妇女解放组织，爱美戏剧社，新诗社等。《广陵潮》中的明似珠还兴办女学，在社会变革、民族危亡之际兴兵北伐。她们对待生活独立自主，对待爱情收放自如。其言行均不受既存规范的约束，在具体的行动过程中，她们又尽显巾帼本色。米锦华与胡晓梅在艺术领域璀璨夺目；秦爱心对于社会问题旁征博引，侃侃而谈。明似珠为朱二小姐的婚姻慷慨激昂；追查陷害富玉鸾元凶，雷厉风行；为澄清伍晋芳宗社党嫌疑，据理力争，大义凛然；并指责林雨生颠倒黑白，遇事生风，义正辞严，痛快淋漓；以守土之责督促都督真济美除恶务尽，尽显大气磅礴。从中国封建社会“大门不出，二门不迈”到今天呼风唤雨的都市自由女，中国女性的精神面貌发生了翻天覆地的改变。

第三节　混乱与转型：都市自由女的文化接受与建构意义

19 世纪与 20 世纪之交，帝国主义的入侵惊醒了中国老大帝国的旧梦，西方资本主义以“船尖炮利”的胜于雄辩的事实证实其文明的某种优越性。一批精英知识分子在中西文化的比照中借鉴西方文化资源，力图进行中华文明的现代性建构。在蜕变更新的过程中，在中西各种话语与实践的纠缠下，新旧文化呈现出交汇、冲突、混乱的转型期状态。而对变革最激烈的女性文化身份，其接受过程的艰难尤为明显。

一、清末民初封建文化的顽固驻守

随着国门的打开，资本主义文明的要义如民主、自由、人权、法制纷至沓来，改变着人们的生活习惯与思维方式。但是几千年来形成的文化心理积淀却仍顽固地驻守于大部分人的头脑。反映在清末民初的通俗小说中，一方面是一些激进人士以从国外吸收来新名词新术语在民众中激昂宣讲，为救亡图存积极行动，另一方面是一些食古不化的人抱残守缺，痛恨世易时移，感觉天崩地裂。《广陵潮》中，一方面富玉鸾等一批一心报国者为革命抛头颅、洒热血；另一方面又有何其甫等一批腐儒为正在消亡的“之乎者也”成立“惜字会”、“文言研究会”，为取消了的八股科举集体上吊；而车氏等亦玩弄割股疗亲的障眼法欺世盗名；朱二小姐的姐姐竟为了没有一双“尖瘦瘦的红菱”郁郁而终。在《魅镜》中，袁福被炸死后妻子禹氏成日闹个不绝，一会儿吞金子、一会儿吞鸦片烟膏，一会儿表演上吊自杀，一会儿扬言投水自尽，看见剪刀拿着就向喉咙刺去，拿着火柴头对人说要吞下去，又逼着家人买砒霜，买红矾。种种法门用尽，并不是真的想死，都是为了博取义烈殉夫的美名。禹氏患眼疾并不去延医治病，而要人为她舐去眼上的脓血眼泪，穷妇喜氏竟真舐得如吃甘饴。因舐疾的功劳，禹氏认比她仅小三岁的喜氏为干女儿。而银枝饱受虐待陷害服毒自尽。从禹氏争节妇牌坊的闹剧、喜氏舐目疾的丑剧、银枝被逼至死的悲剧，我们看到封建文化的劣根性仍在疯狂上演。

因封建文化的顽固驻守，西方文化的一些概念在本土语境中生长异常艰难。如《广陵潮》中，为了成全有情人的婚姻，富玉鸾不肯娶亲，母子之间产生对抗。母亲卜书贞怪玉鸾不把她放在眼里，玉鸾冷笑道："母亲，你也不用使你这家庭专制手段，如今世界是开通了，论咱们私恩呢，咱不妨尊敬你一声母亲。若说同为国民的一份子，这你便是咱的女同胞。"这一新名词激怒了卜书贞，她驳斥玉鸾荒谬的逻辑："照这样讲，你该呼咱姐姐。"玉鸾应答："这话又错了，同胞并不是一定说的姊妹，譬如姊妹算得同胞，母亲也算得同胞。推而上之，祖母曾祖母也算得同胞。等而下之，女儿孙女儿也算得同胞。"这一下更使卜书贞觉得儿子大逆不道，气冲脑门，一命呜呼！另外，受新学影响的柳春称父亲为"克堂先生"、"兄弟"，于是身为父亲的柳克堂觉得父亲的权威受到挑战，从此拒绝对柳春予以供给。这并不是简单的母子矛盾、父子矛盾的问题，也不仅仅是一两个新名词的问题，细观问题要害，母子争执酿成如此大的悲剧，父子意气演绎成无法沟通的闹剧是全在于这两个名词挑战了传统的父子长幼秩序体系，从而也可以见出孔孟纲常一整套伦理体系对国人影响之深。

二、自由女形象的畸形解读

都市自由女作为第一批接受了新式教育，受到西方文明熏陶的女性，她们的思维方式、行事作风从既有的封建时代的伦理体系中逸出，与传统有了截然的分野。依照现代汉语的解释，文明是指一种社会进步的状态，同时也可指称新的，现代性的东西。所以，在当时的文化论战中，人们称古代文化迂腐守旧，而对受西方文化影响变革了新观念则称为文明。如老舍《茶馆》第二幕："这儿现在改了良，文明啦！"这些女子既受到了西方文明的教化，变化尤其剧烈。文明成为概括其特征的核心词汇。而对于这变化了的行为方式，人们对其认知态度不一而足。革命先驱秋瑾以一种欣喜的心情迎接文明的到来，她在《愤时迭前韵》中写道"文明种子已萌芽，好振精神爱岁华"，而对于一般民众来说，这种变化是他们长期所产生的心理定势中是不能接受的。所以，苏曼殊《碎簪记》中"我"对莲珮、灵芳公开示爱暗自评论道："方今时移俗易，长妇姹女，皆竞侈邪，心醉自由之风，其实假自由之名而越货……"何海鸣对自由女的解释就是："但其用情，每不真挚，不过捡拾一二恋爱自由之名词，为应用之品，久之为此种表面上之口头禅，汩没其真性"。他们对自由女文明的解读是抱着一种鄙弃的姿态来进行的。

（一）对代表自由女形象特征的中心词汇"文明"的误解

在清末民初通俗小说书写中，"文明"一词是典型的褒词贬用。自由女享受欧风美雨的吹拂，就是文明女人，文明等于淫荡、等于放荡、等于没有廉耻，文明代表着建构一个男性与女性性别角色无序的世界。《魅镜》开篇就是对民国成立以后新学、文明的解释："那些三纲五常，礼义廉耻，万万不合时趋，须把来唾弃得干干净净。"[①] 银枝嫁入袁家以后，因厌恶袁锦春以父丧为名不与锦春同房，锦春讥讽她道："我知道你们当学生的文明透入骨髓，既然嫁了丈夫，断断不会因为丧服在身，便真个非礼不动起来。"当袁杰远离鲍超雄，而超雄因与贾秋岚相好，不屑与之送行

① 李涵秋．魅镜．佳木斯：黑龙江人民出版社，1999：1.

时，袁杰感叹道：“原来今日女子，号称文明的，不配同她言情，并不配同她言淫。论她的螓首蛾目、酥胸皓腕，远则西子、王嫱，近则双文、黛玉，也未遑多让，徒以心坎上灌输了好些新知识，那一般举动，不但脱了女孩儿习气，便连娼妓的习气，她都有些及不上来了。譬如你鲍超雄便是一个娼妓，对着旧欢，也不忍卖弄你同新欢的情好……一般人讲求新学，凡事都不曾有个进步，转是这女人的放荡，进步比什么还快。”超雄与秋岚结识，觉得秋岚的人物比袁杰格外可爱，乃至同秋岚结婚以后，又觉得秋岚渐渐可厌，作品对其行为的解释是“幸喜她的头衔上有这文明两字，便在外面有些拈花惹草”。当贾秋岚发现超雄招贴曾春宇时，感慨道：“只怪我当初娶这文明妻子的不好，既要她文明，又要她不去放诞，天下哪有这样两全其美的事。”柳春议论明似珠：“她是讲究文明的。她许配了我，还可以搭上姓云的，这是她的文明，我不好去阻拦。”言外之意，都是文明赋予了女子滥情放诞的权力。云麟被明似珠的拉手，主动亲吻等行为弄得七颠八倒，将明似珠与相好的妓女红珠进行对比：“便是我在先最知己的那个红珠，也没有她这般淫荡。原来近日的文明女子，便是这样儿就叫文明。照这样看起来，原来妓女们的文明风气，还开在她们之先了”。女性的评价显得更加尖刻，如云麟的妹妹柳氏评价明似珠：“又要她文明，又要她不做歹事”，对于能在闺中博览群书，超出一般愚昧女性的柳氏心中“文明”的概念也等于“做歹事”。

(二)“文明”误解中的深意

如前所述，人们之所以不能认可自由女“文明”的言行，之所以将自由女与妓女进行比照，原因是多面的。

第一，是传统思维定式中“男女受授不亲”，女性是男性的私人物品，女人应该保持节操，非此，则只能一死以示清白等观念的影响。从《魅镜》的开篇我们就可以看出，叙事者批驳文明、新学的中心就是违背既有的道德规范——“三纲五常”。如《广陵潮》中美娘梦想嫁给一个儒雅的读书人，但没想到丈夫却是丑陋不堪、龌龊无比的何其甫。在美娘怨愤中，七旬腐儒杨古愚用一方戒尺威吓教训她：“美娘嫁给姓何的，原是替何家主持中馈，勤供妇职，不曾叫你把丈夫当玩物，丑陋些有甚么要紧，居然闹出这种笑话。”细数女性职责，根本不考虑女性心理感受。伍淑仪本来与云麟互相爱慕，却阴差阳错许配给了富玉鸾。当富玉鸾得知其中情形，想要成全淑仪与云麟，提出解除婚约时，招来的外界的议论是：“听说伍家那小姐，生得也甚是不恶，为何未曾过门，他丈夫便把她休出来了。自古妇人家有个七出之条，怕这位姑娘还恐犯了八出呢。”这些事实证明当时人们对女性的工具理性要求与所谓德行的约束。只有妓女，她们不属于任何一个男人，也属于所有的男人，对其没有德行操守的规定。他们虽然沐浴过文明自由之风，但“许多新一代知识分子在性行为上与老一辈差别并不很大”[1]。正如刘纳所说：“他们需要享受女性的妩媚，玩赏女性的幽怨，却并不需要女人的个性。即使为男人所重视的女性的美丽，也不带有特别的个性色彩。”[2] 更别提接受“文明”观念的如野马脱缰的都市自由女了。《似水流年》

① 胡缨．翻译的传说：中国新女性的形成（1898—1918）．龙瑜宬，彭珊珊，译．香港：凤凰出版传媒集团，南京：江苏人民出版社，2009：171.

② 刘纳．颠踬窄路路行——世纪初：女性的处境与写作．北京：作家出版社，1995：102.

中人们对于米锦华表演的新剧毫不在意，对米的舞蹈却欢声雷动。人们屏声敛气地欣赏的并不是艺术，而是米女士“粉团玉琢的胳膊、腿，颤颤巍巍的胸”，“连口角里的涎沫，如大雨中的檐溜一般，一直向下流将出来”，但是说起自由女的文明，就将她们与妓女进行对比。

第二，他们并不了解民主自由的真义。如李伯元《文明小史》对上海时髦妓女的讨论：“这些女人，坐了敞轿，见了男人，毫不羞涩，倒像书上所说，受过文明教化的一样。”在这里，“受过文明教化”的女人毋宁是粗野的，西方泊来的文明代表着的就是这样一个令人恐惧的无序世界，尤其是男性与女性角色的无序。

《魅镜》中的一个细节可见一斑。当燕青告诉卢魁上海自由恋爱的男女，如果彼此看得中意，便你拿眼睛勾我，我拿眼睛勾你，于是就两个心许了，这就是吊膀子，认为是现代青年的一种本领。于是燕青在找寻师傅时，看见一袅袅婷婷的少妇便一而再再而三地向那少妇傻笑，挤眼睛。被人家骗至门房，吊打一顿。吊膀子喜剧正好应证了时人对西方文化误读。

第三，男性对女性的规范与要求已经内化女性自身行为的自觉。长期的封建社会为女性规定了一整套行为规范，将女性纳入到严严实实的性别秩序中。在渐次的统治过程中，这种性别秩序逐渐内化为女性自身的行为规范与行动自觉，甚至比男人执行得还坚定。如《广陵潮》中柳氏，淑仪都鄙视明似珠的行为。柳氏认为明似珠的文明行为即做坏事，淑仪则坚定地认为：“世界上的女子，除得针头线脑柴米油盐外，没有一桩事是她们应做的。”而对文明人物弃如敝履：“如今风气不同了，什么社会学呀，交际学呀，腹中都要有一点，才算得是个文明人物。其实他们愈文明，闹出来的笑话愈伙。然而他们偏恬不为怪，还要买这样，买那样，如果不遂她的心愿，她便和自己的丈夫正式离婚。似乎提到离婚这一层就可以制她丈夫于死命。”

正因如此，女性建立一种新的叙事话语实在是艰难。

三、女性建立一种新的叙事话语的艰难

五四运动以斗争的姿态出现，它是一场破坏一切，摧毁一切的革命运动。妇女的解放颠覆了几千年的道德规范，女学生行动的激烈与果决更使人目不暇接，然而女性在此获得了一种群体身份。当时最流行的术语是“新女界”，即女性的新世界或新领域。

对于一般市民来说，世界刹那间变得不可思议。许多新观念对于他们来说长着一付怪异的脸孔，令人不能理解与接受，特别是变化最大的“女界”。于是他们对其进行了妖魔化的想象。比如关于“自由恋爱”，一些人站在封建卫道士的立场上，极力反对，把它视为洪水猛兽。在外面满结广交，骨子里却以身体换金钱成为当时交际明星的定义。《似水流年》中这如此阐释：“男子图的是肉欲，女子于肉欲之外，还图着金钱。”他们固执地认为自由恋爱“是满足兽欲冲动的手段，是奸淫，是乱交，是变相的强奸”①。关于自由结婚，一些食古不化的道学先生们却对此哀叹不已：“道德沦亡，世情日下，女子不讲贞操，诚堪浩叹！”为达自由结婚，先进分子主张的男女公开交际，守旧势力却害怕中国数千年“礼教大防”骤然决破，唯恐“洪水泛滥”，

---

① 刘巧凤．我的婚制解放谈——自由恋爱．解放画报，1923（6）．

"天塌地陷"。自由恋爱、女子出走，便成为行为的越轨，更是舆论攻击、政治迫害的对象了。作为新观念发源之地的学校，更令其惊恐不已。他们叫嚷着"女子上学校，是没有好处的，好女子到了学堂里，也十个九个必得学坏。我们可不要再送女儿上学了。"① 并怂恿家长们，立令上学的女子退学，圈在家里，以防其受自由结婚观念的"蛊惑"，误入自由结婚的"迷途"。当时代表封建地主阶级的《国民公报》，在其虚虚实实栏，竟有署名笑声的，对男女同学做出这样无耻的诬蔑："既可同板凳而坐，安可不同床而觉，什么是男女同校，明明是送子娘娘庙。"② 所以，《春明外史》中，车夫和听差以胡晓梅的事实互相告诫："这个年头儿，就是这么一档子事，养了大姑娘，正经儿婆婆家不去，乱七八糟的胡搅，这倒是文明自由，我的侄女儿，我哥哥要送到义务小学去，我就为这个反对。"在这样的历史语境中，站在斗争前列的女生便无异于妖怪了。

我们从现实中徐志摩与陆小曼的恋爱故事，及以之为蓝本铺衍成《春明外史》中胡晓梅与任放的故事的比较中，就可以见出女性追求真爱建立新的叙事话语的不容易。陆小曼与徐志摩的爱恋本来是一段爱情传奇，他们抛弃了无爱的婚姻，因情的吸引走在了一起。据有关对陆小曼的研究，陆小曼的散文数量略多，却几乎篇篇只写徐志摩，如她的《中秋夜感》起笔所言："并不是我一提笔就离不开志摩，就是我手里的笔也不等我想就抢先往下溜了。"③ 她的

---

① 何血痕．礼教下的新"鬼"．觉悟，1922-09-0.

② 张秀熟．五四运动在四川的回忆//五四运动回忆录．北京：中华书局，1959：882.

③ 陈学勇．闲话陆小曼．中国图书评论，2005（2）：46-48.

至伤至痛表达了她对徐志摩感情的深厚。写进就《春明外史》第37回中的胡晓梅与任放的故事，却把胡晓梅丑化得如同妓女们放荡，显得任性而又世俗。把她与男朋友的交往写成是男的到她家"白打茶围"。她一回家就摔东摔西，然后就是向任放要钱，听说任放要到南方去，不是师长参谋也少不了一红差使，也就决定将就与任放的婚姻。作为通俗文学作品，代表着的是市民品位，作品的叙事态度代表着一般民众的道德取向。从《春明外史》中表达的对由陆小曼而来的胡晓梅的道德批判，我们就可以看出都市自由女只能踽踽独行的人生姿态。

四、革命方式与启蒙话语——中国实行思想变革方式的局限

中国几千年的文明早已熔铸成一种稳定的民族文化心理结构。"真正的传统是已经积淀在人们的行为模式、思想方法、情感态度中的文化心理结构。儒家孔学的重要性正在于它已不仅仅是一种学说、理论、思想，而是溶化浸透在人们生活和心理之中了，成为这一民族心理国民性格的重要因素。"① 广大农民虽然并不熟悉甚至不知道孔子，但孔子开创的那一套伦理道德制度，从长幼尊卑的秩序到"天地君亲师"的牌位，早已浸透在他们遵循的生活方式，风俗习惯、观念意识、思想情感之中，成为一种集体的无意识。而中国文化精髓中不偏不倚，不温不火的文化精神更加注定中国人民难以求新求变。即使一批有识之士具有危机意识，西方文明的船尖炮利也已证实了其文化的某种

① 李泽厚．中国思想史论．合肥：安徽文艺出版社，1999：860.

优越性，中国的社会现状却仍如“一间铁屋子，是绝无窗户而万难破毁的”[①]。中国实现思想启蒙何其艰难。

而中国的现实情境却是救亡要求压倒启蒙重任，况且“中国太难改变了，即使搬动一张桌子，改装一个火炉，几乎也要血；而且即使有了血，也未必一定能搬动，能改装。”[②] 在亡国灭种的危机中，精英知识阶层所进行的器物层面、制度层面乃至思想层面的变革都是通过革命的方式来进行。从洋务运动、戊戌变法、辛亥革命到五四运动采取的方式都是精英知识分子自上而下进行的变革，并没有真正触动普通民众的内心深处。所以革命者虽然为国为民牺牲，但革命者的鲜血却成为愚民治病的“药”。正如李泽厚所指出的：“每个时代都有自己的中心的一环，都有为这个时代所规定的特色所在。在近代中国，这一环就是关于社会政治问题的讨论，燃眉之急的中国近代紧张的民族矛盾和阶级斗争，把注意力和力量大都集中投放在当前急迫的社会政治问题的研究讨论和实践活动中。并指出从变法到革命，政治斗争始终是先进知识分子群兴奋的焦点。其他一切，包括启蒙和文化，很少有暇顾及。”[③] 正因如此，精英知识分子的行动看似喧嚣，普通民众却依然故我，所谓“其兴也暴，其衰也骤”[④]，革命的方式远没完成启蒙重任。自由女的自由行为被视为怪异，文明当成放诞，也是可想而知的了。

---

① 鲁迅．呐喊//鲁迅全集：卷（1）．北京：人民文学出版社，2005.

② 鲁迅．娜拉走后怎样//鲁迅全集：卷（1）．北京：人民文学出版社，2005：159.

③ 李泽厚．中国思想史论．合肥：安徽文艺出版社，1999：825.

④ 茅盾．“五四”与民族革命文学//茅盾全集：第19卷，北京：人民文学出版社，1991：311-312.

五、自由女对女性现代性建构具有重要意义

由于启蒙话语与大众话语的脱节，自由女虽以激进也不无偏激的姿态表现可贵的民主、自由、文明，但清末民初女性现代性建构的话语布满裂隙。即使是精英阶层对男女平等、恋爱自由的理解也不免停留于概念，缺乏真正的吸收与理解。正如戴锦华对早期电影中女性现代性建构的分析："我们看到启蒙主义文化对整个早期电影文化的渗透与影响，许多影片的性别观念是非常复杂的、混乱的，但又是尽可能地保持着一种可以称之为反封建的姿态。一方面可以看到大量的前现代的封建性书写，另一方面又在性别形象的塑造上保持一种足够的清醒和警惕。"[①] 比如说它可以在一个非常传统的故事中去破除贞操观，如在默片时代的武侠片《红侠》当中，故事的大部分情节建立在恶人试图霸占一个可爱的姑娘，整个悬念在于女孩是否被夺取贞操；恶人得手了，但影片的结局却是女侠做主让她与一个"好男儿"结合，仿佛女孩失去贞操是微不足道的过失。叙事的两种文化逻辑是彼此矛盾的。性别表述的复杂性同时也是当时整个文化构成的多元性和复杂性，是现代与前现代经验的不同表述和启蒙话语与大众话语的交织。她又分析影片《女侠白玫瑰》多种话语并存的场景，影片开头看到一个穿着体操服的姑娘在女校这一现代空间的操场上表演，得了冠军，被女校长授予一套"巾帼英雄"的服装，等到下一幕出现时她就以"巾帼英雄"花木兰式的造型，在张弓射箭。接着，女性形象在多个话语系统当中穿行着，

① 戴锦华．犹在镜中——戴锦华访谈录．北京：知识出版社，1999：49.

成为缝合布满裂隙的话语系统的符号，以建立起一种现代性的叙事话语的可能性。[①] 由此可见，女性的个性解放还只是一道漂亮的光环，在美丽的西式礼服下还是包裹得严严实实的看不出性别的长袍大褂。所以，以后女性解放道路的曲折迂迴则是这种现状的必然走向，“她们抵抗不了社会一切的诱惑，和无声的压迫”[②]，出走的“娜拉”“正不知凡己，结果也不过换得一只‘花瓶’”[③]。但我们并不能因此否认自由女对女性现代性建构的重要意义。她们敏锐地捕捉文化中的先进因素，并在风雨如磐的时代大胆地展示，以靓丽的风姿与正在逐步繁荣的物质文明共同营构都市摩登。她们以全新姿态对待男性与婚恋，这些对于后来者都是有益的启示。她们对个人价值的重视使她们真正摆脱对男性的依附状态，获取“一间自己的房间”，从而获得女性主体性地位与群体性的命名。从解放裹足、文明结婚到民国政府颁布的一系列有关妇女解放平权的法令，这些与政治和文化的现代化进程同步的性别与性文化的急剧变动在她们身上得到生动体现，女性迅速地从私密空间走向公共空间。更为重要的是她们对问题追本溯源与大胆创新的勇气，这不仅对女性，而且对整个人类发展都具有重要意义。

有人指出在那个年代“斗争最尖锐的是女子解放问题”[④]，确实如此。今天我们似乎以露胳膊、露腿习以为常，对比基尼、露脐装、迷你裙熟视无睹，“现在的青年决不会

---

① 戴锦华．犹在镜中——戴锦华访谈录．北京：知识出版社，1999：49.

② 丁玲．三八节有感．解放日报，1942-03-09.

③ 鲁迅．娜拉走后怎样//鲁迅全集：第1卷．北京：人民文学出版社，2005：159.

④ 张秀熟．五四运动在四川的回忆//五四运动回忆录．北京：中华书局，1959：882.

想到女子剪发、男女同校是经过长期激烈斗争才得来的。”①正因如此，我们才体会到自由女们迈出这一步的重要性。梁启超曰：“古之号称才女者，则批风秣月，拈花弄草，能为伤春惜别之语，成诗集数卷。斯为至矣。若此等事，本不能目之为学。”古代的才女们对月伤心，临风洒泪，幽怨地在封闭的空间任生命之花自然殒落，今天的女子们英姿飒爽，任意挥洒生命的自由，追求生命价值的社会实现，离不开自由女“作”的勇气。

毛泽东在《湖南农民运动考察报告》中，说过“矫枉必须过正，不过正不能矫枉”。自由女的许多言行是令人目瞪口呆的，到今天她们许多行为规范也不能得到进入公共领域，比如公妻、男妾之类的论说无论如何也不符合人类文明的发展方向，也缺乏逻辑的合理性。但我们不能因此而轻视她们在对女性现代化建构的重要作用。因为要终结女性自我及对待女性旧的封建意识，就不能在旧的规范内进行改善，而必须采取革命的行动。

正如英文中关于启蒙的解释 enlightment，自由女们以“作”的勇气为女性启蒙，为女性的自由解放带有诸多有益的启示。

---

① 张秀熟．五四运动在四川的回忆//五四运动回忆录．北京：中华书局，1959：882.

第三章 世俗现代性、审美现代性与都市摩登女

第一节 远东奇迹：20世纪三四十年代资本主义成熟时期的上海

上海开埠以后，以超常的速度膨胀、发展。清嘉庆《上海县志》中描写上海："闽、广、辽沈之货，鳞萃羽集，远及西洋暹罗之舟，岁亦间至，地大物博，号称繁剧，诚江海之通津，东南之都会。"嘉庆道光年间上海人曹晟在其所著《觉梦录》中称当时的上海县城"金山银穴，区区草县，名震天下"。短短数十年间，上海由一个普通的滨海县城发展成为中国最大的港口和通商口岸。它的幅员超过北京或天津的两倍，"人口在1900年超过100万，1915年超过200万，1930年突破300万大关，"成为中国特大城市，远东第

二大城市，也是仅次于伦敦、纽约、东京、柏林的世界第五大城市。”①

一、20 世纪三四十年代的海上繁华

现代都市生活的绝大多数设施在 19 世纪中叶就开始传入租界：银行于 1848 年传入，西式街道 1856 年，煤气灯 1865 年，电 1882 年，电话 1881 年，自来水 1884 年，汽车 1901 年，电车 1908 年。② 在 20 世纪 30 年代，上海已经和世界最先进的都市同步。她是中国外贸中心，到抗日战争以前，在外国对华进出口贸易和商业总额中占 80% 以上，她的直接对外贸易总值占全国的 50% 以上，“到民国十八年，贸易总额已达九亿九千八百万两”③。她是中国的金融中心，到 1930 年，拥有外国对华银行投资 80% 的份额，设有中国几乎所有主要银行的总部。她是中国工业中心，是民族资本最为集中的地方，1933 年民族工业资本占全国的 40% 以上，1948 年工厂数、工人数占全国的 50% 以上。她是各派政治力量必争之地，在戊戌变法、辛亥革命、五四运动、五卅运动、抗日战争、解放战争等重大事件中，都起到了非常重要的作用。1927 年中国新文化中心南移后，她更成为中国的文化中心、政治中心。一座座老楼被推倒，一座座摩天大厦拔地而起，如百老汇大厦、怡和洋行大楼、沙逊大厦、汇丰银行、江海关银行，形成宏大的西洋建筑群落。先施、永安、新新、大新四大百货公司以与传统商

---

① 熊月之．民国文化//上海通史：第 10 卷．上海：上海人民出版社，1999：3.

② 唐振常．市民意识与上海社会//近代上海繁华录．香港：商务印书馆，1993：240.

③ 郁慕侠．上海鳞爪．上海：上海书店出版社，1998：1.

业铺面完全不同的面貌装点着上海的繁华。

诚如瑞士知名休闲品牌，Felix Buhler（飞力镖马）创办人 L. bermini 所言："上海不仅在商业界是个重要的城市之一，同时也是娱乐文化休闲胜地。"先施公司领先创立了屋顶花园，并兼营茶室、旅馆、酒楼、酒吧等，永安公司附设有大东旅社、天韵楼游乐场等，具有巨大的综合性功能。上海最高的综合大厦四行储蓄会大楼把银行与公寓、客房、舞厅、饭店合而为一，24 层，号称远东第一楼。跑马厅是上海赫赫有名的以赛马为娱乐与赌博的一大热闹场所。跑马厅位于上海东西的主干道南京路和静安寺路的交接处，一侧又紧贴南北向的主干道西藏路，真正称得上处于上海市中心的地位。在中心地带占有五百多亩的土地，地域如此广大且场地又是平坦、开阔的。① 20 世纪 20 年代后期，上海才见营业性舞厅出现，然而跳舞在上海滩发展极快，仅仅过了几年，已成了许多人热衷的一项公共娱乐活动。到 20 世纪 30 年代又恰逢近代上海发展的顶峰，舞厅业便依势挺进，蓬勃向上，不独是舞厅的数量增加，建筑也在大胆地创新拔高。地处沪西的"百乐门厅"的脱颖而出，就是一个充分的反映，其造型的富丽，设施的先进，装饰的精美，达到了"远东第一乐府"的惊人地位。百乐门，英文为 Paramount，意为"至高无上的"。大楼门前的墙垣是用山东特产的花岗石砌成；屋顶银光搭配上霓虹灯，在夜上海中大放华光异彩。宴舞大厅长 120 尺，宽 62 尺，高 26 尺，但中无一立柱。厅内采用了当时上海尚属少见的弹簧地板，这种地板因跳跃而颤动，令人生出快感。楼厅

① 郑祖安．跑马外的跑马厅//海上剪影．上海：上海辞书出版社，2001：117.

的小型舞池则用了玻璃地板，是以厚为二寸硬实的晶光玻璃铺成，下装电灯，光从下打出，令人目眩神恍，然却又有让你若入仙境般的感觉；楼内设空气调节装置。在厅顶开凿成千小孔，外面的新鲜空气经蒸气热管的逼压，由小孔输入舞厅。舞厅内装置的电灯，有一万八千盏之多，从上到下，一片流光溢彩。场内的楼梯扶手，各处的扶栏，用精光铮亮镀克罗米的金属制成，一尘不染，靓丽无比。百乐门的全部造价为四十几万元，装修费又用了二十几万元，前后历时九个月，工程完竣。百乐门舞厅的开设轰动了上海，它为纸醉金迷的娱乐业，为上海滩的高度繁荣，输入了一股新鲜的热血。①

上海的文化事业也呈现出一片繁荣景象。20世纪30年代，上海的电影公司有十几家，电影院也有三四十处。广告与月份牌铺天盖地，报馆书局林立，最大的如中华书局、世界书局、现代书局、大通书局。在这些书店中，有专售教科书和译著书籍的，有专售新文化书籍的，也有专售新旧小说的，形形色色，使人为之目迷、叹为大观。1934年上海出版的各种杂志达300余种，再加上《申报》、《新闻报》、《时报》、《时事新报》、《民报》、《晨报》、《大晚报》等大报共同撑起上海报刊杂志的繁盛局面。②

孙振家在《海上繁华梦》序言中写道："海上繁华，甲于天下，则人之游海上者，其人无一非梦中人，其境无一非梦中境。是故灯红酒绿，一梦幻也；车水马龙，一梦幻

① 郑祖安．远东第一乐府——上海百乐门舞厅∥海上剪影．上海：上海辞书出版社，2001：125.

② 郁慕侠．上海鳞爪．上海：上海书店出版社，1998：135.

也；张园愚园，戏馆书馆，一引人入梦之地也。”[①] 也有时人如此评价上海繁华景象：“上海的洋房，是如何的矗立云霄……上海的马路，是如何的平坦宽阔……上海的桥梁，是如何的坚牢美观……这些都足使见闻鄙陋的乡下人骤然见到了疑是做梦。此外，还有油光雪亮的汽车，来去真似一阵风；京戏院、影戏院、游艺场，日夜纷陈着有趣的玩意儿……大银楼的玻璃窗里，陈列着华贵饰品……大绸缎局里悬挂着的花花绿绿的绫罗绸缎！……上海社会真不愧人间的天国！”[②] 一本英文版的上海大全类书籍（*All About Shanghai*）以赞叹的口吻写道：置身于上海的繁华中，几乎要使人不知道该说上海是东方的巴黎，还是巴黎是西方的上海好了。

二、现代文明与城市性

美国社会学家路易斯·沃斯（Louis Wirth）在一篇名为《作为生活方式的城市性》的论文中把城市特有的生活方式叫做城市性。他认为，城市与乡村间存在着基本的文化差异，城市人的生活模式、处事态度和价值观与乡村居民不同。[③] 工业化大生产、商品经济完成了对小农经济与自然经济的改造，理性的、重视法规的、科学的、工业发达的、效率高的现代城市文明取代了直觉的、人文主义的，以农业为主的、效率低的中国传统文明。“而上海是更便于借助工业社会通用的文化编码读解的文本。”[④] 施蛰存如此概括

① 孙家振．海上繁华梦．长春：时代文艺出版社，2003：1.

② 徐国桢．上海生活．上海：世界书局，1930.

③ Wirth Louise. Urbanism As a Way of Life. American Journal of Sociology，1938，（44）：3-24.

④ 赵园．北京：城与人．北京：北京大学出版社，2001：203.

汇集现代文明的现代生活："所谓现代生活，这里面包括着各式各样的独特的形态，汇集着大船舶的港湾，轰响着噪音的工场，深入地下的矿坑，奏着Jazz乐的舞场，摩天楼的百货店，飞机的空中战，广大的竞马场……甚至连自然景物也和前代的不同了。"①"城市决不是一种与人类无关的外在物，也不只是住宅区的组合；相反，城市本身包含了人性的真正特征，它是人类的一种通泛的表现形式。"帕克则更直截了当地说，城市是人性的产物。依照马克思主义的观点，人的本质乃是一切社会关系的总和。大城市从来就是各种民族、各种文化相互混合、相互作用的大熔炉……新的种族，新的文化，新的社会形态就是从这些相互作用中产生出来的。这就是城市新陈代谢的观点。"……城市环境的最终产物表现为它所培养出的各种新型的人格。"②而上海作为在中西文化冲撞与交汇的过程中由中外移民共同缔造的以通商为主要功能的商业巨埠，是一个真正的世界大都市。对于她的现代性文化期待，人们是以西方现代文明为蓝本的。她的繁荣带来人们生存的物质空间日新月异的变化，以及与之而来的制度层面的变革，人们的思维方式、价值观念、行为方式也发生相应的变化，路易斯·沃斯所言的城市性体现在上海这座远东的现代都市是带有许多西方资本主义文明的重要特征的。

（一）进取精神

上海在短短几十年时间内发生了翻天覆地的变化，除了她自身得天独厚的地理位置，帝国主义出于殖民目的的

① 施蛰存．又关于本刊的诗．现代，1933，4（1）：6-7.

② 宋俊岭．序言//R. E. 帕克，E. N. 伯吉斯，R. D. 麦肯齐．城市社会学——芝加哥学派城市研究文集．宋俊岭，吴建华，王登斌，译．北京：华夏出版社，1987：1-6.

畸形的扶持外，还得益于自由资本主义时期强烈的进取精神。虽然马克思在论述资本主义的发展史时说道："资本来到世间，从头到脚，每个毛孔都滴着血和肮脏的东西。"①但是这句话所描绘的贪婪哲学从另一个侧面讲就是无厌进取。尽量地赚钱成为资本主义伦理的至高之善。资产阶级企业家们从传统世界的纽带中解脱出来，通过改造世界来攫取财富，他们总是无限制地扩张和实现自我。如同陈江帆在的《都会的版图》感叹，"都会的版图是有无厌性的，/昔时的海成了它的俘虏；/起重机昼夜向海的腹部搜寻，/纵有海的呼喊也是徒然的"，表明了现代都市巨大扩张所代表的进取精神。

"经济冲动力"成为资本主义向前发展的主要动力。对于资产阶级"贪婪攫取性"所带来的巨大的物质繁荣，马克思这样赞美道：

> "资产阶级在它不到一百年的阶级统治中所创造的生产力，比起过去一切世代所创造的全部生产力还要多，还要大。自然力的征服，机器的采用，化学在工业和农业中的应用。轮船的行驶，铁路的通行，电报的使用，整个大陆的开垦，河川的通航，仿佛用法术从地下呼唤出来的大量人口——过去哪一个世纪能够料想有这样的生产力潜伏在社会劳动里呢？"②

（二）速度与力

相对于缓滞的乡村文明，资本主义城市文明由于机械

① 马克思．资本论：第1卷．北京：人民出版社，2004：829.

② 马克思，恩格斯．马克思恩格斯选集：第1卷（上）．北京：人民出版社，1972：256.

的发展带来的速度与伟力同样也是城市文明现代性的标志。飞驰而过的汽车，传达千里之外人的感情于短暂时间的电话，能将一瞬间定格的摄影设备等成为科学的、工业发达的、效率高的重要景象。正如谭桂林老师所说：“力是现代都市文明的主要表征之一。街道上奔驰的汽车、港湾里吞吐万吨的货轮、工地上起重机来去挥舞的手臂、厂房里机器的吼叫与汽笛的长鸣等等，这些只有在都市中才能看到听到的新景新象，正是现代都市的灵魂所在。”[①]所以，1870年，黄遵宪游历香港，写有《香港感怀》十首，对香港的现代化发展进行了描绘：“弹指楼台现，飞来何处峰”，就是对都市的建筑速度的形容。郭沫若充分感受到了一种新的历史气象，他在 1920 年 6 月站在日本门司市西的笔立山头看到“海陆船廛”繁忙的景象，异常激动，写下了他那首著名的《笔立山头展望》，惊奇于“大都会的脉搏”，这是中国现代诗人第一次面对现代都市发出的由衷礼赞。在这首诗里，他一下子就抓住了现代都市的精神，并作了非常简要的概括：“大都会的脉搏哟！生的鼓动哟！打着在，吹着在，叫着在喷着在，飞着在，跳着在，四面的天郊烟幕朦胧了！我的心脏跳呀快要跳出味了！哦哦，山岳的波涛，瓦屋的波涛，涌着在，涌着在，涌着在，涌着在呀!”将“一枝枝的烟筒都开着了朵黑色的牡丹”誉为“二十世纪”的名花，为都市的现代性质素而激动而感叹。

茅盾曾经指出，“现代人是时时刻刻和机械发生关系的，都市里的人们生活在机械的‘速’和‘力’的旋涡中”，所以《子夜》中吴老太爷刚到上海，随着“汽车发疯

① 谭桂林．论现代中国文学的都市诗．文学评论，1998，(5)：133-144.

似的向前跑”，就看到“几百个亮着灯光的窗洞像几百只怪眼睛，高耸碧霄的摩天建筑，排山倒海地扑到吴老太爷眼前”；“光秃秃的平地拔立的路灯杆，无穷无尽地一杆一杆地，向吴老太爷脸前打来”；“长蛇阵似的一串黑怪物，头上都有一对大眼睛放射出叫人目眩的强光”。但也正如茅盾所说，“机械这东西本身是强力的，创造的，美的。”①由于机械的广泛运用带来都市现代性的重要特征：速度与力。与革命文化的反叛力量所带来的力量感不同，这是由上升时期资本主义文明由机器与巨大建筑所带来的都市实感。

（三）变化与新奇

由资本主义现代性的速度与力所带来的是变化与新奇。“城市的面貌变化得比一个凡人的心还要快。”② 不仅都市以日新月异的速度变化发展着，而且都市人也不再满足于固定的、波澜不兴的生活。他们时时刻刻都在寻觅新奇，再造自然。所以马克思指出：“一切固定的古老的关系以及与之相适应的素被尊重的观念和见解都被消除了，一切新形式等不到固定下来就陈旧了，一切固定的东西都烟消云散了，一切神圣的东西都亵渎了。”而正因为如此，适应新奇已成为现代人的一种基本能力。正如人们在研究本雅明时所指出的：“在本雅明内心深处，社会现代化进程所造就的现代人集中地体现在对新现象的快速反应和消化上。在前现代化时期，慢节奏的社会生活还没有将个人推到一个必须应对层出不穷新事物的境地；而社会的现代化进程则将

① 茅盾．机械的颂赞∥茅盾全集：第19卷．北京：人民文学出版社，1991：401-402.

② ［德］本雅明．发达资本主义时代的抒情诗人．张旭东，魏文生，译．北京：三联书店，1989：102.

个体置入到一个别无选择的必须快速去应对不断出现之新现象的境地，在这样的情形下，随着新事物的不断地被快速消化，人的心理机制逐渐获得了一种快速反应能力。在本雅明看来，这种能力就是现代人的标志之所在。”①

（四）享乐气息

20 世纪三四十年代，世界资本主义已经从禁欲资本主义阶段过渡到世俗资本主义阶段。资本主义丧失了其上升时期的一些进步因素，享乐主义观念粉碎了它所代表的道德伦理基础，社会从传统的“先劳后享”引向超支购买、及时行乐的奢糜心理。丹尼尔·贝尔在论述资本主义文化矛盾时说：“十九世纪中叶宗教权威的破产引发了向着松弛方向的心理转变。结果是文化——尤其是现代主义文化——承接了同魔鬼打交道的任务。可它不像宗教那样去驯服魔鬼，而是以世俗文化的姿态去拥抱、发掘、钻研它。”②而此阶段，中国都市在殖民地化的进程中获得长足的发展。20 世纪 30 年代，上海的物质生活已经和世界最先进的都市同步，在繁荣的表象下，呈现出一定的腐烂与堕落的气息。奔放淫逸、肉欲泛滥成为发展了的都市的又一重要表征。

三、海派小说的女性言说

刘呐鸥在《色情文化》“译者题记”中说：“文艺是时代的反映，好的作品总要把时代的色彩和空气描出来的。”③

---

① 王才勇．译者前言．本雅明．发达资本主义时代的抒情诗人．王才勇，译．南京：江苏人民出版社，2005：7.

② ［美］丹尼尔·贝尔．资本主义文化矛盾．赵一凡，蒲隆，任晓晋，译．北京，三联书店，1989：65．

③ 刘呐鸥．《色情文化》译者题记//刘呐鸥小说全编．上海：学林出版社，1997：211.

“海派”作为最具有代表性与现代气息的文学流派，它以上海为阵地、以上海等现代城市作为描写对象进行创作。它不再从主流意识形态的角度来叙说都市，而是捕捉都市的光和影，声与色。正如吴福辉所说海派最多地“转运”新的外来的文化，“它站在现代都市工业文明的立场上来看待中国的现实生活与文化”①。钱理群在《中国现代文学三十年》一书中评价说：“新感觉派小说之‘新’，在于第一次用现代人的眼光打量上海，用一种新异的现代的形式来表达这个大都会的城市与人的神韵。”②

“海派”对都市的言说，是以“女性为中心”的叙事。女性形象生动地传达了都市的表征，把握了都市的脉动，表达了都市情绪。女性与城市形成互文，互相言说，相互诠释，女性形象完成了对都市文化的体认与表现。

第二节 都市摩登女与都市表征

以刘呐鸥、穆时英、施蛰存为代表的新感觉派作家及无名氏等后期海派作家塑造了一系列的游弋于都市的摩登女。她们以其面目的同一，表现都市的灵性光晕的消失，以对待情爱的高速快捷表达都市的机械、速度以及思维方

① 吴福辉．都市漩流中的海派小说．长沙：湖南教育出版社，1995：3.

② 钱理群，温儒敏．中国现代文学三十年．北京：北京大学出版社，1998：325.

式的直接性，以情爱实现的等价性原则彰显着商品经济社会物质交换的原则，同时，她们也演绎着都市的享乐与进取。一言以蔽之，都市摩登女充分展现着都市的表征。

一、面貌模糊的“赤裸生命”(bare life)

上海号称“东亚第一魔都”，曾作为一个殖民地、半殖民地的城市，她以极短的时间完成了对纽约等世界发达城市的外观世界的枯燥模仿，赛马场、夜总会、电影院、大旅馆、小轿车、富豪别墅、海滨浴场、特别快车等现代生活的各个方面都显现出同一的面孔。但这“酒馆跳舞场与飞机的现代”也就宣告了城市个性的湮没，预示着机械复制时代“光晕的消失”。

海派作家塑造了一系列在现代都市中如鱼得水的“现代尤物”，以“温柔的货色”（《刘呐鸥两个时间的不感症者》），“柔软的 creature”（刘呐鸥《赤道下》）“hot baby”(穆时英《五月》、《Craven A》）等对其命名，她们都有着外貌上共同的特征。如刘呐鸥作品中女性樱桃式的小嘴、深海贝壳一样的耳朵、理智的前额、隆直的希腊鼻、容易受惊或不容易受惊的明眸、男孩式的短发、淡堇色的肌肤、高耸的胸脯、柔滑如鳗鱼式的身体，这些结合着中西女性美的身体特征标志着中国社会的转型。但是她们缺乏鲜明个体特征，面貌模糊，只有统一的产品标签，那就是刘呐鸥一再强调的“近代都会所产”。如：

> 他直起身子玩着看她，这一对很容易受惊的明眸，这个理智的前额，和在它上面随风飘动的长发，这个瘦小而隆直的希腊式鼻子、这一个圆形的嘴型和它上下若离若合的丰腻的嘴唇，这不

是近代都会的产物是什么？（《游戏》）

看了那男孩式的短发和那欧化痕迹明显的短裾的衣衫，谁也知道她是近代都会的所产，然而她那个理智的直线的鼻子和那对敏活而不容易受惊的眼睛却就是都会里也是不容易找到的。肢体虽是娇小，但是胸前和腰边处处的丰腻的曲线是会使人想起肌肉的弹力的。……但是最有特长的却是那一颗小小的，过于成熟而破开了的石榴一样的神经质的嘴唇。（《风景》）

不晓得几时背后来了这一个温柔的货色，当他回头时眼睛里便映入一个 sportive 的近代型的女性。透亮的法国绸下，有弹力的肌肉好像跟着轻微运动一块儿颤动着。（《两个时间的不感症者》）

她可以说是一个近代男性化了的女子，肌肤是浅黑的，发育了的四肢像是母兽的一样地粗大而有弹力。当然断了发，但是不曾见她搽过司丹康。黑白分明的眸子不时从那额角的散乱的短发下射着人们。（《流》）

近代社会由于受当时流行的好莱坞电影的影响，相同的偶像崇拜使她们的形象有着文化上的一致性，并且因为都市人口的聚居，人们在消费过程中的“追风”的心理，近代化妆术的流行，形成近代女性平面式的千篇一律感。刘呐鸥在《现代表情美造型》中如此概括这些女人的特征：“……就是法国人所谓 garsonne，短发男装的 sport 女性便是这一群之代表。她们是真正的 go-getter，要就去拿。而男子们也喜欢终日被她们包围在身边而受 digging。”“这个新型可以拿电影明星嘉宝，克劳馥或谈瑛做代表。”如同方程式似的，不是具体的数字，而是有着共同面貌的 x 与 y，刘呐鸥小说各篇当中的女性几乎可以互相置换。很多都没有名字，如《游戏》中的“她”，《风景》中的“她”，《两个时间的不感症者》中的“她”。有些则如同方程式一样的抽象的代码，如密斯脱 y、密昔斯 y、密斯 A、密斯 W、密斯 S。穆时英作品中的女性也没有典型性，舞女就是舞女，没有区别于类的个性特征。她们也许拥有各自不同的名字，如“玲子”、“蓉子”、“余慧娴”、“蔡珮珮”、“琉璃子”，但她们的命名没有任何意义。梅洛-庞蒂认为，身体不是一个物体，而是复合的、多层的统一有机体。“我的本质主要取决于我的特殊身体，这个身体同其他社会表现者的身体不同。”“身体的形式不仅是一个自然的实体，也是一个文化的概念：这是一套通过它的外观、尺寸和装饰的属性对一个社会的价值观进行编码的手段。”而刘呐鸥笔下的这些身体被剥去了生命的个体价值，被编码进“中国近代都会所产”这个文件夹中，只赋予其“类”与“群”的意义。可见，这些身体有些类似于阿甘本（Giorgio Agamben）所说的“赤裸生命”（bare life）。所谓“赤裸生命”就是剥去了意义的身体。她们的身体被拔去了生命形式和价值，永远只有外在的形貌、服饰，没有内在的心灵、情感。“灵被抽空后，肉体的特征就被显现了出来”。[①] 所以，她们解除了一切传统道德的负累，享受着舒适的生活，追逐着身体的快乐，成为一群没有灵魂的快乐主义者。王尔德曾说：“一个人若要具有地道的现代风韵，就应当没有灵魂。”在这个意义上，这些“近代都会产”的“creature”迷失于都市，

---

① 李兴阳. 被消费的都市女人——刘呐鸥中日新感觉派小说著译比较之二. 阜阳师范学院学报，2003（2）：24-26.

体现了没有灵魂的现代风韵。为了便于读者理解，有人把“creature”译成“尤物”，其实，刘呐鸥的文本中的“creature”与“温柔货”要比“尤物”更体现其“无灵”性。而这一特征与飞速发展着的上海城市个性的湮没，机械复制时代“光晕的消失”形成了感觉上的同一。所以，司马长风评价穆时英的小说：“写的多是苍白的爱情，性的纠葛。”[①]“苍白”二字准确地概括了穆时英小说的特征，特别是其女性形象的特点。

二、高速快捷的都市恋情

与其他作品的女性表现一样，海派也主要把她们放在两性关系中，以其对待情欲问题的方式与态度来对其进行塑造。在情爱问题上，这批“近代都会产”的“creature”消除了传统的繁文缛节，体现出直截性。她们往往突兀而来，与情人发生一夜风流以后飘然而去。传统地老天荒的爱情让位于近代都市“邂逅式的爱情”。所以吴福辉指出：“海派文学提出的新的两性关系模式，是所谓的‘邂逅型男女’。到了三四十年代的海派小说，都市临时型男女的交往，遂成为定式……这象征着现代社会简明、轻便的性爱自由度。”[②]

近代都市机械的发展带来直线式的思维与高速度、高效率。刘呐鸥笔下的现代尤物以两性交往的直接性、情欲实现的快速性及情爱消费的等价性反映现代都会的高效恋情。

① 司马长风．中国新文学史（下）．香港：昭明出版社有限公司，1978：86.

② 吴福辉．都市漩流中的海派小说．长沙：湖南教育出版社，1995：175.

（一）与异性交往的直接性

直线是现代生活的重要的质素。直线的、机械的物质或生活方式占满了资本主义的都市文明。现代尤物在异性交往中理性而直接地知道所需的凝视的眼睛与被凝视的身体。她们有着一个致密、明晰，善于将一切繁琐事情简单化的数学头脑，直觉地直奔主题。《游戏》中的“她”都直线地处理好现在爱情人，明天开始爱“他”（指丈夫）的关系；《风景》中的“她”“直线地请求”邂逅者燃青一同下车共演一刻风流；《礼仪与卫生》为了理性地兼顾礼仪与卫生，在与情人出走之后，把自己的妹妹留下给丈夫以抚慰其不在时的寂寞。《流》中的晓瑛理智地处理工作与爱欲的关系。无须空费无用的套话与感情，具有时下的简明轻快性。而穆时英小说《被当作消遣品的男子》中的蓉子直截地邀请带点新鲜感的男子与之开始一场新的恋爱，又直截地把他们像消化不了的朱古力糖滓一样排泄掉。《五月》中的蔡珮珮早已不耐烦江均面对她时所做的上帝式的祷词，她与刘沧波刚一见面，就把自己“挂在了他的胳膊上”，甚至不需要说刘沧波说“我爱你”，就闭上眼睛，抬起脑袋等待着他的亲吻。当他把嘴角从她嘴角上拿开时，她却把胳膊吊在他的脖子上，等待着他更热烈的举动。

（二）情欲实现的快速性

这些“近代都会产”的“creature”在情欲实现快节奏。刘呐鸥作品选取的几乎都有着浅黑或淡堇色的肌肤，如同绢一样光滑有弹性，四肢同母兽一样强大有力，是 sportive 的近代型女性，她们有着旺盛的精力在变幻的都市寻欢作乐，释放自己的欲望本能。《游戏》中的“她”周旋于未婚夫“他”和情人步青之间，在送走未婚夫后迅速地完成了对情人的性的消费。《风景》中一位要陪丈夫过个空闲的week-end的“她”，与一位刚猎获的对象中途下车高效率地脱掉了机械般的衣服，穿上了自然的美衣。《方程式》密斯A与密斯W听一次马连良或看一次talkie就可以决定自己的终身大事，密斯S甚至与还不认识的密斯脱y直接上了婚床。在《两个时间的不感症者》中，女主公刚结识H，便和他恋人一般地“从赛马场到吃茶店，从吃茶店到热闹的马路”，然后又“坐在微昏的舞场的一角了”。“她”在接连约会了H与T之后，在他们两人还费尽心计想要独占她时，抛下目瞪口呆的二个男人，微笑着去赴第三个男人的约会。还煞有其事地教训H：“啊，真是小孩。谁叫你这样手足鲁钝。什么吃冰淇淋啦散步啦，一大堆啰嗦。你知道love-making（做爱）是应该在汽车上的风里干的吗？郊外是有绿荫的呵，我还未曾跟一个gentleman（先生，绅士）一块儿过过三个钟头以上呢，这是破例呵。”穆时英小说也塑造了一批生活在机械的刺激与速度上生活着的姑娘。《Craven A》中的余慧娴每次都带着一个新的男子；《被当作消遣品的男子》中的蓉子把男人当成雀巢牌朱古力糖，Sunkist，上海啤酒，糖炒栗子，花生米一样一股脑儿吞下去，而患消化不良症，于是，更加地寻找着速度与刺激。她们与男子“友谊的了解这基础还没造成，而恋爱已经凭空建筑起来了”。

刘呐鸥采用汽车、石膏和金属作为身体的喻体，汽车在性爱方面隐含的是速度和力量，而石膏和金属的喻义包括了线条和质感。如《游戏》象征着都市情爱的就是“六汽缸，意国制造的一九二八年式的野游车……驰了一大半天，连一点吁喘的样子都没有”，《两个时间的不感症者》

中的“Fontegnac 1929”则更新潮，更现代了。这些都是保证都市情欲实现的现代性表征。她们抓住瞬间感受的实在性与体验性，不断地寻求新的性爱刺激，瞬间之外的“她”，却是虚空与茫然的。“贞操的破片也像扯碎的白纸一样，一片片，坠到床下去。”史书美认为刘呐鸥小说中的这种女人和汽车的并转暗示了“这个城市的节奏就是现代女子更换男友的速度，就是现代女子对风驰的赛车的喜爱：一时的场景一时的罗曼史，一个充满飞车和短暂邂逅的都会”。他们“愉快地相爱”，然后快速“愉快地分手”，构成都会的诙谐。现代的都会就是这样“一切都是暂时和方便”。而迅速变换情欲对象，对各种不同的男人都能迅速地找到不同的兴趣点，其实这也体现着海派文化新奇变异的重要特征。

（三）情爱消费的等价性

20 世纪二三十年代的上海，财富的积累与物质的繁荣标志着现代消费观的真正形成。在消费经济巨手的指挥下，几乎所有的东西都变成了商品，具有了价值与交换价值。商业化的利益驱动和世俗化的大众导向成为上海文化的两个基本走向。因此，周作人指责上海文化“以财色为中心”①。人类崇高浪漫的情欲观念也不可避免地纳入其中。作为现代都市中的女性很快地适应了这一规则，进而在摩登的都市里如鱼得水，成为“不受管束的女人”。她们消费着他人，也作为商品被他人消费。作品《热情之骨》似乎是一个殖民地社会具有“东方主义色彩”异域想像。故事首先一切都按照外交官的思路向前发展着：他所遇到的东

① 周作人. 上海气. 语丝，1927（112）：264-265.

方女性“那黑眸像是深藏着东洋的热情，那两扇真珠色的耳朵不是Venus从海里出生的贝壳吗？那腰的四围的微妙的运动有的是雨果诗中那些近东女子们所没有的神秘性。纤细的蛾眉啊！那不任一握的小足！”她是多么脆弱可爱啊，一定不会“把蔷薇花的床上的好梦打破的”。但在他热情高涨之时，她却“樱桃一破”，反高潮地问他要五百元。因为在这个“一切都可当作商品规定价值”，“一切抽象和东西，如正义道德的价值都可以用金钱买的经济时代”，用贞操来换取紧急要用的钱是合理的。商品经济等价交换的原则撕开了传统社会温情的面纱，露出冷酷的面容，所以外交官比也尔东方式的神秘爱情的幻想在半殖民地的中国上海也最终破灭。《流》中姨太太青云，拿出温柔的手段来换取主人的钱，她与情人在影院约会时，被太太的儿子堂文发现，也是以与之乱伦的方法堵住其嘴。《残留》中的秦太太，在昏昏沉沉的意识流动中，寂寞的心理与丈夫病逝、负债累累的重压，最终成为一个“咸水味”。她的辩护就是房租、电费、账单，“全部卖给一个人，跟零零碎碎地卖给好几个人，还不是一样的卖吗？”穆时英小说中琉璃子与《热情之骨》中的花店老板娘的东方风情一样，“她的辽远的恋情和辽远的愁思和蔚蓝的心脏原来只是一种生活的商标。”无名氏《金色的蛇夜》中的莎卡罗遵循商品经济物质交换的原则，她的爱情市场其实就是性市，纯属自由贸易。只是她不容许任何大托拉斯存在，她不让一个男人独占她，而是由若干男友联合称臣纳贡。由于她的特异，男人愿意以高代价换取好奇心的满足，因为“猎奇一贯是S市布尔乔亚生活的主要项目”。而莎卡罗不等他们厌倦，就及时抽身以保持其新鲜活力。莎卡罗独具个性，利用这个性在商品经济社会中为男性的征服欲增添一定的难度，从而达到奇货可居的目的。由于S市人们对“都市异味”莎卡罗如蝇逐臭式的追求，如同众星捧月式的推崇，所以，她能豪放大度、挥金如土，视金钱与社会地位如粪土。

这样，商业化的人生追求，使作为消费品的性移情于金钱，与金钱划上了一个方程式的等号。过去的想象已被破坏，现在的情爱没有诗，即使有，“诗的内容已经变换了”。有人曾如此谈到对不同文化的体验：“故予尝有言，留学生一过黄海则热血变为凉血，再过渤海，则凉血变为冷血。”① 确实，由于上海商业化的特征，没有北京等城市出于干预政治的热血沸腾，一切的行为准则以理性的商品交换的经济法则为准，所以，不仅没有热血，凉血也变为冷血了。鲁迅先生在《“京派”与“海派”》中论述海派的特征是“商的帮忙”正是准确地概括了海派的文化特征，这一点在海派作家的女性形象上得到了生动的体现。

三、物欲时代的都市享乐

20世纪三四十年代，“上海”一词就意味着“十里洋场”、“东方巴黎”、“花花世界”、“欧陆风情”，上海物质的极度繁荣使都市文化呈现出享乐的气息，在海派作家的女性形象的表现上，首先是一大堆物质化的符码占据了女性生活空间。

海派都市摩登女出入夜总会、赌场、公园、舞厅、酒吧、饭店、跑马场等寻欢作乐的场所，抽着“Craven A”香烟、骆驼烟，看好莱坞电影，沉醉于Saxophone、爵士乐中，

① 秦境．上海社会的魔力．民立报，1911-09-12.

跳着 Tap 舞、Tango，开着 1932 年的跑车、奥斯汀汽车，进行着 20 世纪 80 年代的恋爱。正如《黑牡丹》疲倦的舞娘所坦言的："我是在奢侈里生活着的，脱离了爵士乐，狐步舞，混合酒，秋季的流行色，八汽缸的跑车，埃及烟，我便成了没有灵魂的人。"《骆驼·尼采主义者与女人》中，"她"教了他三百七十三种烟的牌子，二十八种咖啡的名目，五千种混合酒的成分配列方式。她们就那么深深地浸在奢侈里，没有回味，也没有想像，这些物化的符码也就成为她们生活的全部。

不仅如此，女性美体现着都市的繁华享乐同时也成为最美的消费品映衬着都市的繁华。无名氏《金色的蛇夜》中莎卡罗肉感艳情的"熟烂"躯体与繁华糜烂的世俗都市互相辉映。与传统文化文静、忧郁、柔美等富于浪漫气质水样女人不同，无名氏笔下"沾山气"、"带山味"的女人莎卡罗是肉感而艳情的。作品描写她"一条赤红的身子……和热带女人的肉体一样，棕得发亮"，她的胴体饱满高大，丰富而有弹力。乳房如同两只红熟的苹果，"盈盈的，沉甸甸的，累累欲坠"，似乎"任一触，任一点音，都会叫这红熟的果子滴下红色果汁"。三十寿辰时莎卡罗更加成熟而诱人，她"丰腴的肩、肉感的肩、像爆发的淡褐色山洪一般"，肉的果实汁液饱满，显得既凝固又流动，她那"赤红的嘴"、"艳丽的头"与肉感的躯体，给人带来欲望的热情。在一种要演化的巅峰状态中，莎卡罗给男人带来无穷的魅惑。莎卡罗式的太过红熟的肉体，既与饭店、电影院、咖啡馆、跑马场、舞厅等一起构成了都市享乐的载体，成为绽放在资本主义文明的"恶之花"，她的"熟烂"又构成当时资本主义文明的隐喻。所以，当 20 世纪二三十年代上海文坛的一批作家——从《狮吼》到《金屋》的作家群，再到“幻社”、“绿社”和《真善美》周围的不少作家——公开打出“颓加荡”的旗帜，袒露给人们一幅幅放荡不羁、纵情泄欲的艺术狂欢者的画像时，20 世纪 40 年代，无名氏延续了此类都市表现主题，《金色的蛇夜》中的莎卡罗的肉感艳异就集中体现了如锦繁华与腐烂堕落同体的都市精神特征。

正如法国学者波德里亚所说，女人的身体本身就是消费社会最美的消费品。莎卡罗的肉感艳情“熟烂”躯体成为都市欲望的载体与象征。她天生叛逆的个性与大胆放浪的言行又使她成为都市身体消费原则中的异味。而穆时英小说《Craven A》中的余慧娴被作为每个男人旅行的短期佳地，《被当作消遣品的男子》中的蓉子“践在海棠那么可爱的红缎高跟鞋上”，扭着花瓶瓶颈似的腰肢，消费着男人的同时也成为消费社会最美的消费品。无名氏小说的“异味”、穆时英小说中的“贵品”与刘呐鸥小说中“异品”装点映衬着都市繁华。

四、现代进取中的恶魔个性

都市的现代发展不能忽略的是其“机械、速度与力”。郭沫若在诗歌《笔立山头眺望》中盛赞资本主义文明“机械的伟力”，茅盾的《子夜》中“light heat power”成为都市文明的核心意象。海派小说中的女性人物发展了都市现代性中的力量与进取，从外形到个性气质均表现出与传统不同的恶魔个性。

（一）强健有力的美学风格

不是传统女性弱柳扶风，娇花袭水，延续着通俗作家笔下对女体的祛魅，与时代女性一脉相承，都市摩登女们是强健有力的。她们更带有欧美流行时尚，以健康的黑色为美，甚至在美学风格上也表现出一种深度和力量。在刘呐鸥小说《流》中，晓瑛“发育了的四肢像是母兽的一样地粗大而有弹力”，“黑白分明的眸子不时从那额角的散乱的短发下射着人们”。《风景》中的“她”的“肢体虽然娇小，但是胸前和腰边处处丰腻的曲线是会使人想起肌肉的弹力的。”她向前一步步地爬上山，“在素娟一样光滑的肌肤上，数十条的多瑙河正显着碧绿的清流。吊袜带红红地啮着大腿。”《红色的女猎神》中的她有着“丰腴的胴体”、“褐色的肌肤”、“潇洒的风姿”，显得任性、野蛮又顽皮，嘴角刻画着明确的意志的弧线。在无名氏《金色的蛇夜》莎卡罗的审美个性中，也体现出与现代都市形成审美风格的和谐统一。不同于传统女性的繁花似锦，莎卡罗喜欢选取代表着深刻的黑色，那种尸殓式的黑色袍子，是她唯一的“代表颜色”。黑色的背景，黑色的装束，浓黑的头发，深深的黑色的眼影，仅在黑暗时出没的生活方式，在莎卡罗周围，黑色铺天盖地，奔腾汹涌，使其成为“一个黑暗永恒体”，“黑色”也成为一个意蕴深厚的意象。一方面，她摒弃了传统女性性征中作为男性理想中的女人而存在的中心意识结构，具有一种反叛的力量；另一方面黑色的伟大之处在于它涵盖了一切，湮没了一切，代表着一种覆盖的力量；同时黑色代表着忘怀，代表着抛开人类文明的一切束缚。“让我们回到十万万年以前，我们原始祖先的世界中，暂时忘记这个罪恶的星球。”因为，“只有在最深最深的黑暗中，这个世界才准许你极坦白地赤裸一切。……在光明中，人被埋陷在千万层捆绑中”，所以，黑色又代表着摆脱一切束缚以创造的力量。她有着“汉魏石刻的脸”，“埃及画雕的深刻眼睛”，她“像一座大理石雕像，云石的坚硬几乎全部抹煞了一切可能的血肉柔软”，轮廓线条的鲜明让人体会到这个饱满躯体的深刻。“野兽样饱满的胴体”，“即使在男装下她高大胴体依然无比饱满，简直是兽性的饱满”，“那淡榛色的手臂，藕圆似的摇闪着，棕色缆绳样洋溢巨大精力，以它的缠咬人神经的感觉，把世界是最沉重的船舶——男人的心，轻轻拖缠过来。”莎卡罗饱满丰腴的肉体带给人们的是一种破衣而出的动感与力量，有一种喷火山式的浓密、强度与膨胀度，“表现出青海驰马番女疾驰时的狂情：粗犷、多感、猛猘、火热”，象征着发展中的都市喷薄而出的进取力量。

（二）诡异邪恶的恶魔性格

梁遇春在比照上海文化与北京文化时指出：“上海是一条狗，当你站在黄浦滩闭目一想，你也许会觉得横在面前是一条恶狗。狗可以代表现实的黑暗，在上海，这现实的黑暗使你步步惊心，真仿佛一条疯狗跟在背后一样”①，从而形象地指出身处都市由于种种不可知的因素所带来恐惧感。都市文学作品既表现出深处于现代都市中女性以恶抗恶的应对策略，也以女性形象生动传达了这种都市实感。如《被当作消遣品的男子》中的蓉子，有着“蛇的身子，猫的脑袋，是温柔而危险的混合物”，在她的面前，男人不是个好猎手，而是只不幸的绵羊。《红色的女猎神》中的代表着红色的狩猎之神，像一只雌豹子似的左右了“我”的意志。刘呐鸥笔下的女性有着动不动就拿异性当做食用的

① 梁遇春．猫狗．骆驼草，1930（17）．

雌螳螂的本性。

而《金色的蛇夜》中的莎卡罗是一个介于神性和魔鬼之间的人，是一只半疯狂半智慧的女兽。她出人意外的方式往往让人惊骇。“这个女人的大胆与疯狂，不只超出人类语汇的境界，甚至也远超过兽语、鸟语的范围。”她喜欢喝烈酒，抽雪茄，穿男装、骑野性的马、打猎、旅行，有时也狂赌，吸食麻醉剂。别的女人喜欢养狮子狗、鬈毛狗消闲解闷，她家里却养了一只非洲豹子，四只英国潘英特种狼狗。化妆舞会中，她扮演“一个青面獠牙的西藏骷髅舞者”，像一个刚从地狱里爬出来的魔鬼。乍一出场，就让全场跳舞者心惊肉跳。赌博时，大家赌得血脉贲张时，她处变不惊，输了，平静；赢了，从容。她颠倒黑白，晚上七点是她的黎明，半夜十二点是她的正午，十二点到破晓前，是她黄金生活时段。假如是末日式的大雾早晨，没有一丝阳光的阴霾天，低气压的雷雨天，她才白昼露面。在一次沙龙上，当人们谈论着抵抗女性的诱惑时，她突如其来地像只饱满而又壮丽的河马赤裸裸地出现于大家面前时，以事实来证明女性魅力的不可抗拒。对于爱情，她是绝对独裁的。在两性关系中，她永远是主动者。当她想占有一个男人整体时，连他灵魂的每一颗细胞都应该成为她的奴隶。她高兴，招招手，任何男人都可以爬上她的床；她不招手，金山银山堆在面前，也没有用。甚至反其道而行之，向着三峡一路行进，“嫖男子”来了。

与纯美女性形成对照，莎卡罗不仅行为诡异，而且五毒俱全。当莎卡罗父亲被人谋害，母亲吸毒偷盗遭到毒打死去，面对流氓恶霸的继父在一个暴雷雨夜的恶行，一个十二岁的女子以小母狮的勇敢，用桌上的砚台将其击中而逃离。当她有幸成为一个茶叶商的第五个姨太太时，莎卡罗又设计卷逃，对吃人的封建社会的法律与伦理吐出了蔑视的唾沫。伴舞生涯中她努力学习英语，又在香港中文大学旁听文学和哲学以提高自己的品位，使自己的谈吐、风度、经验不比一个女硕士差。美艳、邪恶与良好的修养结合在一起，形成一股巨大的张力，给人带来目不暇接的“撒旦的美”。成长过程的妓院教育使她学到了“胡狼的阴险、狐狸的狡猾、猩猩的残忍、蛇的狠毒、狮子的敏捷、老虎的粗犷”。她以其地狱式与蛇蝎样，在日落后黎明前，像条饥饿的野狼，从一个黑窟到另一个黑窟，自一个男人怀抱到另一个男人怀抱。她似林豹样地格斗，拼命抓住一些东西，构筑其腐朽与糜烂的生活方式，也构筑了 S 市权力关系的网络。莎卡罗成为病态都市文化的核心，不仅象征着这个都市“恶之花”灿烂腐朽绝望的美，还在于她对这个城市的控制力。她告诉印蒂：“自有历史以来，人类文化一直有两种市场，一种是明市，这是释迦、耶稣、孔子的市场；一种是黑市，这是魔鬼的市场。真正决定市场价格的，不是明市牌价，是黑市。”莎卡罗就是魔鬼市场的主宰者。她是人性中的黑暗面的代表，她的存在就是罪恶的存在。

海派女性人物形象的恶魔性格，以其邪恶表现出其力量。鲁迅在第一部文学论文《摩罗诗力说》否定“无邪”而推崇“恶魔”，就是因为对于传统观念中丑恶事物的推崇，实际上向往着力，向往着人的生命的活性，是在历史观、道德观上对恶的巨大反叛性力量的认同。“摩罗诗力说”即“论说魔鬼般的艺术力量”的意思。陈思和也指出：“人性中的魔性并不是指人性中的阴负面，而应该理解作把人性中的各种因素都高扬到极致，综合了取代‘神’和取代‘魔’的两方面，使之成为审美的材料，尤其是令人悸怖的审美材料。”①

波德莱尔指出，现代生活具有一种特殊的美，这种美是一种“英雄气概”：上流社会的生活，成千上万飘忽不定的人——罪犯和妓女——在一座大城市的地下往来穿梭，蔚为壮观。……上流社会和底层社会在美的问题上是可以等量齐观的，它们都表现出一种“撒旦的美”，一种古怪的美，一句话，“恶中之美”。② “最完美的雄伟美是撒旦——弥尔顿的撒旦。”③“在每一个人身上，时时刻刻都并存着两种要求，一个向着上帝，一个向着撒旦。祈求上帝或精神是向上的意愿；祈求撒旦或兽性是堕落的快乐。”④ 莎卡罗身上的恶魔的美尽情展现着兽性堕落的快乐与力的美感。所以，作品中的人物马尔提评价莎卡罗说：“她是一种巫力，一种叛逆，能创造你，也能毁灭你。”她的堕落的力量则体现为现代生活的英雄主义。

第三节　摩登女与都市隐喻

摩登女的意识形态、价值观念与行为方式不仅体现着

---

① 陈思和．代序：试论无名书//无名书精粹．武汉：武汉出版社，2006：3.

② 郭宏安．波德莱尔诗论及其他．上海：同济大学出版社，2006：21.

③ 郭宏安．波德莱尔诗论及其他．上海：同济大学出版社，2006：41.

④ 郭宏安．波德莱尔诗论及其他．上海：同济大学出版社，2006：4.

上海在半殖民地过程中处于资本主义上升至成熟时期的都市表征，而且摩登女的形象与都市构成隐喻，暗示着都市人的都市际遇，传达着都市的深层感受。

一、人类文明的日常震惊

刘呐鸥笔下的作为可消费的现代型都市年轻女性，她们的态度要么使叙事者吃惊，要么使他感到忧郁和自嘲。她们患了“人格、情感和自身统一性的不感症”。[①] 这些如同妖魔般的女性令“太荒诞、太感伤、太浪漫”的瘦弱的中国传统男性受到诱惑的同时又害怕恐惧。惯于使用感觉气氛表情达意的刘呐鸥通过这种隐喻生动地传达现代城市的诱惑与危险。所以，刘呐鸥所译保尔·穆杭的小说《懒惰病》形容他的女主人公“好像澳洲产的 Mrinos 羊底角一样”，将女性比喻为可爱的小动物，将其物化。不同于刘呐鸥所信奉的导师对女性所采用的温柔的意象，对于女性的表现，他采用山猫、老虎、母豹、鳗鱼、黄狐、青丝蛇等这些凶猛、狡诈意象。一方面表现刘呐鸥对女性的嫌恶症，正如他在 1927 年日记中记叙回乡后第一次对妻子的感受：“不知满足的人兽，妖精似的吸血鬼”[②]，另一方面却又体现出他的都市感，暗示着都市的不可知性带给人的有力的震撼。施蛰存的《石秀之恋》是部历史题材小说，但是却真实地传达了城市的生存际遇。施蛰存将潘巧云的女性魅力进行妖魔化想象，再现了城市化进程中城市作为“他者”而存在所带来的混乱无序、无法捉摸之感。

---

① 张国安．刘呐鸥小说全编导言∥刘呐鸥小说全编．上海：学林出版社，1997：2.

② 彭小妍．刘呐鸥一九二七年日记——身世、婚姻与学业．读书，1998（10）：133-141.

综观上海上个世纪的发展史，20 世纪二三十年代，上海率先完成了由农耕文明向现代都市文明的转变。近代的都会是坐在速度上前进的，给人以目不暇接的惊诧之感。南京路的繁华，上海外滩的改造；高楼，洋房、霓虹灯、电影院、咖啡馆、跑马场、跳舞厅、赌场、交易所；舞女、交际花、少爷、姨太太、资本家、小资、白领；消费、欲望、摩登；现代传媒业的发达，蓬勃发展的工商业；繁华似锦、多姿多彩的都市生活……这些显性特征与隐性内涵充斥着都市，竞相以奇异性刺激着人们的感官心理。所以《子夜》中乡村的木乃伊吴老太爷一到都市就被“都市精怪”所风化。面对新奇、贪婪和动态的都市“排山倒海似的压迫”，“他觉得他的头颅仿佛是在脖子上旋转”，“只有目眩，只有耳鸣，只有头晕”。所以郭沫若一方面礼赞上海机械的伟力，另一方面他的“上海印象”就是“游闲的尸，淫嚣的肉，满目都是骷髅满街都是灵柩。”路易士的《初到舞场》写大都会的舞场如写鬼域：“都市的舞厅，我眩晕于惨绿的太阳，与涂血的魔柱，音乐之无休止的嚎哭，亦使我头儿昏沉”。面对着日新月异的陌生的环境，刘呐鸥描绘女性用“一只老虎跳将出来”（游戏），“两匹黄狐跳过去了”，一条“正出洞的青丝蛇”（流）等动感意象来表达人们“惊颤体验”（chockerfahrung）（本雅明语）。舞厅中的气氛映照着舞厅外的都市变幻，刘呐鸥又一次体现出“新感觉”的魅力，描画出由“飞机、电影、JAZZ、摩天楼、色情狂，长型汽车的高速度大量生产的”[①] 繁华富丽、动荡喧嚣、光怪陆离的物化的世界。

① 张国安．刘呐鸥小说全编导言．刘呐鸥小说全编．上海：学林出版社，1997：2.

都市又常常以罪恶的面貌出现，冷酷的赤裸裸的金钱关系使都会充满虚伪与尔虞我诈，处处存在着陷阱般的诱惑，都市如同一个怪物，到处充满了不确定性和不可靠性。所以，波德莱尔说："与文明的日常震惊相比，森林与草原的危险还算得了什么？人或在大街上捉住他的牺牲品，或在神秘的树林里刺死他的猎物，他不是四处都保持着食肉兽中最完美的形象吗？"①

二、都市异化所产生的漂泊感、孤独感

都市过分注重于物质的追逐而忽视了情感的交流使人的精神无处可栖，都市生活以惊人的速度异化和挤压着人的灵魂，传统价值体系被剥离，产生无所依归的疏离感和无法摆脱的荒诞感、空虚感。穆时英《公墓·自序》如此描写在现代都市中的人们的生活状态："每一个人，除非他是毫无感觉的人，在心的深底里都蕴藏着一种寂寞感，一种没法排除的寂寞感。每一个人，都是部分的，或者全部的不能被人家了解的，而且精神地隔绝了的。每一个人都能感觉到这些。生活的苦味越是尝得多，感觉越是灵敏的人，那种寂寞就越加深深地钻到了骨髓里。"② 人们在都市中生活犹如一个有机的人与一座无机的蒸汽机竞走。于是以往"精神上的储蓄猛地崩坠下来，失去了一切概念，一切信仰；一切标准，规律，价值模糊起来。"③ "人是精神地

① ［法］夏尔·波德莱尔. 波德莱尔全集：第2卷. 杭州：浙江文艺出版社，1999：637.

② 穆时英.《公墓》自序//穆时英小说全集. 长春：时代文艺出版社，1998：718.

③ 穆时英.《白金女体塑像》自序//穆时英小说全集. 长春：时代文艺出版社，1998：720.

互相隔离了的，寂寞地生活着的。”[①] 这也就是都市摩登女所蕴含的生命实感。

《Craven A》余慧娴有“一个年轻的身子，一颗老了的心”，每个男子都说爱她，可是每个男子都不爱她，她被人玩弄着、轻视着，于是产生“一种切骨的寂寞，海那样深大的，从脊椎那儿直透出来，不是眼泪或是太息所能洗涮的，爱情友谊所能抚慰的”情感，觉得自家是孤独地站在地球上面，被从社会切了开来似的，终于只剩下“一个寂寞的、疲倦的、半老的妇人的剪影。”《夜》中的她那“憔悴的脸色，给许多人吻过的嘴唇，黑色的眼珠子，疲倦的神情”[②]，她的寂寞与倦怠唤起了无家可归的水手的共鸣。曾今可《舞女丽丽》中的丽丽，在精神上是与身体上同样困倦的。

劳瑞斯特认为，“城市是一种文本，它通过将女性表现为文本来讲述关于男性欲望的故事。”在施蛰存的文本中，从《凤阳女》开始首次用“尤物”一词来指称他的女性人物，将其魔化、幻化，写出主人公的夸张放诞的狐媚之态及其对男性的蛊惑力，到《魔道》、《凶宅》等则彻底将女性化为妖魔化的镜像来反映人物病态、怪异心理。从而表现出在现代都市中不适所产生的无所归依感，现代人的精神分裂、压抑感与焦虑感同样得到真切的阐释。这种和现代都市女性密切相关的男性欲望往往演变为一旦爱情破灭，或者情欲厌倦，将迅速滑坠黑色的死亡。施蛰存以性爱与死亡为题材书写了都市人精神世界的空虚与精神自救的愚妄，真挚地再现现代城市的精神主题。

① 穆时英．PIERROT//穆时英小说全集．长春：时代文艺出版社，1998：518.

② 穆时英．夜//穆时英小说全集．长春：时代文艺出版社，1998：255.

三、现代文明临死的苦闷

1928 年 10 月保尔·穆杭来华，刘呐鸥在《无轨列车》第 4 期编译了《保尔·穆杭论》，文章说穆杭作品的故事底下有的是现代文明的临死的苦闷，对于人类的末路的潜伏的寓意。然而，“把现代文明作为不可救药的丑陋之物加以断然拒绝，就跟肤浅地赞美它一般无二，也是一种市侩的态度”。[①] 所以，刘呐鸥在 1926 年 11 月 10 日致戴望舒函中说：“在我们现代人，Romance 究竟未免稍远了。……缪赛们，拿着断弦的琴，不知道飞到哪儿去了。那么现代的生活里没有美的吗？哪里，有的，不过形式换了罢，我们没有 Romance，没有古城里吹着号角的声音，可是我们却有 thrill，carnal intoxication，这就是我说的近代主义，至于 thrill 和 carnal intoxication，就是战栗和肉的沉醉。”在这个意义上，他笔下的女人是时代的代表者，她们以都会女人特有的，对于异性的“强烈的、末梢的刺激美感”表达着机械、速度与力的都市的 thrill 和 carnal intoxication，而“太荒诞、太感伤、太浪漫”的瘦弱的男性永远是“时间的不感症者”。她们迷失于探戈宫，沉醉于物的快感与肉的刺激，映衬着心灵的空虚与苍白。“现代主义文学的一个主题是失落和离异，那么另一个主题就是艺术的解放”[②]，在文学现代性的意义上，刘呐鸥通过尤物型的女性形象表现现代都会失落与离异的主题中一个个不安定的灵魂，从而实

---

① 刘呐鸥. 《色情文化》译者题记. 刘呐鸥小说全编. 上海：学林出版社，1997：211.

② ［英］马尔科姆·布雷德伯里. 现代主义的城市//现代主义. 上海：上海外语教育出版社，1990：81.

现艺术的解放并完成着波德莱尔般“现代生活的英雄主义”。杜衡批评刘呐鸥作品“还有着‘非中国’即‘非现实’的缺点”，其实这正是刘呐鸥的优点，准确地传达了作为殖民地、半殖民地的上海的无根的都市感。[①]

而无名氏《金色的蛇夜》中的莎卡罗像一只宇宙罪恶里面黑暗而颓废的精灵，在热闹的都市中纵情狂欢。大都市生活沉闷，生命腐烂。“那座都市的描金恐怖，硝镪水样，早已蚀烂了莎卡罗的享乐官能。她是如此疲倦于那套金碧辉煌，那蛆虫般的人群。”从前她“林豹样的格斗”，在现实中拼命想抓住一些东西，虽然痛苦，却痛得有希望，苦得有明天，甚至也偶然有快乐。现在，一切全有了：珍珠、宝石、地位、荣誉、智慧，甚至美貌。她拼命追求，但到手的却不是她想要的东西。她发现她生命中已没有最重要的东西——向往与明天。她虽然像亚伯的后代一样，“吃喝睡觉”，“满意地微笑”，但掩饰不住的是热闹中的寂寥。莎卡罗的末日狂欢就是20世纪上半期信仰失落以后的都市时代情绪的普遍反应。正是在此意义上，这个作品中另一女主人公常绿说：“在这个世界上，最麻烦的事是希望，最省事的是无望。一个人正式绝望以后，活得倒容易了。”于是，她们向早期浮士德学习，大胆地把灵魂押给魔鬼。作品通过女性形象反复书写的就是这种末日来临的绝望情绪，体现出作家面对历史巨变所产生的颓废心理。绝望苍凉的背景成为莎卡罗这朵地狱之花午夜都市里纵情狂舞的生命底色，其狂欢与寂寥也显示着都市与时代的绝望与颓废。

---

① 杜衡．关于穆时英的小说创作//严家炎．新感觉派小说选．北京：人民文学出版社，1985：17-18.

“在文学中，城市与其说是一个地点，不如说是一种隐喻”[1]，与现实主义和自然主义对城市的描绘不同的是“现代主义似乎去掉了那种‘自然的、无法避免的结局’，而用‘不真实的’城市代替了‘真实的’城市……不真实的城市则是放纵和幻想、奇特地并列在一起的各种奇特自我的活动舞台。”[2] 刘呐鸥通过他笔下的人物及其他新感觉的艺术手法进行放纵和幻想，从而传达出一个感性的城市。所以，李欧梵解读刘呐鸥作品认为典型的女主人公是第一批都市“现代性产物”：“凝聚在她身上的性格象征着半殖民地都市的都市文化，以及速度、商品文化、异域情调和色情的魅惑。由此她在男性主人公身上激起的情感——极端令人迷糊又极端背叛性的——其实复制了这个城市对他的诱惑和疏离。”[3] 而其他“海派”与后期海派笔下的都市摩登女同样表达在都市诱惑与疏离情绪下的感觉意象。

第四节　女性想象与男性话语

海派通过都市摩登女的想象映射出中国都市文化对西方异质文化的完全接受，同时从两性博弈中，我们也可以

① ［英］马尔科姆·布雷德伯里．现代主义的城市//现代主义．上海：上海外语教育出版社，1990：77.

② ［英］马尔科姆·布雷德伯里．现代主义的城市//现代主义．上海：上海外语教育出版社，1990：79.

③ 李欧梵．上海摩登．毛尖，译．北京：北京大学出版社，2001：219.

看出女性解放度。

一、都市摩登女与女性的解放度

上海以一种惊人的速度发展成为国际性的大都市。她不是由传统的中心城市逐渐演变成近代大都市，如伦敦、巴黎；而是在中西文化冲撞与交汇的过程中，由中外移民共同缔造的商业巨埠形象，海纳百川的精神成为其文化的主要特征。体现在由都市文化、洋场文化培育出的女性身上，由她们一扫传统女性的以矜持腼腆、内秀外工为特征的“植物性”，接受并发展出以贪婪、自我、放肆、凶悍、性感为特征的“动物性”，在事实上完成了中国文化传统对西方异质文化的接受。

海派笔下的摩登女们的恋情再不是旧式的相思之苦，身世之感，也没有苦尽甘来，团圆结合，而具有高速、快捷、等价的现代性特点。她们的情爱没有传统的阻挠、误会，性爱的直接、快速与消费特色消解了情爱的诗意与神圣，没有任何罗曼蒂克地，该隐退出田园，走进城市。如果说才子佳人性爱格局在张恨水的小说中还残留着的余风余韵，在海派笔下则彻底退出了性爱叙事的舞台。

但以高速快捷的方法解决性爱问题表明她们彻底解脱传统的羁绊与精神的束缚。她们虽然不像自由女一样提出“公妻”、“男妾”之类的自由理论，但在两性博弈中把男性当成消遣品以及飘然而来，倏忽而去的态度显示出对待男性问题的洒脱。《赤道下》中“我”对陈先生将我们安排到与世隔绝的小岛中是很满意的，因为这可以重新实现我对珍的完全占有。但是珍还是像一只不听话的小熊从他的怀里溜出去，爱上了朋友兼仆人的当地土人非珞，体现出近代都会女性惯会移情的本性。《热情之骨》中的比尔也怀着对西方女人的失望来追寻东方之梦，希望那拥有“不任一握的小足”具有东方神秘感的脆弱可爱的女性能一圆他对动物似的西方女人失望以后的梦想，但“她”却更让他“幻灭、落胆”。在两性关系中，她们显得雄强有力，男人不是好猎手，而只是狮子面前的绵羊。从这些我们可以看出现代都会为女性带来的自由度，表现出女性的解放度。确实，崭新的都市生活给她们提供的一展身手的舞台，获得了与男性站在同一地平线上的经济基础。如果说清末民初的自由女们为女性解放提供了美好的蓝图，那么现代都市的摩登女则为其实现提供了切实的基础，在女性现代性建构中具有重要的意义。

但是上海的迅速发展并没有彻底更新人们的传统观念，从海派文本中，我们仍然可以看到女性建立自己叙事话语的艰难。

二、先锋姿态与男性话语

（一）亦新亦旧的海派文化

20 世纪三四十年代的上海是西方殖民主义在处于前现代的中国辽阔版图上建立的资本主义“飞地”。相对于一般的城市，上海处于开放的前沿，是最具现代气质的城市。国际化、现代化成为上海的显性特征。上海虽然是一个历史底蕴并不深厚的城市，海纳百川的精神使她能很快接收西方现代主义的城市文明，但是中国毕竟是一个拥有五千年历史的文明古国，上海城市构成除了洋人与租界以外，还有一大批来自全国各地的老中国的儿女，他们囫囵吞枣地汲取了西方现代文明，却难以内化为自我本身的需求。

传统与现代、东方与西方的纠葛虽不似北京等古城之甚之烈，在人们的骨子里却潜藏着中国传统知识分子的审美品味与文化追求。所以王文英指出：“在中、西文化的交汇中，既有融合，又有冲撞，所以20世纪初的上海文化显得相当混乱，所谓亦中亦西，不中不西，新中有旧，旧中有新。”① 有西方旅游者称：“表面上的西化，内里中国精神”，中国人自己称：“西方的制度，中国的文化。”西方文明与中国精神，如油和水一样的混合，油浮于水上，而内里还是坚实的中国文化的核。正如施蛰存所论及20世纪三四十年代的日本也正是当时上海的现实情境：“日本近几十年来，拼命自诩一切文化水准已赶上了西洋，但事实上，它只做了一个表面，沉溺在它的假文化底里的，还是一个古旧的封建社会。”② 所以精通英、法、德、拉丁、希腊、马来西亚等9种语言，获13个博士学位一代狂儒辜鸿铭却鼓吹纳妾与缠足并不是一个孤立的现象。无怪乎海派作家对现代表象下的女性问题仍遗留传统话语。

（二）浪荡子美学下的男性话语

刘呐鸥、穆时英、施蛰存都是活跃于洋场的浪荡子。他们对都市声光化电的生动展现表明他们把握了都市的脉搏，站在时代的前沿，但在女性问题上却流露出典型的男性沙文主义色彩。

刘呐鸥出生于台湾省台南州新营郡柳营庄，他的父亲是柳营的望族。青少年时期便被送往日本求学，毕业后立即到上海震旦大学法文班插班入学，以后与戴望舒等人一

---

① 王文英．上海现代文学史．上海：上海人民出版社，1999：3.

② 施蛰存．一个性学家所见的日本//北山散文集．上海：华东师范大学出版社，2001：958.

起办杂志，谈文艺。据刘呐鸥 1927 年日记记载，戴望舒等人与他的交往，除了谈文艺、办杂志以外，就是逛窑子，逛舞厅，成日混在一起过纨绔子弟的生活。施蛰存曾回忆说，有段时间，他们每天晚饭后就“到北四川路一带看电影，或跳舞。一般总是先看七点钟一场的电影，看过电影，再进舞场，玩到半夜才回来。”对刘呐鸥来说，电影院和舞厅是他们足迹常至之地。爱好文艺与学术可以说是浪荡子的内涵装饰，浪荡子的外在装饰则是行头打扮。刘呐鸥唯一的正业就是文艺，他不但讲究服饰，而且不愧“舞王”之称。“他的行事风格可说切合典型的浪荡子形象，多金、空闲多，不事生产。”① 刘呐鸥对现代尤物的刻绘重视赤裸生命，面貌模糊缺乏个性的表现方式、忽视“灵”的挖掘及其夸张魔化其高速快捷的性爱方式都与他“浪荡子”美学分不开的。施蛰存出生于江南的一个书香之家，自幼受到良好的传统文化教育。1921 年，16 岁的他开始向“鸳鸯蝴蝶派”杂志投稿。鸳蝴派作为新文学阵营的对立面，被许多人认为是专写爱情上的无聊纠葛、猥琐心理及无病呻吟的缠绵之情的文学流派。1922 年，施蛰存的第一篇短篇小说就发表在鸳蝴派的最重要的杂志《礼拜六》上。可见施蛰存最初进行文学创作时的艺术根性。当救亡图存成为中华大地的主旋律，普罗文学运动轰轰烈烈地展开时，施蛰存却没有表现出当时热血青年革命的彻底性。他曾说过：“我们（指戴望舒、杜衡和作者）自从四一二事变以后，知道革命不是浪漫主义的行动，我们三人都是独子，多少还

---

① 彭小妍．刘呐鸥一九二七年日记——身世、婚姻与学业．读书，1998（10）：133-141.

有些封建主义的顾虑。”①可见，“不孝有三，无后为大”，陈腐的封建伦理观念深深埋藏于他的血液中。视野的开阔与涉猎的广泛使施蛰存创作的艺术感性随之受到他所钟爱的现代西方文学的滋养，但是他的大多数创作还是飘荡着传统文化的温情的抒情气息。尽管施蛰存尽力表现现代都市的“怪力乱神”，挖掘被文明的超我压抑了的性力力比多，但他很多时候通过传统男性视点铺陈故事、观察社会与女性。前卫的艺术姿态与传统男权中心话语构成了施蛰存小说的双声复调，体现出其探索性与保守性并存的艺术定位。在看待女性的问题上，他将女性化为妖魔化的镜像来反映人物病态、怪异心理，乃至作者自言“已经写到魔道里去了”②，从中我们却可以看出中国传统士大夫“存天理灭人欲”教条的理论支撑——女人是夜叉，女人是魔鬼，女人是狐妖。一句话，“女人是祸水，万恶以淫为首”。小说集《善女人行品》则用反讽笔法解析女性主人公的情欲觉醒，突出“善女人不善”的主题内蕴。

按照浪荡子的美学观，女性就是色欲的代称，女人的性感则完全表现在感官的刺激上。对女性的躯体，刘呐鸥对女性以浪荡子的目光进行把玩，把耳朵形容为“碧海里的贝壳”，把嘴角比喻为“樱桃儿”，特别在《礼仪与卫生》中，对正在做模特的白然的贪婪的注视：“为看裸像而看裸像，这却是头一次。他拿着触角似的视线在裸像的处处游玩起来。他好像亲踏入了大自然的怀里，观着山，玩着水一般地，碰到风景特别秀丽的地方便停着又停着，止

① 施蛰存．沙滩上的脚迹．沈阳：辽宁教育出版社，1995：129.

② 施蛰存．《梅雨之夕》后记//十年创作集．上海：华东师范大学出版社，1996：795.

步去仔细鉴赏。……他觉得这立像的无论哪一地方都是美丽的，特别是那从腋下发源，在胸膛的近边稍含着丰富味，而在腰边收束得很紧，更在臀上表示着极大的发展，而一直沿着柔滑的曲线伸延到足盘上去的两条基本线觉得是无双的极品。”“但最引起启明美感的说是这绢一般的肌肤，和肉块的弹力味。”甚至外国人的东方想象也饱含着浪荡子的美学欣赏。如《热情之骨》中比也尔对花店老板娘的欣赏。穆时英也将女性的脚形容为“白汁桂鱼似的”，“他把这‘亲爱的’，‘老练的’小东西带进了国泰大戏院的玻璃门，就像放在口袋里的几包朱古力糖那么轻便地。”无名氏《金色的蛇夜》中的也将莎卡罗的嘴唇比喻为野蛇莓子，将其胸比喻为令人垂涎欲滴的红苹果，将其肉体形容为红熟的果实，都是异曲同工的取采之摘之、攀之折之、弃之把玩之的意味。他们一方面欣赏着女性的躯体美，一方面却嫌恶女性作为性象征所缺乏的智性与心灵美，但他永远也没有关注过女性的智性美。他直接将女性以物指代，在《两个时间的不感症者》中，他将“她”形容为“温柔的货色”，在《礼仪和卫生》中，又将白然比喻为“无双的极品”，《方程式》中密斯W则是“难得的异味”，《杀人未遂》中的银行女职员是“柔软的creature”，穆时英《五月》中则感叹：“真是异味啊，这诡秘的小东西!”在刘呐鸥《两个时间的不感症者》中，H想把“这么爽快又漂亮的女儿”“把她当做一根手杖带在马路上走一走倒是很不错的”，横过马路时，又“用”最优雅的动作把她像手杖一般从左腕搬到了右腕。对他来说，女人存在的价值就是作为“性物”的价值。所以，《方程式》中密斯脱Y对A的感觉有着密昔斯Y的幻影，密斯W与密昔斯Y有着同样价值，看过密斯S之后觉得teens内的女儿没有一个不可爱的——她们都是为解决情欲的困恼而存在，新的女人不过是一床“新洗过的床巾”。所以，处于情爱方程式的女性都是似是而非的面孔。

站在浪荡子的视角，男性时时刻刻都想驾驭控制女性。彭小妍分析道，“浪荡子应该是最无可救药的男性沙文主义者”①，他的女性嫌恶症是根深蒂固的。对刘呐鸥来说近代都会产的女人都是不柔顺的女人，惯于用方程式解决情爱问题的都市女性突兀而来又飘然而去，无疑是不可控制的，男人只是她们的pekinese，是她们狩猎的目标，消遣的对象。所以，在他的小说中，经常出现螳螂相斗，雌螳螂捕食雄螳螂的意象，实际上意味着两性之间游戏与博弈。在《礼仪与卫生》中，法国外交官普吕业称西洋女子“实是近似动物”，“她们动不动便要拿雌的螳螂的本性来把异性当作食用。美丽简直用不着的，她们只是肉欲的对象。”所以，在情爱方面，他们希望回到原始的秩序，而《赤道下》对原始生活短暂的回归使他实现对“珍”暂时的拥有。男主人公很感激主人赠赏给他与珍在赤道下原始岛上的旅行，因为“我现在确实是一个人占有着她。”“我得命令她，使她笑，使她哭，有必要时也得打她。而她也是服服帖帖地服从着我，永不敢稍逆了我的意。”正是因都会女性行为对其男性沙文主义观构成冲击，源于其浪荡子情结，他将这近代都会产的主动型女性用老虎、山猫、母豹、黄狐、青丝蛇等意象进行处理，从而无奈地描画了两性关系中一个梦想却不能的世界。

---

① 彭小妍．刘呐鸥一九二七年日记——身世、婚姻与学业．读书，1998（10）：133-141.

即使是无名氏《金色的蛇夜》，莎卡罗在人生的旅途中，以母兽般的疯狂使全城风流男子神魂颠倒。她是天生叛逆与追求新异的，是勇敢、力量的化身。她能把男人黑奴式地驾驭，能在大庭广众之中展示性感的裸体，敢于以“嫖男人”来反对男性的玩弄。从表面看来，这个地狱式的、蛇蝎式的女人颇有女性先锋实验的意味，但是无名氏对这一女子形象的塑造却以身体的等价交换原则体现都市社会永不满足的身体消费。莎卡罗无论如何翻云覆雨，她的存在价值还是作为“性物”而存在，人们对其欣赏还是停留在性欣赏。

作品《石秀之恋》更是集中体现出中国传统文人将女性视为工具理性的典型范本。

（三）先锋姿态与男性想象：以施蛰存《石秀之恋》为例

作品《石秀之恋》是施蛰存一部历史题材小说，取材于《水浒传》中一个典型的憎女情节的故事。在《水浒传》中，杨雄的妻子潘巧云，被石秀发现和一个好色的和尚有染，石秀遂杀了和尚，并将此事告知了杨雄。为了洗清自己，潘巧云向她的丈夫诬告石秀企图引诱她。在施蛰存的文本中，作者借用弗洛伊德与显尼志勒的精神分析、心理分析放大石秀被潘巧云诱惑的性力力比多，使爱欲与死亡、禁欲与纵欲、诱惑与恐惧，天使与魔鬼、美丽与邪恶构成反讽的张力，意象抒情诗人的笔法使他娴熟地将潘巧云、迎儿、小巷少女、勾栏娼女形象并置，对暴力与血腥的赏鉴又使之带有唯美主义的颓废色彩，整个作品显现出异彩纷呈的西方现代性艺术景观。但是透过文本深层，我们却可以看见陈腐的男性视点下男性中心统治的挥之不去的魅影。

1. 弗洛伊德精神分析与文人价值观

石秀路见不平，帮祖杨雄，遂与杨雄义结金兰，得见杨雄妻子潘巧云，惊为天人。本我与超我遂展开了惊心动魄的搏斗，最终被压抑的力比多决堤而出。

在石秀的眼中，潘巧云的身份是双重的。一为义兄杨雄的妻子，一为勾栏里的妓女。面对作为杨雄妻子的潘巧云的是超我的石秀，虽然觉得潘巧云艳光四射，也觉得杨雄“这样的一尊黄皮大汉，却搂着恁地一个国色天香的赛西施在家里，正是天下最不平的事”，对于来自潘巧云的性冲击，石秀一直与本我进行着不屈不挠的斗争。初次见面，潘巧云“一副袅袅婷婷的姿态，一袭回文缕空细花的杏黄濮绸袷衫，轻轻地束着一副绣花如意抹地丝绦，斜领不掩，香肩微亸，隐隐地窥得见当胸一片乳白肌肤，映照着对面杨雄穿着的一件又宽又大的玄色直裰，越发娇滴滴地显出红白”，声音“恁地软又恁地婉转”，像献媚的百灵鸟，五指尖尖，从里到外都透着靓艳，但石秀连“正眼儿”也不“不敢瞧一下，行礼不迭”。晚上睡前热情的石秀却禁不住幻想着潘巧云的风情万种，“如同一个擅长透视术的魔法师，穿过了闩闭着的房门，看出外面秉着风胫灯檠的穿着晚妆的潘巧云，正在趿着紫绢的拖鞋翻身闪进里面去，而且连当她跨进门的时候，因为拖鞋卸落在地上，回身将那只没有穿袜子的光致的脚去勾取拖鞋的那个特殊娇艳的动作，也给他看见了。是的，这样素洁的，轮廓很圆浑的，肥而不胖的向后伸着的美脚，这样的一种身子向着前方，左手秉着灯檠，右手平伸着以保持她的体重的平衡的教人代为担忧的特殊的姿势”，但又谴责自己不经的妄念，“因为这个妇人是已经属于义兄的，而凡是义兄的东西，做义弟的是不能有据为己有的希望的”。他不容许“内心存在什么别的奢望，而徒然像回忆一弯彩虹似的生着此放诞的妄想。”他怀着守礼谨饬的心，观看着丫环迎儿给潘巧云捶腿所还来的下流的、淫猥的视觉飨宴，“心里不住地怯荡，好像已经做下了什么不端的事情了”。终于杨雄的皂色头巾帮助他战胜了勾栏妓女潘巧云带给他的海妖的诱惑，转身悲哀离去。超我的石秀最终取得了艰难的阶段性的胜利。

一旦得知潘巧云曾混迹于勾栏，热情的本我的石秀不断地蠢蠢欲动，升腾起一次次隐秘而猛烈的情热，演奏着一次又一次的性畅想。因为青楼风流从来为中国文人所津津乐道，士与妓之间的千古佳话尤其令人悠然向往。石秀幻想着潘巧云对他故意做出的亲热的表情，认为只要对于“杨雄哥哥没有什么过不去，倒是不能辜负她的好意”，从而对潘巧云隐秘的情热更加猛烈。对于以前以谨饬、正直、简单的态度拒绝潘巧云的卖弄风骚，开始认为是傻气而后悔。于是主动走进潘巧云叫迎儿捶腿的耳房，面对着这样放肆的，淫佚相的美妇人，决心沉醉似的去做一个享用这种佚乐的主人公。

最终嫉妒带着正义的面具复仇，石秀那被压抑的欲望通过他嗜血的性虐待而得到释放。通过对魅惑者的处决，石秀达到了性欲的顶点。

这是弗洛伊德精神分析的一次经典演绎，也是施蛰存作为新感觉派代表作家对新蹊径的一次积极有意的探索。但石秀超我与本我的挣扎，也是中国传统文人好色与求名之间的选择，从而折射出中国士大夫的传统价值观。我们知道孟子所谓的“舍生取义”的至圣名言被中国传统士人奉为圭臬，而“义”到后来便慢慢地转变为“名”。“名”

与“节”联系便是中国士大夫的人生操守。“雁过留声，人过留名”，“立身行道，扬名于后世，以显父母，孝之终也”（《孝经·开宗明义章》），是士大夫做出人生决策的驱策力，而“晚节不保”则是人生最大的失败。石秀初见潘巧云就受情欲煎熬，但是一直弓形跬步，踌躇不前。这似乎与五四时期个性解放，张扬自我精神显得格格不入，但是却遵守了“朋友妻，不可戏”这种中国传统男人的规约，保全了石秀的名节，最终才以一种变形的姿态完成了性欲满足。

2. 双重反讽中男权话语的隐秘

《石秀之恋》以精神分析法贯穿全文，构成对立事物之间的反讽以阐释文本、解读女性。然而反讽构成的艺术张力却泄露了男权话语的秘密。

（1）贞洁与放荡、惩戒与占有——第一重反讽

对于妻子，所谓“娶妻娶德”，要求女性能够做到“三从四德”，正如恩格斯所说：“对于正式的妻子……要她自己严格保持贞操和夫妻的忠诚。……她对于男子来说仍不过是他的婚生嗣子的母亲，他的主要管家婆和女奴隶的总管而已。”① 所以中国理想女性的标准是温文尔雅、幽娴贞静。温文尔雅也即女性的温柔、谦恭与柔顺，丈夫就是法律，此外一无所知。而幽娴贞静则是腼腆羞涩，对花花世界能敏感抵制的与世隔绝的幽静之美。而娼妓因其“商品化”与“物化”的特征，她们以能最大限度地吸引男人以换取生存资本为目标，所以她们的审美标准是美艳与淫佚，使男性释放冗长的家庭生活中不可能有的情爱。因为婚姻对中国传统男人来说只是一种契约，出于“父母之命，媒

① ［德］恩格斯．家庭、私有制和国家的起源//马克思，恩格斯．马克思恩格斯选集：第4卷，北京：人民出版社，1972：58.

妁之言”，并非男人的主观意志。中国传统男人并不缺少性，但是没有爱。西蒙娜·德·波伏娃形象地把娼妓比喻为下水道，她说：“人们往往认为，为了要保护一部分妇女，防止她们出问题，便应牺牲另一部分妇女。……他们认为一小撮‘无耻的女人’可以让大多数‘诚实的妇女’受到尊重。娼妓是代罪的羔羊，男人一方面把自己的邪恶在她们身上发泄，另一方面却唾弃她们……她们都被当作贱民看待。”① 恩格斯也如此阐述：“在现代世界上一夫一妻制和卖淫虽然是对立物，却是不可分离的对立物，是同一社会秩序的两极”。② 男女两性同样具有生物本能，在男性则可用来炫耀，而对于女性来说则构成羞耻，这荒谬的逻辑经世代相传便成了人人相信的“道理”。男人的性欲通常强过女人，而在中国，“淫”字却专用于女人。西蒙·波伏娃曾分析过男女两性区别：年轻的男人公开地欢迎他的性欲倾向，相反地，女孩的性生活则一向是秘密的；当她的性欲改变并侵占了她身体各部，它之奥秘变得非常痛苦；她深受骚扰，有如患了什么可耻的疾病；它不是主动的，它是一种即使在想象中亦不能由她的意志找获解放的状态 。她不能梦想捕获、塑形与侵占；她的角色是期待、渴望……

“男可再娶，女无再适”的畸形道德维系以男性为本位的家族宗法制度。

作为杨雄的妻子，潘巧云是杨雄的所有物。站在维护男性统治秩序的角度，石秀看潘巧云的美丽，“感觉到他未

① ［德］西蒙娜·德·波伏娃．第二性．陶铁柱，译．北京：中国书籍出版社，1998.

② ［德］恩格斯．家庭、私有制和国家的起源∥马克思，恩格斯．马克思恩格斯选集：第4卷，北京：人民出版社，1976：72.

免稍微不庄重一点”，潘巧云的美艳在他的心中化为“剧毒与恐怖的元素”，最终像武松杀嫂一样，石秀与杨雄一起完成了对礼教僭越者的惩戒。

潘巧云的勾栏妓女身份却激起石秀的性幻想，只觉得潘巧云是个发射出淫亵气息的美艳妇人而持着狎玩的心态。因为“酒色才气”是传统才子名士的本色，妓院求欢在士大夫看起来是属名士风流行为。他凝看着“潘巧云的裹着艳红裤子的大腿”，馋涎欲滴，“嘴里满含着一口粘腻的唾沫”一阵寒噤，又一阵烦热，一阵狎亵穿透他的全身，爱欲的烈焰炽成一张魔网。最后通过对潘巧云的杀戮完成了角色的转换：旁观者变成行刑人，而借着这种方式，他最终获得了性高潮，[①] 完成了对潘巧云的性占有。

石秀一方面将潘巧云作为淫欲的对象，另一方面又将她作为代罪的羔羊；一面进行着末日审判，另一方面又完成自己欲望的实现，形成的整个文本的第一重反讽，反映的却是整个男权文化不可更改的现实。作者似乎如同郁达夫一样直面性欲，表现石秀的性苦闷，写出情与理冲突中不能通过正常渠道宣泄的力比多。但郁达夫写的性苦闷表达的却是“性的要求与灵肉的冲突”，从而带有五四个性解放的意味，并且性因素只是一种外因，生的意志与现实社会的冲突才是作品真正的写作旨归。《石秀之恋》一文却是宣扬的陈腐的封建道德，无怪乎戴锦华说过：“原旨弗洛伊德或曰精神分析的话语是一种建立在性别歧视意义上的关于差异的男权话语。”[②]

① 李欧梵．上海摩登：一种新的都市文化在中国．毛尖，译．北京：北京大学出版社，2001：168.

② 戴锦华．镜与世俗神话．北京：中国人民大学出版社，2004：217.

（2）美丽与邪恶、欲望与险恶——第二重反讽

从《凤阳女》中的凤阳女开始，包括《魔道》、《夜叉》中魔化的女性人物，《鸠摩罗什》中的孟家大娘，《黄心大师》中的恼娘施蛰存在塑造有蛊惑力的人物形象时，着重抓住的是她们的妖狐特征。《石秀之恋》中的潘巧云尤其如此。将美丽的女性魔化、幻化，不仅是他对中国民间妖狐志怪小说的一种重新演绎，而且再一次反映了男权的集体无意识。

在传统男权社会中，男性占主导地位，女性居于附属的，可被征服的和屈服的地位。这决定了男性掌握了性活动随意性与主动性。长期以来对女性的追逐与毫无节制的淫乱使许多男人丧失斗志，沉湎堕落，更发生过“烽火戏诸侯”等因女色误国的血的教训。所以对于“性”、“女人”，男人形成了一整套禁欲主义的伪道学理论。所以“色”这个在古代兼指性欲、性行为的词，通常被用作贬义词，不仅与善无缘，而且与恶相去不远。诸如色情、色鬼、色狼、色胆包天，声色犬马等，先在地蕴含着道德谴责的意味。为了抵制女性的诱惑，将女性妖魔化便是他们的又一修辞策略。与天使母亲原型相反，美丽女性风流、妖媚、淫贱、无耻，是象征着性欲的魔鬼原型。这样，美丽与邪恶共生，欲望与险恶共舞。这类女人往往美丽诱人，但是残忍贪婪，欺骗不忠，她们永不满足的物欲和情欲，导致了男人的毁灭。所以韩庆帮曾如此评价类女子：“媚如西子，泼如夜叉，密如糟糠，毒如蛇蝎。”妖艳和邪恶构成了中国古典文学中的“红颜祸水论”。

文本中作者不断地刻绘潘巧云投射在石秀心中的意象。初次见面石秀所追想到的潘巧云，既是一个“使他眼睛觉

得刺痛的活的美体本身，是充满着热力与欲望的一个可亲的精灵”，又是一杯为之色泽与醇郁所魅惑的鸩酒。二次过招恐怖压过了迷惑，即决断为“剧毒与恐怖的元素了”，“美艳”引发石秀心中的意象是杀人的钢刀，寒光射眼，血花四溅，是“黑夜中焚烧着宫室或大树林的火焰”，是“鸩酒泛着嫣红的颜色”。这些想象无不与“红颜祸水”论一脉相承。

潘巧云这个具有主动性的女性，在这部作品中被妖魔化为可怖可恨之物的思路，实际上是继承了野蛮时代仅仅把女性当作性消费品和传宗接代工具的文化特点，不允许女性拥有人的主动性的男权中心思维，同时还带着男权文化，把女性异化为非人之后男性对异物的恐惧感——所谓“女人是老虎”。这是希腊神话中海妖的歌声，是美杜莎的笑声。“她”与神秘、危险甚至死亡之类的事物相联系。所以姚玳玫在论及鲁迅《狂人日记》到施蛰存的小说时说：“时代发生了变化，令男性人物感到恐怖的已不是‘大哥’一类的家长，而是‘妖妇’一类的人物——情欲世界的主宰者。”①

3. 唯美表象中的畸形性意识

谭桂林老师指出：在上古时代，中国的性文化应该说是比较健全的，《礼记》中曾说过“饮食男女，人之大欲存焉”，这就给予了性以不可或缺的地位。但后来礼教的强化与文化的堕落，国民对两性关系的认识处于两个极端，一是极端地禁欲，两性关系被视为承宗接代的生殖活动。一是荒唐的纵欲，于是房中术、采补术、春宫秘笈广泛流

① 姚玳玫．想像女性．北京：中国社会科学出版社，2004：211.

传。[①] 极端纵欲形成中国文人畸形的性心理，如恋物癖、窥淫癖、性虐待等。施蜇存在《在巴黎大戏院》中初步显示了传统文人的恋物癖。施蛰存熟读爱伦·坡、魏尔伦、波德莱尔，《石秀之恋》全文弥漫唯美颓废的肉欲气息，而传统文人畸形性意识却更加得到全面地反映。

作品中石秀不止一次地在内心唯美式地欣赏、玩味"美脚"：初次幻想中清晰异常的是"那只没穿袜子的光致的脚"；继而触发石秀联想的小巷少女的美丽的脚踝；现实中可感可触的娼女的脚。这样潘巧云的脚、小巷少女的脚、娼女的脚陈列给石秀，引发他的情欲，在勾栏厮混，"呆望出神的石秀真的几乎要发狂似的迎上前去，抱着她的小腿，俯吻她的圆致美好的脚踝了"。"金莲"崇拜是旧式文人恋物癖的一种，石秀的内心对美丽脚踝的玩味、礼赞简直与之同出一辙。而发现潘巧云与和尚裴如海有染时，对其奸情的守候与对头陀与丫环迎儿的审讯，枝枝节节、详详尽尽，充分实现了石秀的窥视欲，对石秀的苦闷暂时完成了置换与替代性的满足。

文章最后石秀用唯美的眼光鉴赏着潘巧云这朵"恶之花"，从暴力中得出美感，从血腥中读出奇丽，从而达到情节的高潮。

一个血腥的场景暗示着石秀性欲的实现，石秀嗜血的性虐待得到释放。所以"石秀好像做了什么过分疲劳的事，四肢都非常地酸痛了"。茅盾在《中国文学内的性欲描写》一文中曾指出中国文学对性欲描写的一个突出特征，即"色情狂"的描写，"色情狂的病态本非一种，而在中国性

① 谭桂林．长篇小说与文化母题．长沙：湖南师范大学出版社，2002：176.

欲小说内所习见的是那男子在性交以使女子感到痛苦为愉快的一种。"[①] 石秀正是通过感受暴力与血腥的方式完成了自己的性占有，也实现了自己的性虐待。从而使文本呈现出"色情狂"描写的特征。

潘巧云、迎儿、小巷少女、勾栏娼女随着石秀视点的交替出现使整个作品形成意象抒情诗一样的意象并置，同时这几个意象的组接显现出这几个形象间互相解读的互文的意味，使石秀视点中的潘巧云完成了从"一个"到"一类"的转变，从形象到抽象的集中与飞跃，也体现出《石秀之恋》作为一个男权视点的文本"泛"意义的延伸。

① 茅盾．茅盾全集：第19卷．北京：人民文学出版社，1991：126.

第四章 建构、解构与重构
——世纪之交都市巫女形象的文化发展

第一节 世纪之交商业大潮与女性形象

中国现代都市在历史的劫难中得到了长足的发展。但1949年中华人民共和国成立以后的文化却拒绝承认此前的都市文化，将其指认为是腐朽的、没落的、病态的殖民地文化，是蕴藏在旧中国体内的毒瘤，是绽放在苦难的中华大地的“恶之花”。为了守卫来之不易的民主革命成果，人们怀着一个共同的信念，那就是阿尔巴尼亚电影中的台词：“消灭法西斯，自由属于人们”。在“三红一创”红色经典的感召下，革命英雄主义激情、战天斗地的热情、共产主义必将实现的豪情弥漫于华夏大地。人们景仰江姐为革命赴汤蹈火、舍生忘死，赞美李双双为农业合作化公而忘私，感怀人民志愿军用鲜血铸就中朝友谊的无私无畏，唯独鄙薄贪图安逸与享受的小资产阶级情调。为理想而奉献、为社会主义新时代而讴歌成了主流的意识形态与文化特征。

时代的共鸣逐渐演变为文革的狂热及历史小丑般的闹剧。在逼人的现实中，20 世纪 80 年代精英知识分子们幡然醒悟，在“球籍”问题的焦灼中，他们又一次试图从“蔚蓝色的文明”中找寻理论武器，以达到对历史与现实的批判，建构中国特色的“黄色文明”。

一、都市迅猛发展中的文化变迁

随着对文革的控诉与批判，溯源到反右斗争扩大化以至建国以来的历史甚至是几千年古老的中华文明，中国大陆掀起伤痕、反思、寻根等一浪接一浪的文化潮流。针对历史与现实进行某种抵抗、颠覆与重建便也成为特立独行的知识分子崇高的使命。于是在长期隔绝之后，在与西方文明的对接中，拥抱现代化、拥抱民主成为 20 世纪 80 年代的典型文化状态。与此同时，中国社会自我定位与自我想像也已从“世界革命的中心”、“红色心脏”变为第三世界国家或后发现代化国家。如何改变贫困落后的现状，解决“中国的球籍问题”，“走向世界”，“以现代文明战胜东方愚昧”成为当时主流意识形态话语，中国随之进入“改革开放”的现代化进程中。以经济建设为中心，大力发展生产力，增强综合国力成为中国共产党与中国人民最迫切的目标。在又一个激情燃烧的时代，中国的城市悄然扩张并再度崛起。一夜之间，大陆城市完成了世界大都市无名化的过程。据统计，从 1978 年到 1988 年十年间全国城市人口增加 5000 万人，城市人口占全国人口的比重，从 12.5% 上升到 18.5%，城市数量，从 1978 年的 193 个，增加到 1988 年的 434 个，城市人口的年平均增长率大于 5%，大于 50 万人口的大城市，从 40 个增加到 58 个，中小城市从 151 个增加到 376 个①。而烫发、戴蛤蟆镜、穿喇叭裤，“街上流行红裙子”等都市日常生活景观以所向披靡的流行力图洗刷了过去时代的记忆。特别是 1988 年中国第一次遭到商业化大潮的冲刷和袭击以来，都市更以一日千里之势往前迈进。高耸入云的摩天大楼，摩肩接踵的车流、人流，耀眼闪烁的霓虹灯，歇斯底里的摇滚，没有夜晚的日子渐次覆盖了夕阳西照中的棚户区与筒子楼锅碗瓢盆交响曲。

商品结构与消费文化消解了传统观念对真、善、美的追寻，大众文化告别了谦和友善、克己复礼的传统道德。市场经济褪去了初期面对金钱时羞人答答的面纱，高雅文化式微，通俗文化强劲。现代文化开始丧失了他的批判力量，反叛已经成为程序，批判沦为空谈。一批文化弄潮儿虽仍然兜售新潮，标新立异，随风转向，但是反叛的激情早已沦为浅薄的时尚。“80 年代的‘告别革命’冲击当时的主流文化，到 90 年代，便成为构造新的主流文化的助推力。”② 现代主义的批判颠覆性力量产生了自己的盗墓人。所以，20 世纪 80 年代启蒙话语、反抗话语一路高歌猛进，到 20 世纪 90 年代商业大潮导致的文化的消费主义早把英雄传奇、责任忧患、理想信仰祛魅除幻，整个社会呈现出一片荒芜的后现代景观。

---

① 邹德慈．关于八十年代中国城市规划的回顾和对九十年代的探讨．建筑学报，1991（6）：15-18.

② 戴锦华．犹在镜中——戴锦华访谈录．北京：知识出版社，1999：63.

二、后现代主义色彩的文化表象

所谓后现代文化，又可称为后现代主义文化、后工业社会文化、信息社会文化、晚期发达或跨国资本时期文化、后资本主义文化等，是20世纪五六十年代兴起于美国，随即风靡整个西方发达工业社会并迅速向世界其他地区渗透的一种国际性的社会文化思潮，是对西方理性主义、对传统精神价值取向进行批判与解构的文化运动。由于媒体化生活和视觉文化时代的来临，信息科技的发展，各种文化信息互相影响渗透，更由于中国放眼世界的“门户开放”政策的实施与世纪之交都市化进程中我国向消费经济时代的迈进，风行于欧美的后现代文化在中国迅猛蔓延并与商品经济主宰下的文化携手，改造了中国固有的意识形态与行为观念，形成日常生活审美的现代变奏。

随着20世纪80年代福柯、德里达、杰姆逊、丹尼尔·贝尔等后现代主义代表人物的著作在中国的译介，1985年美国后现代艺术家劳生柏将波普艺术带到中国首都，后现代理论家杰姆逊在北大做的《后现代主义与文化理论》的系列演讲，中国文化界与理论界对后现代主义文化有了自觉的认识与接受。20世纪八九十年代重新命名经典与“王朔现象”两大文化事件可以说是中国后现代思潮出现的典型信号。20世纪80年代末期在重写文学史的呼声中，文学史家对沈从文、张爱玲等作家的进行重新定位、重新评价，显示出某种颠覆性的力量。而这种颠覆性行为的极端便是以金庸取代茅盾，显示出以大众文化颠覆精英文化的最初尝试。而在王朔的“痞子文学”中，不仅有着“千万别把我当人”顽主式的自我戏谑，而且高度程式化的、特定的权力话语在他顽主口中，施虐式地倾泻而出，这些具有特定所指的话语与王朔的语境形成反讽式的艺术张力，完成语词的亵渎与狂欢。王朔又通过对历史、革命经典叙事的调侃，对中国政治色彩浓重的传统、道德、价值秩序、常识系统进行恶作剧式的全方位解构。于是，顽主们成为社会与文化的叛逆，带有反秩序的特征。王朔成为一种玩世不恭的媚俗时尚，1988 年王朔的 4 部作品被同时搬上银幕，文学界、电影界、评论界不约而同地称 1988 年为“王朔年”，标志着王朔成为后现代特征显露的当代大陆文化一种重要的能指。

王岳川说：“后现代首先是一种文化倾向，是一个文化哲学和精神价值取向的问题。”① 在后现代哲学观念的影响下，中国社会后现代文化特征主要体现为生活理念上的享乐观念，生存方式上的游戏心态，价值取向上的文化渎神与文化主体上的弱者狂欢等几个方面。

（一）生活理念上的享乐观念

不同于“比、超、赶、帮”时代拼命地生产与积累财富，随着对短缺经济的告别，物质生活的极度繁荣，人们越来越意识到，生产的最终目的，就是为了消费，为了享用。当政府也千方百计扩大内需，刺激消费，大力劝诱人们打开钱袋子，大胆痛快花钱时，生活上的享乐观念渐渐内化为人们的内在追求。所以，丹尼尔·贝尔在论述资本主义的文化矛盾时指出：“当新教伦理被社会抛弃之后，剩下的便只是享乐主义了。资本主义的文化正当性已经由享乐主义取代了，即以快乐为生活方式，在自由主义风气流

① 王岳川，尚水．后现代主义文化与美学．北京：北京大学出版社，1992：2.

行的今天……它的意识形态原理就是把冲动追求当成了行为规范。”“资产阶级社会与众不同的特征是，它所要满足的不是需要，而是欲求，欲求超过了生理本能，进入了心理层次，它因而是无限的要求。社会也不再被看作人与自然的结合——如城邦与家庭——有着共同目标，而成了单独的个人各自追寻自我满足的混杂场所。”① 在当今消费社会，消费不再仅仅是为了生存，更多的是为了休闲、娱乐、享受。对财富的崇拜，对奢华的物质生活的渴望，提倡个人的感观享乐成为许多新一代青年人的人生追求。所以，当城市日益变得灯红酒绿浮华奢靡时，麦当劳汉堡、品牌服饰、豪华轿车、流行音乐、虚拟爱情、蹦迪狂欢、男女速配已迅速占据人们生活的每一个角落。

新世纪到来之时，对于红色经典的改编成为一时的热点。电视剧《林海雪原》中杨子荣有了初恋情人“槐花”；《红色娘子军》中吴琼花与洪常青在革命斗争之余也擦出了爱的火花。这不仅是以人性化的面目进行消费经济的娱乐化改写——红色经典的旧瓶又被翻出，以青春偶像剧的形式装上了娱乐味十足的新酒；更重要的是影片改编者根据嗅到的时人的欣赏趣味而采取的改编策略折射出了文化的变迁：昔日没有情欲只有信仰、不食人间烟火的英雄还原为凡夫俗子，人们不是对其仰之弥高，而是尽可能填充其世俗生活的不如人意，对其不无缺陷的生活进行一份世俗的关心。

当动画片《喜羊羊与灰太狼》在全国热播时，激动千万人的与其说是聪明睿智的喜羊羊，不如说是每天抓羊来

---

① ［美］丹尼尔·贝尔．资本主义文化矛盾．赵一凡，蒲隆，任晓晋，译．北京：三联书店出版社，1989：67.

满足老婆需要的灰太狼。“做人要做喜羊羊，嫁人就嫁灰太狼”是这部影片最具影响力的感言，显示出人们对世俗享乐的真切关心。

去年，《文艺报》熊元义到华中师范大学和学生探讨流行文化时，一些 90 后女生表示喜儿应当嫁给黄世仁。事实上，“喜儿”争嫁“黄世仁”成为当今社会一种现象。“干得好不如嫁得好”早已成为时髦女性坚信不疑的奋斗目标。众“喜儿”之所以争嫁“黄世仁”，自然是赤裸裸地冲着物质享受去的。如果嫁给“黄世仁”，就可以顿顿吃中西大宴，天天穿巴黎时装，住花园洋楼，开宝马奔驰，无聊时追追星，泡泡吧，高兴时做做慈善，闷了到世界各地溜达一圈。过去人人喊打的土豪劣绅黄世仁，如今居然也变成了令人垂涎的“香饽饽”，成为时髦女郎争相追求的白马王子、钻石王老五；而老实忠厚的董永，年轻英俊的大春，一片痴情的梁山伯，因为没钱而被打入另册。从这一社会现象我们可以看出影响婚恋观念转变的都是物质享受，“淡漠道德灵魂之维的修养而奉行商品世界那冷冰冰的操作伦理”[①]。美女爱英雄的风气变成了美女爱大款，英雄崇拜转变为快乐崇拜，显示出后现代思潮影响下生活理念的现代变迁。

（二）生存方式上的游戏心态

“后现代社会促使了休闲文化活动的膨胀……也促成了日益众多的民众养成游戏的生活方式和风气，形成在生活中游戏或在游戏中生活的心态。”[②]

这种游戏心态首先体现在青少年的语辞游戏上。他们

① 王岳川，尚水．后现代主义文化与美学．北京：北京大学出版社，1992：19.

② 高宣扬．后现代论．北京：中国人民大学出版社，2005.

故意违背传统的语言法则，在汉字的语言指涉上充分戏谑化，以对能指的背叛来对抗传统语言的控制，故意消解能指与所指的关系制造歧义，以达到嘲讽与戏谑的效果。如："可爱"（可惜没有人爱），"好白"（好白痴），"英雄"就是英国的狗熊，"天才"就是天生的蠢才，天天挨踩，"偶像"就是令人作呕吐的对象。"留学生"并不是留学海外的学生，而是留级的学生；"特困生"也不是经济特别困难的学生，而是特别想睡觉的学生。月光族、负翁等也成为近年来的时代流行语。张爱玲的那句名言"人生是一袭华美的袍，里面爬满了蚤子"，最早被人戏仿成"人生是一张茶几，上面摆满了杯具"。继而又成为"人生就像是一个茶几，上面摆满了杯具和餐具"。根据"杯具"（悲剧）、"洗具"（喜剧）的谐音，人们又全方位立体式地仿造了"杯具"的各种版本，并总结了很多条经典语录，如：

"人生就像牙缸，你可以把它看成杯具（悲剧），也可以把它看成洗具（喜剧）"

"我们在沉默中灭亡，成了文具；在沉默中爆发，成了火炬。我们想明哲保身，都成了面具。我们想一鸣惊人，都成了京剧。不能再次相聚，执手相看泪眼，成了默剧。生活是自己的杯具，别人眼里的洗具（喜剧）。"①

如今以"悲剧"为谐音词的"杯具派"迅速成为各大论坛及签名的新潮标签，大有赶超以前网络热点"寂寞党"之势。

不少人在其博客或QQ空间中转载2010最新版俏皮话、本山大叔名言、《我的青春谁做主》中主人公钱小样的经典

① 杯具派.2009-11-23［2010-07-20］. http://baike.baidu.com/view/3018165.htm

名言，或各种名目的流行段子，很多都是属于游戏恶搞性质的话语表达。如：

执子之手，方知子丑，泪流满面，子不走我走。

最近工作不突出，业绩不突出，腰椎间盘有点突出。

不要和我比懒，我懒得和你比。

问世间情为何物？一物降一物。

我是耶稣他儿子，椰子！

大学就是大概学学！

天灵灵，地灵灵，再来一个冰淇凌。

岁寒三友——火锅、白菜、热被窝。

孔子曰："中午不睡，下午崩溃。"孟子曰："孔子说的对！"

这不仅代表着新的一代玩弄语辞的热情，而且从其改写的内容来看，它又代表着一种生活态度——试图以游戏的心态释放人生的沉重，即使是"杯具派"也无不带有苦中作乐的游戏精神。

这些人抢眼球的出格言行，造就了一大堆的文化泡沫。

而在文学领域同样出现了一批同生活开玩笑的嬉皮士。

如新生代诗歌自称要卸下前辈诗人的灵魂重荷，他们仿佛要和一切开玩笑，既与艾青开玩笑，也和舒婷开玩笑，表现出活脱脱的嬉皮士味道。如"鲁迅文学奖得主、国家级诗人"赵丽华，写出这样的诗：

毫无疑问
我做的馅饼
是天底下
最好吃的

一句明了又通顺的话“毫无疑问我做的馅饼是天底下最好吃的”被诗人分行排列做成诗，无疑是反文学的游戏心态，无怪乎被恶搞成众声哗然的“梨花体”。

再次，在具体的生活方式中人们也倾向于选择一种自由随意的游戏方式。如婚姻中流行的“半糖主义”。所谓“半糖主义”，就是同城分居的婚姻方式——两个人婚后并不完全生活在一起，而是过着“五加二”的生活——五个工作日各自单过，周末两天才与“另一半”聚首。在非团聚日子里，他们会利用这个资讯发达时代的各种通讯方式（如手机、互联网等）联络，偶尔也会像恋人约会般地一起吃饭看电影，但随后他们又像朋友般友好告别各自散去。如果在不该见面的日子里，一方要到另一方的住处去，还必须“提前预约”。我们知道，在东西方婚姻传统中，婚姻都意味着无论是贫穷富贵、疾病健康都不离不弃的相守相约。而“半糖夫妻”却在彼此尊重的前提下消解传统婚姻的约束，以游戏的心情轻松地生活。还有一种人，叫“宅人”，过分沉迷于某种事物，例如动漫画、游戏等。他们对于自己沉迷的事物无所不知，而不会主动去接触其他的事物。他们完全封闭在自己的世界中，且不觉得自己的行为没有意义，每天过着很满足的生活。这些都是后现代主义式的对待生活的游戏态度。2008 年春晚小沈阳以苏格兰红裙、发卡红遍全中国也符合人们进行游戏实验的普遍心境，从而博取观众哈哈一笑。

（三）价值取向上的文化渎神

后现代主义出现于晚期资本主义时期，随着人类知识的空前膨胀，电脑和数据库的广泛运用，科技高视阔步导致了合法性危机，经济的高速发展又促使文化与工商业联姻，加之西方“二战”后解构主义的盛行，人们对传统信仰失去了信心，自由解放与追求本真的“两在合法性神话”或两套“堂皇叙事”已消逝，形成了价值取向上的文化渎神。

面对这一新的阶段，卡林内斯库指出：“我们面临着我们文化中的一个新阶段，就其动机和源泉来说，这个阶段代表着摆脱现代主义沉痛遗产的愿望……它流露出对理性的轻蔑，对心智的不耐烦。”① 贝尔认为反文化的后现代主义是现代主义极端扩张而导致的文化霸权局面，它……鼓励文化渎神与信仰悼亡。……渎神成为社会世俗化的节目。利奥塔德断言后现代主义的根本特征是对“元叙事”的怀疑和否定，杰姆逊则认为后现代主义是晚期资本主义的症候，标志着对现代主义深度模式的彻底反叛。②

具体到中国情境，后现代主义文化渎神则有许多对爱情、正义、理性、伟大、崇高、理想等元叙事的反叛现象。比如，近来在小学生口中流传的改编儿歌《一分钱》“我在马路边，捡到十元钱，把它交给警察叔叔手里边。叔叔拿过钱，买了一包烟，我高声地说了声‘叔叔不要脸！’”传统的神勇无私的警察叔叔被颠覆成自私无耻之徒。再看近来流行的“恶搞”性质网络流行语解构渎神现象，如：

“我们的宗旨是：为人民币服务！”——解构了崇高；

“《西游记》告诉我们，有背景的妖怪都会被领导救走，没背景的才被一棒打死。”——解构了正义和公理；

“恋爱是一件变态的事！因为‘恋’的上半身

---

① ［美］卡林内斯库．现代性的五副面孔．北京：商务印书馆，2004：148.

② 王岳川，尚水．后现代主义文化与美学．北京：北京大学出版社，1992：3.

> 是‘变态’的‘变’，下半身是‘变态’的‘态’。”“再丑也要谈恋爱，谈到世界充满爱。”——解构了爱情；
>
> “人生自古谁无死，哪个拉屎不用纸。”“不蒸馒头争口气行吗?”“生的伟大，死在花下！”——解构理想与追求。

而在文学创作中，余华、残雪等作家解构了爱情、亲情、友情等传统文化推崇认可的东西，使文学创作由审美变为审丑。

回溯到“王朔现象”，王朔不仅对经典与传统采取揶揄的态度，还质问作家们“玩什么深沉”。新写实小说则以卑微地活颠覆了轰轰烈烈地死。从胡戈恶搞《无极》，到改编新版的《白蛇传》、《红色娘子军》，经典作品屡遭篡改。《西游记》不仅在国外惨遭篡改，如有些版本的孙悟空被描述成神经质超人，而另有版本则让孙悟空穿上“迷你裙”使六小龄童大光其火。人民网发布消息：“四大名著在美遭篡改 观音和唐僧谈恋爱”[①] 好莱坞版“美猴王”正式定名为《功夫之王》，而近日的网络上，更是惊现日本色情漫画版的《西游记》，国内周星驰版《大话西游》亦是展示后现代文化渎神的一个典型范例。影片中唐僧无比聒噪，他是传统礼教的化身，同时又在颠覆传统礼教。他让叛逆的人痛恨到想要先杀之而后快，让保守者也无法接受，动了铲除之念。悟空具有反权威、反说教的叛逆精神与敢爱敢恨，敢骂敢打的率直行为，而他的化身至尊宝则有着强烈的控制欲、仇恨欲、恶俗痹和形而上学的信口开河。与传统版

---

① 朱月怡. 四大名著在美遭篡改　观音和唐僧谈，2006 - 07 - 31. http://culture.people.com.cn/GB/22219/4651539.html2006 - 07 - 31.

《西游记》一心向佛、九死未悔的唐僧及正义凛然、嫉恶如仇的孙悟空有着天壤之别。所以，这无厘头狂欢，负载着戏仿权威、亵渎神圣的意味，最终达成对终极意义的消解。而热闹喧嚣的《还珠格格》中则以有着一些任性嚣张、叛逆疯狂的小燕子颠覆着传统女性美的文化内涵，从而代表新新人类的后现代主义文化追求。

这样，后现代主义表现出一种与传统精英意识彻底决裂的精神，具有反文化、反智性、反秩序的气质。在调侃和亵渎中，后现代主义消解着权力话语的神圣与历史的深度模式，解构了民主、自由、平等、正义等超级能指，形成浅薄花哨的大都市谐谑曲。社会也因丧失了终极意义而使人们的生活变得没有目标和意义。

（四）文化主体上的弱者狂欢

当后现代人在紧张工作之后，体力消耗得干干净净时，那种现代主义多余人的焦虑没有了立身之地，剩下的是后现代式的自我身心肢解式的彻底零散化。人无法感知自己与现实的切实联系，无法将此刻和历史乃至未来相依存，它不再对精神、价值、终极关怀、真理、美善之类超越价值感兴趣。[①]相反，它表现为主体的内缩，对环境、对现实、对创造的内在适应。后现代人在琐屑的环境中沉醉于形而下的卑微愉悦之中。于是，一批拒绝主流文化、拒绝主流社会价值的“个色”人群浮上表层，在遥不可及的社会顶层与视若无见的社会底层之间摇摆浮沉，努力发出自己的声音。流行语词“弱者”、“另类”成为了新主流文化的建构者。过去时代的人们是为了理想信仰、金钱欲望而活，所以他们

---

① 王岳川，尚水．后现代主义文化与美学．北京：北京大学出版社，1992：33.

是命运的奴隶；今天的人们认为每一个人都是为着自己而活，每一个人的生命与存在都同样精彩，每一个孤独的生命都自成恒星，他们是命运的主人。弱者也有弱者的狂欢，无厘头也有无厘头的喜剧。

2000 年 7 月，《新周刊》出版香港周星驰漫画专号《无厘头 . com》。周星驰在漫画前言曰“. com 时代，凡人说话。”“. com 时代，意义消解”“. com 时代，弱者狂欢”“你可以不知道‘后现代’——但当无厘头遭遇 . com，我们的收获不仅是进入 30 个以上作为无厘头电影代表的无厘头的网站而已，一群浩浩荡荡的‘后现代主义新青年’正以比周星驰更无厘头的面目出现，‘无厘头’着这个条条框框的世界。”①

围绕着“周星驰现象”或“大话西游迷”所形成的网络社群，已形成了后现代主义青年的胜利进军。他们告别了诸如传统、历史、连续性，而在非历史的当下时间体验中去感受断裂感。古龙的新著《大人物》之所以大受欢迎，就在于他重新界定了英雄与凡人的界线，让人们看到了平凡中的不平凡，也让人们看到了不平凡中的平凡。英雄其实也是凡人，凡人也是英雄。秦歌和杨凡都不是女孩追寻的大人物，他们只是两个真正的人。近来出自周星驰创意的电影《跳出去》也以表现普通人的追求、普通人的进取而给普通人一份温馨与感动。超女李宇春能以中国流行音乐文化代表的身份登上美国《时代周刊》，就是在于她代表着一种“想唱就唱”的平民精神。而此前中国几十年的历史中只有邓小平因中国改革开放成绩获此殊荣。社会正上

① 无厘头 . 新周刊，2000，7（14）.

演的诸多无厘头式的喜剧与闹剧无不表达着时尚中人的快乐，演绎着一份属于弱者的狂欢。不满现状，不屈服于权威和专制，不对既定制度发出赞叹，不对已有成规加以沿袭，不事逢迎，专事反叛，蔑视限制；冲破旧范式，不断创新……“我的地盘我做主”，体现着这批新主流文化代表者的自觉选择。

后现代主义以游戏的姿态进行的一系列超越现代主义的尝试给人们带来创新意识与超越现实的可能性，它所张扬的“平民说话”、“弱者狂欢”的精神又使社会最大多数的不受关注的群体成为彰显自我的社会主体，可以说，它也有一定的积极意义。但它对秩序传统的反叛，对个人欲望的过分关注又使人们陷入无所归依的精神痛苦之中。当小学生们对《春晓》、《一分钱》等经典的改写出口成章，当迷茫在大学生中成灾，当生命激情枯萎，人性沦丧，我们知道，我们必须在后现代时期人的焦虑和绝望中，寻找一种敢于把无意义这一最具毁灭性的焦虑纳入自身的最高勇气，拿出“敢于绝望的勇气”，重返人类的精神家园。

三、建构、解构与重构——女性形象的文化折射

中国文化发展影响着女性形象的建构。特别是一些独具个性的巫女形象，突出体现着世纪之交中国文化从现代向后现代转型，继而逐步回归的特点。

毫无疑问，前现代社会的权力等级秩序决定了女性处于最底层、属于“第二性”的历史地位。女性最先被唤起是出于政治目的，作为最大限度地争取民族解放的力量浮出历史地表的。一直到建国以来，女性虽然在政治上确立了与男性同等的社会地位，但是她不是作为一个女人而是

作为一名劳动建设者与男性站在同一地平线上。长期以来的“花木兰”式的情境①使女性的精神范畴一直是被遮蔽的另一个世界。20世纪90年代初陈染、林白的女性形象是具有强烈的后现代文化渎神特点的，所以她们一出现便被视为另类。如陈染《与往事干杯》中，女主人公把自己脱得一丝不挂，拿着一面镜子对照着妇科书逐一地认识自己，林白《一个人的战争》中的多米从幼儿园开始就躲在蚊帐里自慰。不管是陈染游离于现实与虚幻之中的“潜性逸事”，还是林白肆无忌惮地公开卧室里面种种成功与不成功的性经验，她们都是试图穷尽女性在“失去笼子”之后的处境。如女性作为一个主体、女性与爱情、甚至构筑“姐妹之帮”的同性情谊等等。如林白的《子弹穿过苹果》中通过“我”对“蓼”的想象与追寻，展现一个现代都市女人在亚热带丛林中，在文化的边缘地带找到“母亲”，也即确立女性主体的历程。但是，正如林白所说：“作为一名女性写作者，在主流叙事的覆盖下还有男性叙事的覆盖（这二者有时候是重叠的），这二重的覆盖轻易就能淹没个人。”② 所以，只有作为傲视世俗的文化渎神者，她们才有从幽冥与雾障中进行探索与建构的勇气，才能竭力对抗这种覆盖与淹没。于是，后现代成为女性突围与现代建构的武器。且其人物的个人化姿态又与主流意识形态相悖离，呈现出后现代多元化、去中心化的特点。可以说，陈染、林白女性形象带有由现代向后现代转型的文化特点。她们以一种文化身份上的“僭越”，将女性性别书写纳入文化反叛

① 戴锦华．涉渡之舟：新时期中国女性写作与女性文化．北京：北京大学出版社，2007：8.

② 林白．自述//中国新时期女性文学研究资料．济南：山东文艺出版社，2006：316.

的格局中。

随着日常审美对女性现代性建构的消解，加之商品经济社会的巨手对于女性巨大的牵制，大众文化甚嚣尘上。为此，蒋子丹讲述了女性进行现代性建构的无力与无奈。如《绝响》讲述骄骄不群的青年女诗人黛眉不惜以死来完满爱情的女性生命故事，却被认定为为了两条黄花鱼负气而死的生活闹剧，因为在当今社会没有人愿意相信有人为爱情而死。而《桑烟为谁而起》通过主人公萧芒两个阶段的生活，表达女性进退维谷的艰难处境。前期她作为贞女受人敬重但被认为乏味，后期作为热情的女子为男子喜爱却被蔑视，表达她对女性生存与命运的质疑与迷惘。既然女性生存如此艰难，消费型社会又对她们露出迷人的面容，卫慧、棉棉笔下的女主人公便纵情自我，一任生命抓住现实存在及时享乐，放纵生命恣意妄为。她们在酒吧迷迷糊糊地喝酒、抽烟、谈情说爱、纵夜狂欢，泡在浴缸里患幽闭症、狂躁症、便秘症，随时随地地遭遇一场性爱奇遇。“性”从“爱”中剥离，性不是爱的升华，而还原成为一种生理现象，“降格”为一种体操游戏。拥抱现在，快乐消费成为她们的生存哲学。

人性的欲望得到了无条件的认同，如《我和王小菊》中我和王小菊竟在酒桌上同心协力征服了两个男人。“性”在两性关系中地位不断上升，自由的性关系越来越趋向日常化、礼仪化，相反，“情”的地位却越来越岌岌可危。在后现代语境中纵情狂欢的人们逐渐找不到精神的归依，女性性观念的转变又为男性所利用，使他们摆脱了千百年来的婚姻义务而享受性欲的快乐。盛可以笔下的主人公却已厌倦这个“以炮为礼的时代”，开始重新向往浪漫与激情同在的爱情，责任与义务并重的家庭，认识到“唯有情感是神圣的”，后现代主义女性形象伴随着文化趋向开始走向向现实主义的回归。

综观世纪之交小说创作，陈染、卫慧与盛可以小说的女性形象最能透视新时期文化发展脉络，本章拟从上述三位作家的女性形象来论述世纪之交文化思潮影响下女性形象建构、解构与重构的发展历程。

第二节　陈染笔下女性形象的现代性建构

陈染笔下的主人公是一批“幽闭症患者”、“冥想症患者”、“行为怪异者”、“精神混乱者”、“妄想型精神分裂症患者”，陈染正是通过书写“我的怪物、我的自我”[①] 颠覆了由来已久的传统文化对女性的界定，努力进行女性形象的现代性建构。

按照美国学者马泰·卡林内斯库的观点，现代是一种与古代相对应的概念，“‘现代’主要指的是‘新’，更重要的是，它指的是‘求新意志’——基于对传统的彻底批判来进行革新和提高的计划，以及以一种较过去更严格更

① ［美］芭芭拉·约翰逊．我的怪物/我的自我//张京媛．当代女性主义文学批评．北京：北京大学出版社，1992：88.

有效的方式来满足审美需求的雄心。"[①]"有两种彼此冲突却又互相依存的现代性，一种从社会上讲是进步的，理性的、竞争的、技术的；另一种从文化上讲是批判与自我批判的。"[②] 可见，与启蒙现代性对应的审美现代性表现出以浮士德式的上天入地的探索精神与外在现实对抗，重视创新，反抗庸俗势利的一种"现代意识"。现代性的核心词汇就是批判意识与创新精神以及不可或缺的探索欲求。陈染充分意识到女性孤独、压抑、绝望的生存处境，她以一个个孤高自傲、美丽灵秀的抒情主人公的灵魂漫游触摸女性现实处境，批判令人窒息的道德桎梏，突破各种主义规范，写出女性心灵欲求，最终以其个人化的文本抵达对人类形而上的共同命运的关注。

一、对男权秩序的颠覆策略

毋庸讳言，旧中国的女性在强大的菲勒斯中心权力话语的制约下依附于男性，仅作为传宗接代的工具而存在，女性的聪明才智被遮蔽、被扼杀，丧失了人的主体性。五四运动亮出了鲜明的个性解放的旗帜，"我首先是一个人，然后才是一个女人"如一声惊雷，唤醒了沉睡几千年的女性同胞，奏响了反抗与解放的最强音。于是，女人作为与男人比肩而立的人的共性被突出，女性的主体性地位得到强调，但与此同时女性与男性的性别差异却被忽视。长期以来，女性的社会地位得到提高，却没有人关心女性的切

① ［美］卡林内斯库．中译本序言//现代性的五副面孔．顾爱彬，李瑞华，译．北京：商务印书馆，2004：2.

② ［美］卡林内斯库．现代性的五副面孔．顾爱彬，李瑞华，译．北京：商务印书馆，2004：284.

肤感受。正如虹影所言："中国妇女从古保持到今天的地位是与诱惑隔绝的地位——安全、本分、平和、贤良——既无诱惑之欲，也无被诱之险。这种安全地位既是非性的，也是非诗的；既无诱惑；既与死亡的狰狞保持安全距离，也与生的真切绝缘。"① 共性与差异成为长期以来女性现代性建构的悖论。特别是封建观念残存于意识中的"性＝丑"，追求爱情却否认性爱的怪圈却一直左右着女人对幸福的认同与追寻。作为具有颠覆性力量的陈染赋予其女主人公的第一品质便是肯定欲望的合理性，作为理想女性建构的追寻者采取的策略，便是将爱与欲相剥离。

（一）将爱与欲剥离，以躯体姿态颠覆男权中心

陈染坦言性，在她看来，性是女人与男人共同享有的一种天赋的权力。性是男性的生理需求，同样，性也不应该成为女性的特殊问题，女人不应再"与自己的天性打一仗"②。当铁凝等作家以一种前卫的姿态声嘶力竭地呼喊："我是女人"时，陈染以平静的口吻说："女人有两张嘴"，"性，从来不是我的问题"。在《与往事干杯》中，在春天这个性感的季节，在尼姑庵的老树开始吐芽伸枝时，肖濛作为一个正在成长的小女人的原始欲望被唤醒，尼姑庵的男邻居给她带来一个全新的宇宙，"黑夜天国的阳光照射在她树叶一般轻柔的身体上，她在海洋上飘荡，她变成了一条美丽的白鱼，潮涌而来的海水抚弄着她的面颊，撞击着她的肌肤，她浸泡在黑暗的阳光里。黑暗中她把一种不曾命名过的感觉吸进体内，从此便有一种东西不再朦睡"。在

① 虹影．拒绝萨福的诱惑//中国新时期女性文学研究资料．济南：山东文艺出版社，2006：193.

② 皮皮．女人与小说．文学自由谈，1989（3）：2.

男邻居的诱导下，她尽情享受着作为一个女人最大的快乐。她觉得“一只小鸟在她的体内鸣叫，叫来了许多许多阳光，那光和她的灵魂一起在小鸟的嘴里鸣叫”。性在这个小女人的感受中，不仅不丑陋，而且显得激情四溢、如诗如画、如梦如幻。而《私人生活》中的伊秋与西大望的情欲生活也是一曲最美的生命之歌。这样，她们从自己的身体感受出发，“将那些曾经被集体叙事视为禁忌的个人性经历从受到压抑的记忆中释放出来”①。所以，《私人生活》中的倪拗拗在与T老师的亲密缠绵中发现自己身体上还有着另外一个她不知道的嘴唇在呼吸和呻吟，“想在这个男人身上找到那神秘的、从未彻底经验过的快感”。而《沉默的左乳》中的“我”并不“拒绝我们的身体去享受生活里那些天然、本质而具体的欢乐”。②

但是，性只是一种自然的生命过程，女性并不只是欲望的载体，更不是男性宣泄欲望的对象。相反，陈染是非常强调女性的主体性地位的，在情欲问题上，陈染主张“撒开手来做人”，做自己想做的轻松快乐的自己。正如《时光与牢笼》中水水带有叛逆意味的潜意识的畅想——“我不是一个小对钩而是一个人，我不是一只小安钉，被安在哪儿就乖乖地钉住”③，为了充分享受性爱的自由与生命的快乐但又不受制于男性，面对“九月的父亲”，黛二们的行为策略便是爱与欲的剥离，“把完整的一个人分裂成精神

① 林白．记忆与个人写作．花城，1996，(5)．

② 陈染．沉默的左乳//陈染文集（2）·沉默的左乳．南京：江苏文艺出版社，1996：289.

③ 陈染．时光与牢笼//陈染文集（2）·沉默的左乳．南京：江苏文艺出版社，1996：30.

的与肉体的、灵魂与世俗的单独存在”,[1] 将男人定位在欲的位置。因此,《私人生活》中的倪拗拗对T并没有更多的恋情,她只是感到自己身上的某一种欲望被唤起,她“更喜欢的是那一种快感而不是眼前这个人”。《与假想爱者禁中守望》中的寂旖小姐“喜欢独自睡觉,如果非要与什么同榻而眠的话,我选择狗,或者是男人”,将男人置于宠物的位置,因为睡觉是不需要心的参予的。而《沉默的左乳》中的“我”对于比“我”年轻五岁的阳光一般的纯粹的男孩儿并不是因为他好,与他灵魂接近,而是因为他长得好看。而《破开》中的黛二是多么地喜爱前夫“我的小婊子”这一叫法。女人可以将代表爱与神圣的禁地的“沉默小姐”(左乳)留给梦幻与生命,而将代表礼节、表示友爱的“说话先生”(右乳)留给欲望与激情。这样,男人的目光不再是检验女人是否最美丽的魔镜,荣光与圣洁也将成为历史。女人也不再为男人所左右而成为生命的主宰,她们既充分享受性爱的欢乐,又在精神上保持着灵魂的高贵与独立。五四以来纠缠于莎菲们的灵肉冲突在陈染的边缘化话语中得到了解决。女性以对待欲望、对待躯体的姿态颠覆了男性为中心的性别秩序。所以,埃莱娜·西苏指出:“妇女必须通过她们的身体来写作,她们必须创造无法攻破的语言,这语言将摧毁隔阂、等级、花言巧语和清规戒律。”[2]

(二)拆穿男性爱的谎言,颠覆男性言说方式

孔夫子说:“食、色,性也。”可见上古时代,“性”与

① 陈染.沉默的左乳//陈染文集2·沉默的左乳.南京:江苏文艺出版社,1996:289.

② [法]埃莱娜·西苏.美杜莎的笑声//张京媛.当代女性主义文学批评.北京:北京大学出版社,1992:201.

吃饭穿衣一样是最自然不过的事儿。中古时期的禁欲主义却把性视为洪水猛兽，所谓“万恶淫为首”，“存天理、灭人欲”，为男女两性构筑了几千年的“礼教大防”，“传宗接代”成为满足男人性要求的堂皇叙事。到了近代，男女平等、恋爱自由的观念涤荡了将女性视为容器与工具的劣习，给男人实现无节制的性欲增加了一定的难度。为了既实现性欲求，又符合既有的礼、义、廉、耻的道德规范，顺应爱的潮流，一批男人打着爱的幌子试图将女人的身体与心灵同时驯服，完成对女人的合法化占有。于是性占有道德化，肉欲美化，形成新一套更为隐蔽更具欺骗性的男性叙事的手段。而陈染偏不为其所迷惑，在与男人的欲望对接时，她拆穿了男人欲望的诡计，还原男性欲求的本来面目，从而颠覆了男性的言说方式。如《巫女和她的梦中之门》中的“我”在受了狂躁无拦的“九月父亲”的羞辱之后，为了破坏，为了毁灭，她将自己交给“有着我父亲一般年龄的男人”。当男人诚惶诚恐地试图抚摸她，向他倾诉爱的话语时，她一字一顿地庄严宣告：“我不爱任何人，也不爱你”。让男人实现实质性地占有之后，内心道德倾斜。“他”虽然毁了“她”的身体，“她”却毁灭男人的灵。《另一只耳朵的敲击声》中黛二自称是干“夜间服务”的，怂恿了大树枝作为一个男人的本能。当一阵狂欢过后，大树枝等待着黛二诉说情话时，黛二吃吃地笑道：“你看我们俩像什么？不过是两只四腿动物，卧在刚刚完事的占有物身旁喘息。”让大树枝顿时萌生耻辱感与空虚感。而《沉默的左乳》中的“我”坚持认为阿鄰不是她认识的最好的男人，而是“最好看的男人”，从而打破了男人因为美好品质而两情相悦的爱情幻想。当女性不再以“祸水”、“灾难”面目出现来肯定男性的正面价值与道德权威，而是以爱的话语成为男权的俘虏时，陈染笔下的人物不再做一个符合人类性行为约定俗成的规范的“爱人”，而是轻松地做一个男人所不耻的“婊子”。其个人化的人物形象，颠覆了男性的言说方式，解构了男权中心的现代神话。所以萧钢称她“不断展示女性成长反征服的心路历程，对男性认识方式的拒绝，以此来消解男性中心的意义”。[①]

二、建立一个以爱为支点的世界

许多年来，当“爱情”这个词被人从字典里请出去的时候，陈染肯定女性欲望，又将爱从欲中剥离，揭穿男性爱的谎言，但这并不意味着陈染不需要爱。不可否认，在只剩下炸弹一样的重金属摇滚和一声声变得声嘶力竭的嚎叫的都市，陈染笔下的主人公是孤独的、寂寞的、绝望的，但也正因为对世界看得清，孤独、寂寞与绝望才使她如同寻找一个有足够能力覆盖她的父亲一样迫切地找寻爱。她们对友谊和爱情始终“有一种玩命和献身精神”[②]，她们绝望地追寻，渴望建立一个以爱为支点的世界。所以，《与假想心爱者禁中守望》中的寂旖小姐，虽然所爱者早已离开了她，原有的呼机号码已失去意义，但她仍然“一遍一遍默诵那一长串代表着那个人的数字，唯此，她才感到与他接近”。“从空旷的冷漠中”，她代替电话线那边的假想心爱者“搂了搂自己”，在她的生命中，那手成为“一把在喧嚣又凄凉的都市中拨出的温婉之音的竖琴”。于是，寂旖的足

① 陈染，萧钢．另一扇开启的门——陈染访谈录//陈染文集4·女人没有岸．南京：江苏文艺出版社，1996：251.

② 陈染．没结局//陈染文集4·女人没有岸．南京：江苏文艺出版社，1996：8.

印像一枚枚灵魂的印章，踏在既繁闹又凄凉的城市渴望着回声。陈染的主人公意识到："情爱远远高于性爱，它包含了心灵、思想以及肉体。这才是人类情感中最令人动心不已的东西，是真正能使一个现代女性全身心激动的东西"，所以，"我一生都在追求这种高贵而致命的爱"①。这种"高贵而致命的爱"，不仅包含肉体，更重要的是精神的沟通与慰藉。按照传统的视角，陈染的女主角将心灵的寄托投向了爱情。

（一）"禁中守望"的飘渺爱情

陈染笔下的主人公并非单纯的"感官享乐主义者"，她能让主人公在无爱的城市以爱与欲相剥离的形式享受自然的性爱，但她们又饱受着精神无所归依的痛苦绝望。性虽然从来不是她们的问题，但她们对精神恋爱的渴望却是她们最纠结的难题。在这个破碎的世界中，她们渴望着一个在能力与思想上能覆盖住自己的男人，他有着"与我共通的对人类普遍事物的思考"，"我在他性别停止思考的地方继续思考"。于是，《潜性逸事》中，雨子在精神上只做了一件事，找寻爱情。《麦穗女与守寡人》中，"她的心只能醉于爱情和死于爱情"。《无处告别》黛二与琼斯在一起虽然能获得极大的满足，但内心深处的一些东西却从未被唤起，所以她不会因躯体的迎合而放弃心灵的契合，尽管回国以后生存艰难，她依然怀念与琼斯在一起的时光。现实的利益因素使爱情的追寻难乎其难，"情场犹如战场，犹如商界，犹如政坛……成为耍手段、弄诡计、陷害别人，高价出售自己的污浊之地"，于是，她们在非正常的情境中捕获爱情，幻想爱情，营构爱情的乌托邦。在《纸片儿》中，

① 陈染．超性别意识//陈染文集4・女人没有岸．南京：江苏文艺出版社，1996：114-126.

满身是主意但从不出声的小姑娘纸片儿遇上单腿人乌克，乌克带给具有明显抑郁症的纸片儿美妙的乐音，让纸片儿听懂了“凉爽的秋天就要来临，太阳说村子里的屋檐不再孤独”，使其得以十四年以来首次开口说话，第一次开怀一笑，展现出爱情的奇幻与美丽。《空的窗》中的盲女，在失去心爱的男友后，仍渴望与男人灵肉的结合，于是在自己心里幻想自己的男人有多优秀，热恋着自己想象而成的男人，还以遥遥相望的爱慕者的口吻写了个朦胧而隐晦的信封：“北京鼠街每天太阳初升时分开窗眺望的女人收。”异曲同工的是，《与假想心爱者在禁中守望》中的寂旖因在现实生活中找不到理想的爱人，因而营构了与“假想心爱者在禁中守望”的美丽图景；《另一只耳朵的敲击声中》黛二经历了破碎的婚姻后，也塑造出一个可以照亮她的内心的“英雄”。黛二们既要解放现代女性的感性欲求，直接纯粹的身体行为，同时又向往着彼岸的圣界。她们迈出分裂的双腿，伤痕累累地追逐探寻。

（二）欲罢不能的母女亲情

因成长过程中的“尼姑庵情节”与“九月暴君”的阴影，“我对于男人所产生的病态的恐惧心理，一直使我天性中的亲密之感倾投于女人”。于是，陈染的主人公从母亲的怀抱中寻觅亲情。母爱是温暖的，母亲对其主人公而言有着不可更改的三位一体的事实，既是母亲、朋友也是需要呵护的孩子。母女之间“间或亲情融融，诙谐幽默，相依为命、休戚与共”。[①]《世纪病》中，母亲的关怀如同朋友，《角色累赘》中的母亲则类似于密谋或同盟。但母爱时而成为关怀与温暖，时而又成为血缘的枷锁，令人奔逃无门。

① 戴锦华，陈染．个人和女性的书写//陈染文集2·沉默的左乳．南京：江苏文艺出版社，1996：395.

在《无处告别》中的黛二出国前还对母亲依依不舍，回国后则对母亲的监控深感厌恶。《另一只耳朵的敲击声》中，母亲对女儿进行跟踪管制，如同间谍如影随形，即使黛二紧闭窗帘也能感觉到母亲窥视的眼神。母亲对女儿爱的霸占，使黛二觉得窒息，与母亲的对峙又使其身心俱疲。既然母爱有时是爱的联结，是血缘与友情，有时又如一处萨特式的地狱，母女爱恨如此复杂错综，那么，可信赖的家园便逐渐变得可疑，成熟的知识女性再一次出现了精神的困境。异性的恋情只能依靠想象来完成，母女之情又成为思想与行动的桎梏，陈染的主人公把对爱的追寻投向了同性情谊。

（三）欲说还休的姐妹情谊

在冷漠的都市，陈染是多么地醉心于爱。陈染的主人公在历经情感的丧失，婚姻的破灭之后，感情孤寂空虚如一只“饥饿的口袋”急需要填充。而男女之间由于心理构造和志趣的不一样，难以真正彻底沟通，“所以有些现代女性，不得不在同性那里寻找精神与情感的呼应与安慰”。①茫茫人海中，她们只有在同性中才能找到既互相爱慕、互相欣赏、互相怜惜，又拥有着不可或缺的强大与担当的超性别感情。这是单纯的爱，可以不涉及到性。《私人生活》中倪拗拗只有与禾寡妇在一起的时候，才真正体验到欢愉；《潜性逸事》中的李眉在雨子的心目中，永远是她的同谋和分担者；《饥饿的口袋》中的剧作家麦弋与女友薏馨则具有才情的欣赏与心灵的相通。《另一只耳朵的敲击声》中黛二与伊堕人比异性之间更能互相温暖、互相理解、惺惺相惜

① 陈染．超性别意识//陈染文集 4・女人没有岸．南京：江苏文艺出版社，1996：114-126.

——甚至能与强大的母爱抗衡，伊堕人是把她从令人窒息的母爱中拯救出来的唯一一人。“男人们在欣赏我时，从来只看到我的外貌，像观赏一只长毛的名牌狗”，“她的眼睛可以一层层剥开我的伪装，矫饰和怪癖，像上帝那样轻轻贴近我的心灵”。伊堕人就是黛二的前世，是她的守护神；《私人生活》中的禾“是我身后的影子”，“我是她的出路和前方”。此外，肖濛与乔琳、麦穗女与守寡人、黑衣女人与纸衣女人无不体现出灵魂吸引、声气相通。这不能简单地等同于“累斯嫔”（leisbian，意为女同性恋）情结，她们虽然也有着性的吸引，但更多的却是心灵的相通。这种同性温情的渴望到《破开》时简直成为一篇女性主义的宣言：“人与人之间的亲和力，不仅体现在男人和女人之间，它其实也是我们女人之间长久以来被荒废了的一种生命力潜能。”因为只有女人最懂女人，最怜惜女人，“我们要把天下所有的才女都召揽在一起，我们要姐妹成群”。

但是生活的磨砺使陈染意识到，女性之间，即使是最优秀的知识女性，建立深厚而持久的友谊也是天底下最难的事，因为这里边有一个彼此欣赏到妒忌的界线问题，她们掏心置腑又有所保留，既无法豁舍又断断连连，男性的介入使女性情谊脆弱易解，因为共同的审美使她们爱上同样的男人。《潜性逸事》中与自己心灵相通的女友竟然是欲嫁自己丈夫的人，《饥饿的口袋》中亲密无间的薏馨竟为了一张绿卡舍弃麦弋去了墨尔本。深挚且动情的同性友谊并不能持久，背叛与伤害不光来自异性，同性的伤害更加刻骨铭心。所以麦弋与薏馨的友谊就像一束悬置半空的凄艳之花，虽然幽芳四散，柔美如水，但这束生命之花永远都只能悬置半空，升华燃烧或摔碎消亡都是奔赴绝境与毁灭。

同性情谊发展到后来也是如此地无法捉摸，欲说还休。

陈染的主人公试图在异性爱的“死胡同”里挣扎出来，噼噼啪啪地捣毁旧有的规则，让超乎功利的同性之爱成为照亮前方的绚丽的星辰，让不可能成为通行的道路。虽然极致是绝路，但是她们毕竟在追寻。

三、陈染女性形象的现代性建构

作为“一个孜孜不倦的理想主义者”，陈染“对事物永远有一种‘高’的要求”①。从倪拗拗、肖濛到作者所钟爱的黛二，其作品的主人公用瘦削的身体扛起理想主义的大旗，对爱进行执著的追求与探寻。她们虽然不像母辈们有着激情万丈的青春，但她们能让人触摸到从都市少女到成熟知识女性真切的生存体验，为我们呈现出世界的丰富、多元与平等，她们以思辨的主体意识体现出不断创新、不懈探索的现代意识。

（一）创新精神与超乎性别之上的言说系统

陈染为我们展现的是具有独特思维的叛逆女性。她们不囿于成规，勇敢地逃脱，又不断地投奔——从“九月父亲”的阴影到无法建立安全感的母爱，再到不断营造又不断失落的“剪不断，理还乱”的姐妹情谊。然而正是因为其颠覆的勇气，她们才有可贵的创新。为此，陈染建立了一个超乎性别之上的言说系统，这是一个封闭的自成逻辑的世界，她为这个世界指认命名，并确立其行为规范。在这里，有她们的“不小姐”、“是小姐”，有“沉默小姐”、“说话先生”，她们在其间进行别人所不知道的丰富的精神

① 陈染，萧钢．另一扇开启的门——陈染访谈录//陈染文集4·女人没有岸．南京：江苏文艺出版社，1996：251.

交流。她们用一枝象征混乱、颠覆、瓦解以及乱交的后现代方式操作秃头铅笔书写“潜性逸事”，倾听“另一只耳朵的敲击声”，以达到巫和梦的领地，让我们认识到主流世界以外另一个宇宙的丰富性。她们在幻想中与“流浪人”交流，与“假想心爱者禁中守望”，在这个“群众的时代”、“政治的时代”、“个人不能救助的时代”，抛弃追星逐月的“主义牌”拖鞋，展现了一个虽自在自为，但也不无焦灼的新世界。

（二）主体意识与思辨气质

陈染的主人公如同作者一样对破坏着迷，但无论如何颠覆，如何解构，她们不能忘怀的是作为一个人的主体意识。而人的主体意识是从子君、莎菲开始，所有女性为之奋斗不已又不断受到世俗诱惑而失落的一样最具现代气质的东西。她们需要性爱，但是她们坚持左乳的沉默。陈染小说的主人公，不管是对异性爱与同性爱的追寻，原则出发点都是两心相印。《世纪病》中“我”理智地知道山子使我着迷的只是他的身体；黛二虽然在气功师的诱导下，产生“全身心投降与缴械之感”，但当她得知这只是气功师的一项实验时，她在幻想中给他一个响亮的耳光后骄傲地离开，这些都体现出坚持自我主体人格的高贵。不仅如此，她们还具有现代主体人格不为世俗认同的思辨气质：《私人生活》中的倪拗拗拥有哲理性的思考、不断叩问生活；《另一只耳朵的敲击声》中的黛二不断追忆与自我分析的天性；《时光与牢笼》中水水从与丈夫的性生活中也能总结出“爱抑或仰慕于某些人来讲是性行为的牢笼”。《麦穗女与守寡人》中一句经典名言——“无论在哪儿，我都已经是个失去笼子的囚徒了。”——就是具有毁灭性与再生性的思辨：

旧有的规范已经颠覆，新的希望却无处追寻。《饥饿的口袋》剃秃了头的麦弋小姐对男人失望的同时，对女人也感到失望了，这种况世的孤独让她领悟到："打开房门她永远只能与自己相遇"。《凡墙都是门》在生活中完成着对世界的领悟——既然这个世界最大的规则就是无规则，为什么不能随方就圆呢？这样所有的墙都不会挡住你的去路，"所有的墙壁都是门"啊！也正是从这些具体的生活感触中，她们总结出抽象的人生道理，因对异性爱的无处寻觅，她们大胆地宣扬实践同性之爱，从女性的困境对人类困境作形而上的思考。

（三）从个人困境到人类困境

从异性爱、母爱到同性爱，陈染的抒情主人公老是在寻找，思念着模糊不清的家乡，渴盼着能寄托其心灵的精神家园。然而，精神的探求是无穷尽的，肯定之后，接下来还是只能否定。她们奔逃无门，想"与往事干杯"，却又"无处告别"。她们的追求是那么痛苦、无望，那么孤立无援。如《与假想心爱者禁中守望》中的寂旖小姐置身于喧嚣的都市中犹如立于四周是狼群的空漠的旷野。她只能模仿一只母狼，持续大声地学狼叫，才不会被狼群吞没。作品展现她们的"潜性逸事"、所倾听的"另一只耳朵的敲击声"无疑是极具个人性的，而这种极具个人性女性的生存困境，同时也正显示着人类的生存困境。当寂旖小姐在狼群中尖叫呼嚎力图逃避狼群的袭击时，那死去的少年以生命的代价从顶楼窗口探伸出身体所够抓的东西也只是"活人的温暖之声"。《饥饿的口袋》中的麦弋在失去爱情、友情后，感情的空洞使她走向余闲时间储蓄所，而来这儿的几乎所有的人"正是缘于某一种内在的空洞，他们需要一种拥挤或充满”。所有的队列都是一场缓慢的充满期待心理的生命进程，其期待本身就是一场空。所以，麦弋想到对人生终极意义的追寻时，发现“这种寻找实例的企图本身也是枉然一空”。而陈染小说又将经常出现的“尼姑庵”、“破庙”、“空洞之宅”等意象与压迫性的孤独氛围、女性脚下绊人的绳索与人类的孤独、人与体制的碰撞与对抗、人在现实中的困境联系起来，个人的经验升华为人类的整体经验，并获得一种思想的普通性。如陈染所说：“我不认为个人的或女性的东西是小，只要它升华到一种人类的高度，反映人类面临的一种困境，就是非常大的东西。”①

陈染小说的黑衣、秃头、耽于幻想、不拒绝肉体的堕落也不拒绝精神的挑战、自我实现也自我毁灭的女性乍一看是奇特、怪异的，但是她们却以对人生意义的不停的叩问与思考体现着独立的现代意识和现代观念，她们从莎菲、章秋柳、司漪纹、梁倩等一路走来，但比其先行者有着开阔的视野。虽然她们的追寻最终是绝望的，但她们显示的颠覆与创新更具勇气、更加理性，无怪乎有人评价，“陈染是当代中国作家中现代主义色彩最为浓厚的一位。”②

① 陈染．陈染自述．小说评论，2005（5）：37-39.

② 于展绥．从铁凝、陈染到卫慧：女人在路上——80 年代后期当代小说女性意识流变．小说评论，2002（1）：28-32.

第三节　卫慧“波希米亚玫瑰”的后现代解构

陈染笔下的女性对爱与终极意义的追寻陷入了困境，商品经济挟裹下的后现代思潮奔涌来袭。按照一些诗人、艺术家、批评家的分析，后现代产生于二战后西方知识经济时代，它标志着恶魔现代性的寿终正寝，出现于它的葬礼的狂野欢庆的时刻。所以，以狂欢的形式对所有元叙事（包括道德、人性等命题）进行解构成为后现代的典型特征。巴赫金说：“狂欢节不需要虔诚和严肃的调子，也不需要命令和允许，它只需要发出一个开始玩乐和戏耍的简单信号。”[①] 中国后工业社会的到来似乎传递给卫慧一个开始玩乐的信号，一批“脸蛋漂亮、身体开放、思想前卫”的女性立即放下理想、人生、道德、人性等诸多沉重的话题，以不同于传统的戏谑方式对传统伦理进行消解、解构，从而体现出与后现代精神实质的相通。

波希米亚人也称吉卜赛人，原是指生活在捷克斯洛伐克的热情、神秘、放荡不羁、不拘束于其他法律的民族。今天，波希米亚已成为随意率性、开放自我的生活方式的代名词。如果说卫慧的作品进入社会人群中，成为人们实现窥视欲望的“公共玫瑰”[②]，以狂欢的激情出演的疯狂、

① ［前苏联］巴赫金．拉伯雷研究．石家庄：河北教育出版社，1998：429.

② 卫慧．公共的玫瑰//卫慧作品全篇．桂林：漓江出版社，2000：395.

纵情、恣肆的生命形态，正是一朵朵怒放的波希米亚玫瑰。

一、无根的一代——后现代解构者的身份认证

卫慧小说的波希米亚玫瑰出现于世纪之交，中国社会经济的高度发展，标志着后工业社会的来临。我们知道，思想启蒙、救亡图存、斗私批修、领袖崇拜等等曾是20世纪各个不同年代的主题词，而在商品经济得到充分发展的世纪之交，社会处于剧烈的变化中，人们突然失去了以往一切狂热的精神信仰。时间失去了连续性，“被碎化为一系列永恒的当下碎片”。陈染的主人公是叛逆的，她们力图摧毁玻璃般脆弱的旧规范，但是她们还是在寻找爱，寻找人类的精神家园，还是想要找寻自己扎根的地方。与之相比，卫慧笔下的主人公则更是无根的一代，正如她们在作品中所处情境的寓意：卫慧故事中的主人公，要么父母双亡（如《爱人的房间》），要么父母婚变（如《黑夜温柔》），他们缺少与人类过去的交流，缺乏应有的精神呵护。这种暗示性的象征体也预示着人类与传统人文精神的脱节，从而也为其解构、消解，为所欲为的生命狂欢提供了可能。[①]蜂拥而至的西方哲学文化正中她们下怀，猫王普雷斯利、莫拉维亚、玛格丽特·杜拉斯、达利、爱伦·金斯堡、梵高成为她们的精神父亲。永远的摇滚之王猫王普雷斯利激进的、与众不同的表演方式与狂野粗暴、我行我素的风格使整个年轻一代在他身上找到了反抗精神的共同性；艾伦·金斯堡征服了无数毁于疯狂的头脑；达利的“反对单调，拥护多样性，反对拘束，拥护不受拘束”的率性而为也影

① 卫慧．上海宝贝∥卫慧作品全篇．桂林：漓江出版社，2000：725.

响了中国年轻人狂热的内心。在《像卫慧一样疯狂》中，有过一段详细的看莫拉维亚的《内心生活》的描写："年轻的主人公德西黛丽使出一切花招来亵渎那个社会中貌似神圣的一切，在教堂做弥撒时撒尿，和养母乱伦，用钞票作手纸，以色相胁迫那个愣头青朝父母的结婚照上吐唾沫，等等。"并且评价："这是货真价实的疯狂，是一种深入骨髓的挣扎"，这是与中国世纪之交的文化潮流遥相呼应的潮流，在卫慧主人公那儿找到了生存的土壤。面对着全新世界，她们就像狂欢节来临一样，颠覆文化传统，纵情生命狂欢，从而制造的也只是时尚文化泡沫。

二、后现代狂欢——波希米亚玫瑰的生命哲学

卫慧笔下的波希米亚玫瑰们以狂欢节的"玩乐与戏耍"的精神藐视一切，对所有的元叙事，特别关于"性"、"爱"、"欲"进行"降格游戏"，实现后现代的文化渎神。于是其放浪形骸的生命狂欢展现出后工业时代消费主义文化的享乐景观。

（一）信仰价值的全面崩溃

王岳川在分析哈桑的后现代主义理论时指出："后现代主义不再具有超越性（transcendence），它不再对精神、价值、终极关怀、真理、美善之类超越价值感兴趣。"[①] 后现代主义流派中的解构主义有一词叫"戏仿"，是仿造、模拟的意思，从修辞意义上说，戏仿就是戏谑的仿造，通过戏仿，对一切"元叙事"、传统权威或价值观，诸如爱情、道德、人性等，予以嘲弄和消解。巴赫金的研究告诉我们：

① 王岳川，尚水．后现代主义文化与美学．北京：北京大学出版社，1992：33.

"戏仿"是一种"令人开心的降格游戏"，这"游戏"之所以令人开心，就因为它是对虔诚、严肃、永恒、稳固、绝对、不可变更等神圣性的"降格"，从而在解脱羁绊和粉碎禁锢中获得自由的欢快。① 面对物质的极大丰富与精神的极大虚无，卫慧主人公以庸常存在化解崇高，在"降格游戏"中消解传统价值观。她们将"揭示病苦，以引起疗救的注意"的救世责任降格为吃、喝、住、行等简单的物质追求、享乐主义与功利主义哲学观。作为一名女作家，卫慧与众多女作家一样以"爱"、"欲"、"性"为主要表现对象。她既不喷出当代女性文本中女性在男权社会中受伤与碰壁之后的至爱大憎的愤怒的火，也不表露陈染边缘文本中女性在两性关系之中找不到慰藉，转而寻求同性之爱，最后遭遇异性与同性同时背叛之后的哀婉忧伤。她将爱情的地老天荒、崇高伟大，降格为感官欲求与体操游戏。所以，《上海宝贝》中的倪可一方面将情爱寄托在性无能者天天身上，欲望却在德国人马克身上得到满足，并且认为"找一个倾心相爱的人和一个能给她性高潮的男人是私人生活最完美的格局"，即是将爱降格为实用主义的人生欲求。在《欲望手枪》中，"我，一个20才出头的女孩，勤于发现各种肉体的特征，和同一肉体的多样性"，面对百万富翁陈彼德的挑逗，我"似乎得了欣快症，这意味着纯粹的快乐，或者说，什么也不用说不用做，不用恐惧不用担心，不用深沉不用理智，只求快乐的感觉，只求做一架快乐的机器"；长着欧美大种马所喜欢的典型亚裔美人相的周蜜蜜则"跟很多男人干过"。在这批几乎是清一色"既当猎物又当猎手"的美人这里，爱在这里降格为一种感官的享乐。她们以

① ［前苏联］巴赫金. 拉伯雷研究. 石家庄：河北教育出版社，1998：429.

“纸戒指”消解了对爱的承诺，“冰情人”消解了爱情的热度与深度，“最美私处奖”远比“年度最佳小说奖”更令一个女孩心动。他们放弃了对永恒与终极意义的追寻，表现出与现实拥抱的姿态，这便是卫慧一代后工业社会都市人生活哲学的体现：“那就是简简单单的物质消费，无拘无束的精神游戏，任何时候都相信内心冲动，服从灵魂深处的燃烧，对即兴的疯狂不作抵抗，对各种欲望顶礼膜拜，尽情地交流各种生命狂喜包括性高潮的奥秘。”在她的爱与欲的世界中，她甚至消解了爱情的排他性，她们欣然迎接一把接一把的欲望手枪，尽情地在“夜的下腹部开花，在男人的眼睛里跳舞”，坦然走进一个又一个有着漂亮女主人的家庭，还有着法国人式的碰见丈夫红杏出墙还说声“对不起，请继续”的宽容和大度。她们有着体面的职业——都市白领、自由作家、女大学生，却欣然接受用自己的原始资本换来的存折上的4000 元，或支票5000 元等等。按照阶级分析的观点，商品社会对女性的压抑就是把人的肉体、人的尊严物化为商品出卖，这是一种无可奈何的被迫行为，后现代文化影响下的宝贝们的物化潜在地内化为她们自己本身的需求。所以当倪可被德国人马克拖进女厕所并在马桶上完成性欲狂欢后，连她自己也觉得“比楼下的那些职业娼妓还不如”。在卫慧的作品里，甚至不止一次地出现小女孩拿着一支铅笔，把它塞进自己的身体的意象，代表着对传统礼教社会贞操观念的彻底的颠覆。难怪有人指出：“对传统伦理道德规范和美学原则明火执仗的颠覆性是70 年代作家的一种集体文身的标志。”①

---

① 孙长军．大众文化的失范——析卫慧小说的道德反美学倾向．当代文坛，2003，(4)：22-25.

（二）后现代生命狂欢

现代社会的剧烈运动和文化变迁打破了旧有的时空顺序和整体意识，人们对社会环境的感应能力陷于迷乱。文化传统的“脱节”造成信仰上的虚无，形成感觉的混乱与自我的困惑。对这种“过渡间隙感”卫慧的主人公生动地表述道：“我们知道过去的已过去，现在的还不属于自己，未来的却更不可知。”（《像卫慧一样疯狂》）商品经济所带来的经济冲动力又使人们热衷于个性解放与自我表现。[①] 与之相应，人们对“品格”（character）的重视，也转移到“个性”（personality）上来。长期禁锢之后一旦解除禁忌约束，便显得过度的放诞与纵情，不放弃任何表现机会。加上后工业时代对未来的不可预期，卫慧作品便有了张爱玲在大的时代变化中的心理，要抓住一点实实在在的东西，否则“再晚就来不急了”。《上海宝贝》中倪可所说的她一点也“不想要谨慎……从来就不想要那种什么都不去惹的安全”，“一个人可以做任何事，包括应该做和不应该做的”正是这种末日狂欢的生动写照，于是所有的思想、情感在这末日狂欢中也化为当下的碎片。

1. 言说狂欢

老庄哲学影响下传统中国人因受“以静制动”、“以少胜多”、“以柔克刚”思想及由此而来的“留白”美学观念的影响，是讲究“沉默是金”、“惜字如金”的，因为说得越多可能留的漏洞越多，说得越多自己转圜的余地越少，也就越被动。而后现代的一种特征为“一种宣泄”，“一种耗尽”。所以，波希米亚玫瑰们在“再晚就来不急了”的思

① ［美］丹尼尔·贝尔. 资本主义文化矛盾. 赵一凡，蒲隆，任晓晋，译. 北京：三联书店，1989：13.

想指引下无所顾忌地进行言说狂欢。如同卫慧在《公共的玫瑰》所说的“说吧说吧说了就不结巴，写吧写吧写了就能飞啦，疯狂地写，像卫慧一样疯狂”。卫慧小说的主人公有着不可穷尽的言说欲望，往往笔不加点，或一连串的排比句，排山倒海地表达一代人梦呓一般的疯狂和绝望，直到“一边讲一边摸着自己的嘴直怕它合不起来”（《蝴蝶的尖叫》），或“担心因为说得太多太快而无法合上自己的嘴角”（《像卫慧一样疯狂》）。

在几乎所有的卫慧小说中，主人公都在说：“我爱你”，有时是温柔优雅地说，有时是狂躁绝望地说。在《蝴蝶的尖叫》中，当“我”和情人皮皮欲望点燃时，我感觉到“他像一只大鸟栖息在我的欢乐之上，他不停地说爱你爱你离不开你，于是我感到甜蜜于是我感到荒谬于是我感到一切很正常存在即本质物质决定精神而精神分析家和道学家的话永远不要相信只需要性爱治疗关键是你能不能决定你的生活。”主人公这一大段不加标点的心理活动把自己的感受、抽象的哲学道理融合在一起，和盘托出。在《像卫慧一样疯狂》中媚眼儿的葬礼上，作者迫不及待地描绘阿慧难以穷尽的复杂的心境：“别人都有世俗的快乐和悲伤，别人都比我好看比我健康比我实在……我不知道自己是个什么东西，关于那以前的记忆没有来龙去脉，形迹可疑连我自己都时时受骗，我的梦境真真假假没完没了矫揉造作一钱不值，我的小说哗众取宠自以为是拙劣摹仿一堆垃圾。”

卫慧主人公以其言说狂欢，开始语言的盛宴，人物所有的心境与想象都无所遮拦地展现在读者眼前，同时它也是时代恐慌感的集中体现。

2. 欲望狂欢

不同于以往共产主义人生观迫切地想要成为社会主义国家的主人翁，做出应有贡献的时不我待的献身精神，卫慧笔下的波希米亚玫瑰在一切糟得不能再糟之后，对于人生有着恣意妄为的资格和勇气。M·费瑟斯通说："后现代主义是现代主义中代表欲望、本能与享乐的一种反规范倾向。"[①] 像王安忆《长恨歌》中所说的薇薇们一样，卫慧作品的主人公也"是将生活大把大把挥霍的（王安忆《长恨歌》）"，在进行言说狂欢时，她们同样饕餮欲望与官能的盛宴。他们往往透支激情，预支快乐。她将平淡人生中均分在朝朝暮暮里的细节凝结起来，将人和人的相逢提炼为邂逅，将细水长流的男女之情提炼为一夜欢爱，将一日三餐提炼为宴席。她们透支金钱、爱情、情欲，也透支青春、美丽和聪慧。他们在酒吧迷迷糊糊地喝酒、抽烟、谈情说爱、纵夜狂欢，泡在浴缸里患幽闭症、狂躁症、便秘症，随时随地地遭遇一场性爱奇遇。她笔下主人公有时甚至闪动着血淋淋的激情与暴力。他们渴望在深渊的边缘上缠绵，刀刃上舞蹈，[②] 从而寻求着精神和肉体的双重冒险与解脱，在刺激和痛感中寻求快感。如《艾夏》大学生艾夏在窗口与黑人的乱交，《蝴蝶的尖叫》中朱迪跳舞时的尽情挥洒，踢人时的无畏痛快，酒醉时惹是生非，恋爱时的义无反顾，失恋时的疯狂毁灭。她们仿佛在试图穷尽庸常生命没有达到的领域——酗酒、自虐、吸毒，甚至杀人、自杀，如同

① ［英］M. 费瑟斯通. 消费文化与后现代主义. 刘精明，译. 上海：译林出版社，2000：12.

② 马春花. 刀刃上的舞蹈——评卫慧《上海宝贝》兼及晚生代女作家创作. 小说评论，2000（3）：29-34.

福柯一般吸毒、同性恋以穷尽生命的所有情状。《像卫慧一样疯狂》中的阿碧总是能够迅速地堕入爱情，开始一场接一场轰轰烈烈的恋爱，尽情地释放自己的全部的感情。《上海宝贝》尽情地描绘了女主人公倪可（Coco）无以名状、无法抑制的性爱生活，使许多评论家称作者是“用身体而不是头脑写作”，“给人们展示了一部性爱大全”。她们贪婪汲取“性”给她们带来的肉体之欢，宣称：“那一刻除了快乐就是快乐，所谓的幸福不就是对痛苦的遗忘?”“趁我还年少时的激情，我愿意。”面对昨日不再的世界末的虚无与惶惑，她们过得纵情恣肆，通过一种货真价实的疯狂来表现深入骨髓的挣扎，对抗孤独、贫穷、死亡的恐惧与喧嚣浮躁世界中难以言说的空虚。所以卫慧说：“在一些捉摸不定，无法言明的东西中寻找一种激情是一条好的出路，是一剂吗啡，是狂欢的前奏。”她们否定《像卫慧一样疯狂》中马格珍惜相识、愿意细水长流地保持一份感情、渴望结婚的价值观。《欲望手枪》中陈彼德的性功能障碍成为以纤细、温柔、天真、梦幻为特征的古典式情感象征性的隐喻。卫慧说：“在写作的时候我常常得忘记一些东西，去用心体验最本能的冲动，最简洁的情感，和一些朴素的哲学”，“我热衷于一切时尚而前卫的事物，也有足够的关注的兴趣和能力，可能的话，我努力做一条小虫，像钻进一只苹果一样钻进年轻孩子们的时髦头脑里，钻进欲望一代的躁动而疯狂的下腹。我为他们歌唱”[①]。卫慧以人物的波希米亚的生存状态宣告了古典主义的终结。孟繁华评价：“她们那半自传性的作品，再也不必用‘窥视’来表达男性的欲望

① 卫慧．公共的玫瑰//卫慧作品全篇．桂林：漓江出版社，2000：395.

和阅读期待，所有和性有关的能指在这些作家那里已经应有尽有了。”①

三、末路狂花②——波希米亚玫瑰的价值定位

英国著名学者 M. 费瑟斯通分析后现代主义相关特征时说道：“高雅文化与大众文化之间层次分明的差异消弥了；人们沉溺于折衷主义与符码混合之繁杂风格之中……对文化表面的‘无深度’感到欢欣鼓舞。”③后现代思潮挟裹下的波希米亚玫瑰们是深得其中的精髓的。在她们的世界里，咖啡、音乐、跳舞、优雅的社交、时尚的语言、琳琅满目的商品这些“平面化”的东西以时尚的面目出现，构成了她们生存的背景，性高潮到来时“蝴蝶的尖叫”、“处女的疯狂”、意乱情迷的性滥交、同性恋、毒品、暴力、疾病、死亡成为她们日常生活景观。性作为女性解放的标记，当它在潘金莲时代成为荒淫无耻的标志时，涤荡一切的五四运动把它变成“时代女性”的标签、以后它又成为“革命女性”斗争的资本，成为陈染女性现代建构的武器，而到卫慧的波希米亚玫瑰这里仅成了后现代主义的浅薄的印记。所以，卫慧等70年代作家从陈染等60年代出生的作家身上汲取反叛的营养，但卫慧笔下的主人公与陈染笔下的主人公是有着本质差异的。她们以比陈染主人公更大的颠覆性反抗既有的成规，但她们内心并没有如同陈染林白主人公一样内心进行“一个人的战争”（林白小说名），深感“破

① 孟繁华．女性文学与“70年代出生的作家”的讨论∥中国女性文化．北京：中国文联出版社，2000：277.

② 王山，刘挺主编的一套丛书名。

③ ［英］M. 费瑟斯通．消费文化与后现代主义．刘精明，译．上海：译林出版社，2000：11.

开”时疼痛。她们并没有对长期以来的菲勒斯中心构成冲击，也缺乏追求男女平等的主体意识。她们只是一任后现代的放纵，迎接一把把男人们欲望的手枪。她们没有明天，没有永恒，没有理想、情操、道德、责任等令人沉重的东西，有的只是末日来临的生命狂欢。这样，原有的强烈的震惊力（shock）于是萎缩成花哨浅薄的时尚（chic）。[①]

而情与智、欲与理的冲突本来是人性无穷无尽的魅力的体现，当女性剔除了道德、理想，剔除了一切形而上的东西时，女性作为一个性别的存在不仅体现为人性的贫乏与割裂，而且令人想到她们是否还有必要存在。毫无疑问，女性的突围实验在此彻底归结为失败。所以，王山、刘挺将他们主编的一套丛书命名为“末路狂花”，正是对这批宝贝们的精神症候的准确把握。

卫慧的波希米亚玫瑰们真切地表现了世纪之交的都市现代人在失却理想，失去信仰，面对一无可取的过去与一无所知的未来的后工业时代的生命图景。但是人类的发展毕竟需要精神家园，狂欢节的行为也只能在偶一为之的情形下振奋人的精神，长此以往，也会使人倦怠疲劳。贝尔曾经说过：“文化领域作为‘意义领域’，它的功能便是以艺术或仪式的象征去体现诸如死亡、爱情、痛苦与悲剧这些人类永远面对的‘不可理喻的问题’。”[②] 文化的发展呼唤解决后现代人的精神矛盾，这是女性形象塑造面临的又一崭新的命题。

---

① ［美］丹尼尔·贝尔. 资本主义文化矛盾. 赵一凡，蒲隆，任晓晋，译. 北京：三联书店，1989：16.

② ［美］丹尼尔·贝尔. 资本主义文化矛盾. 赵一凡，蒲隆，任晓晋，译. 北京：三联书店，1989：16.

第四节 盛可以笔下女性形象的现实主义重构

卫慧女性对传统秩序的解构已成定论，长期受压抑的人们从多种清规戒律中突围出来进入百无禁忌的集体狂欢。爱情宣告终结，性关系日渐成了男女两性之间最主要的甚至是唯一的关系，并且自由的性关系趋向日常化、礼仪化。在一个流行咖啡酒吧文化的时代，在一个以风花雪月为主流，把轻歌曼舞当盛典的时代[①]，盛可以也和70年代出生的作家一样，书写“肉欲”，塑造出具有“冒犯”性的都市女性，但她并没有和其他70后作家一样一夜成名，以肉体狂欢获得群体性指认，而是在2002年以后得到个体性的认知。其小说主人公对待爱情婚姻的传统俗世情怀，及在红尘世俗中那种脱离平庸的力量，应当是一大原因。

一、两性博弈中对传统进行“冒犯”性挑战的都市女性

作为70后作家，盛可以具有卫慧等另类作家某种同样的胎记。她笔下的主人公是具有颠覆性的都市女性，用她自己常说的一个词就是“冒犯”，她们“冒犯了主流的伦理道德，甚至是正确认识和正确知识那个范畴的东西”[②]，从而展现出“无父无君”的一代人的欲望、渴求、战栗和惊悚。

---

① 葛红兵．小说的骨感美学//盛可以．火宅．沈阳：春风文艺出版社，2003：277.

② 盛可以．盛可以小说创作对谈录．河池学院学报，2005（6）：72-75.

盛可以笔下的主人公是独立自主的，显得干练、果断、坚强，如《取暖运动》中的巫小倩与《手术》中的唐晓南都属于背着行囊浪迹天涯的职业女性，《道德颂》中的旨邑除饱读诗书，还开有自己的玉器行——德玉阁，她们有着坚实的经济实力、丰富的阅历与出众的才华。这些也赋予了她们侮弄道德的恣意妄为的勇气。

由于经济上的独立，传统男女两性间的依附与被依附的关系转换，导致女强男弱，大女人与小男人格局的出现。女性对男人有主动权，并且注意随时掌控主动权。如巫小倩对还“没断奶”的男友刘夜呼来喝去，不需要取暖时便觉得其影响自己的工作进度而萌生弃之之意。

在性爱意识上，她们不用“禀父之名”，只听从身体指令与时代号召，一任青春野性地燃烧。所以，唐晓南认为“婚姻只是世俗留下的东西”，到28岁时还是个坚定的独身主义者，有无数的“炮友”遍及大江南北，甚至在火车上邂逅比她小四岁的帅气小伙李喊就与他一夜风流。《无爱一身轻》中的朱妙“艺高人胆大”，一边攻克方东树这个战斗堡垒，一边与程小奇在网上“触电”。《TURN ON》中，丁燕们以戏谑的态度对待爱情，“在酒吧里我们故意用眼神勾引带着女孩子的男人，搞得男人心不在焉，女孩子翻脸离去，我们就碰杯哈哈大笑”。她们要彻底摆脱女性的被束缚地位，女性要对男人说“不”，不能让“男人把绳索套进我们的脖子”，对男人可以TURN ON，也可以TURN OFF。一如《水乳》中女友对苏曼的谆谆教导，“一个只能被干的女人”是可怜的。于是，左依娜在与庄严的性爱中似乎领悟到应该主动操男人，也就是在心里长出“那个东西”。而在家不被丈夫重视的袁西琳在去新马泰旅游时花钱请一个黑人鸭子来服侍自己。当人类的性爱逐渐机器化、操作化、技术化时，盛可以笔下的主人公顺应潮流把做爱与做饭、吃饭等生理本能欲望联系在一起，如《TURN ON》中“做饭要 TURN ON，就像睡觉要做爱”，《水乳》中苏曼将“做爱”与“吃海鲜”类比，《无爱一身轻》中我对“卵”的想象也和“胃部”感觉联系在一起，《取暖运动》中巫小倩最初将与刘夜的性爱当成是与天寒取暖一样自然、不可或缺的凡俗事情。

如同她们淋漓尽致的性爱，在语言上她们也一逞快意，对传统语言进行冒犯：她们把爱情称为“搞上”，把做爱称为“强暴”、“交配”、“操”、“干”。《道德颂》中旨邑对男性朋友一开口的问候就是“近段性生活还愉快?”学着谢不周满中“JB”之类的粗口，把水荆秋来见她解释成来“歼”她，以至正襟危坐的知识分子水荆秋在她的影响下，“也会和她说猥亵与放荡的话”。《TURN ON》中丁燕将她们日常生活解说成“以后每回做饭，都由张旭 TURN ON，我们配合得像公的和母的”。

盛可以的女主人公毫不顾忌地撕开性爱羞人答答的面纱（特别是对女性而言），以后现代文化渎神的姿态对传统进行了“冒犯”，显现出“凌厉和冷峻”① 的气息。但是她又能超越一般 70 后作家“身体写作”的局限，在享受身体的“自由飞翔”时追寻婚姻，在无爱的时代找寻爱情，在红尘俗世中，并不认同世俗，进行精神的飞升。

二、在虚无的底色中寻找依托的努力

无疑，盛可以笔下的女主人公深受后现代文化中“不

① 葛红兵．小说的骨感美学．盛可以．火宅．沈阳：春风文艺出版社，2003：278.

事逢迎，专事反叛”，“睥睨一切，蔑视限制”[1] 的思想的影响，对传统的“冒犯”姿态使她们成为无君无父的一代。正如丹尼尔·贝尔所认为的“人上升到神的位置之后却难以把握自我”，[2] 她们在为所欲为的背后却形成感觉的混乱与自我的困惑。在货真价实的疯狂中，人的精神陷入焦虑绝望。在后现代时期的文化废墟中，西方人把解决问题的方法寄托于宗教，而盛可以笔下的女主人公却把它寄托在传统色彩的爱情与婚姻当中。所以，在这个“以炮为礼的时代”，盛可以的主人公偏偏寻找婚姻、找寻爱情。

（一）在婚恋悖论中对婚姻追寻

本来，追求自由是人类的理想，也是人类的权力，不少人为了追求自由付出了鲜血和生命。匈牙利诗人裴多菲曾作诗：“生命诚可贵，爱情价更高。若为自由故，二者皆可抛。”在封建社会中，因婚姻意味着对女性的桎梏而成为被诅咒的对象；进入到民主社会，因爱情与婚姻往往不能完美结合，婚姻也往往遭受人们的谴责。如张洁的许多文本都流露出女性脱离无爱婚姻后的欢欣。在这个泛性的时代，爱情变得随意化，并不必然指向婚姻，成为后现代语境下性爱自由度的一种表现。为此，盛可以笔下的主人公是有些如鱼得水，欢欣鼓舞的。她们轻而易举地获得了性爱，不必费心尽力地去维护婚姻。人们懒得结婚也懒得离婚，婚姻并不构成困惑人的围城。但是由于自由与约束是相对而言的，只有建立在自律与他律等约束机制的基础上才能享受最大限度的自由。如在史前社会，人们有群居乱

① 王岳川，尚水．后现代主义文化与美学．北京大学出版社，1992：23.

② ［美］丹尼尔·贝尔．资本主义文化矛盾．赵一凡，蒲隆，任晓晋，译．北京：三联书店，1989：15.

交的自由，婚姻制度的建立虽限制了人类的这种自由，却标志着人类文明的进步。后现代的到来使人们尽享自由与放任，但欲望宣泄的本能挑破了婚姻屏蔽中的情感，人性的怀疑、孤独统领一切，而引发恐惧、嫉妒、伤害、残忍等等人性深处的词条时，这种生存状态本身也变得令人置疑。特别是在深圳等大都市的女性，面对着巨大的生存压力，感情的虚空，她们越发需要抓住一些切实的东西。如同《TURN ON》中的丁燕所说，“我们不可能总吃精致的西餐，铺张的盛宴，家常饭菜才是永恒的主题，那么爱情的美满结局，无疑就是家常饭菜”。激情狂欢的“肉”的盛宴终有一天会转化成婚姻家庭饭菜的一日三餐。

于是独身主义者唐晓南到28岁时，觉得做别人的“炮友”太虚无，于是想在江北婚姻的“废墟上建立自己的城堡”。因为她要的不是性爱，而是婚姻，她要把性爱留到结婚那天，所以，与江北初次见面，一晚上把江北憋得两眼通红，两人因此一拍两散。她以“婚姻不过是世俗留下的东西”吸引了李喊，获得了前所未有的性爱满足，但“不结婚只同居，她觉得就像荒山野岭的孤魂野鬼似的。”在李喊即将出国时，按照以往的游戏规则两人感情自然无疾而终，但“她甚至希望李喊强烈要求她等他，等他回来”。

《道德颂》中旨邑当腻了情人，要做妻子，虽然旨邑明白妻子的处境，也知道和田玉虽是别人的囊中之物，但她毕竟拥有抚摸权、使用权。当她和水荆秋一块玩得尽兴时，“她要他叫他老婆”，虽然婚姻的到来未免使爱情褪色，一切恢复平庸。她甚至近乎疯狂地涌现出对孩子的热爱。当她突然发现怀上了水荆秋的孩子时，她是多么据理力争孩子来到这个世界上的合法权利。她多想怀的是秦半两的孩子啊，因为只有秦半两能给她爱情、家庭、孩子三位一体的生活。当水荆秋坚定地表白愿意牵着她的手走到红地毯的另一头时，旨邑觉得“她仍然是自由的，这种自由于她又是多余的，她感到虚无，没有东西可以紧握在手。在婚姻中肉体结束后，还有责任和契约，婚姻之外的感情，肉体的厌倦可能代表终结”。

盛可以笔下的主人公在婚恋悖论中对婚姻的追寻显示出后现代自由泛滥后对传统制度的皈依，也体现出虚无主义危机中对实在的追寻。

（二）在情欲纠缠中对情的执著

“炮礼时代”的到来标志着获取性爱的快速、方便、简捷，同时也使人们不相爱、不愿意爱。所以爱的能力的匮乏是当代人所面临的一个普遍性的问题。“几乎没有什么活动像爱这样以极大的希望和期待开始，却以有规律的失败而告终。”① 对此，盛可以深刻地认识到：“爱情曾是计划经济时代的产物，是抢购得来珍藏、品味的。但现在是市场经济的商品，竞争——践踏感情”（《无爱一身轻》），“我就说过深圳是没有爱情的，有的人一旦带着爱情去了深圳就都没了，更别想去那里找。”② 所以，盛可以小说中爱情和婚姻故事，似乎都在“干掉”爱情。《无爱一身轻》中朱妙一直游戏爱情，但是“强中自有强中手”，一连串打击砸得她遍体鳞伤；《水乳》里，左依娜的感情被背叛、不忠与欺骗伤得千疮百孔；《道德颂》里，随着旨邑将其“比德如玉”的水荆秋由爱人到“恶人”的变脸，爱情也完成了从美丽到腐烂的毁灭过程。但是，当渴求只余本能，饥饿来

① ［美］弗洛姆．爱的艺术．刘福堂，译．桂林：广西师范大学出版社，2002：4.
② 盛可以．盛可以小说创作对谈录．河池学院学报，2005（6）：72-75.

自拉撒的地方，她们更加孤独，因此对感情更加渴望。所以，盛可以笔下的主人公虽也纵情欲狂欢，但是她们又执著地找寻爱情。《取暖运动》巫小倩要的只是一场取暖运动，以取暖、取乐为目的，却弄假成真，认真地开始了一场爱情。《无爱一身轻》中朱妙为了攻下一个工程项目，而设局"睡了"政府官员方东树，结果朱妙刻意进行的利益算计变成了顺理成章地从黑夜里生长出的白玉兰般的爱情。而苏曼却在一边背叛，一边渴望，"是用刀子背叛缠绵的那一类人"①。

但是，毕竟我们已经进入了"炮礼时代"，人们爱的能力逐渐萎缩是不可否认的事实。当爱已麻木的时候，便需要超强刺激来唤醒沉睡的爱情。于是盛可以笔下的主人公均在非常态的磨砺中体验爱情。

首先是在传奇中寻找爱情。

爱情本来是人与人之间的强烈的依恋、亲近、向往。爱就是网住对方的心，具有亲密、情欲和承诺的属性，并且对这种关系的长久性持有信心。两性之间有着天然的性的吸引，但是回肠荡气的爱情却必需与日常经验相反，在出乎意外的强烈的反差中一见钟情。如中国古代爱情故事《梁山伯与祝英台》中祝英台女扮男装与梁山泊同窗共读；法国爱情经典爱斯梅哈尔达和撞钟人美女与野兽般不对称式的爱情。而在感情已渐麻木的时代更需传奇才能将爱情刷新。所以，《道德颂》中，旨邑与水荆秋的爱情之所以能走向绚烂，就是因为两次同生共死的经历，从而制造出如倾城之恋般的浪漫幻觉。高原逃生的那种无法解释的温暖

---

① 盛可以．盛可以小说创作对谈录．河池学院学报，2005（6）：72-75.

使她将水荆秋与别的男人区别开来，春节期间与水荆秋看冰雕、雪雕时，因人员拥挤造成的环城污水河历险又一次坚固了爱情坚硬的核心。秦半两虽体格健壮，如一匹优良的种马一样光芒四射，两人身体也曾互相诱惑互相期待，但是她却没有和他产生爱情。谢不周粗中带雅，满腹经纶，责任与义气并重且待她如他“前世的妻”，她与他情同兄弟，但却不是爱情。“推动旨邑往前走的，并非出于她的爱，而是出于她对爱的幻想”，与水荆秋的两次非同一般的经历形成了她在虚无时代中爱情的底色，从而给她带来爱情的向往，让爱的营构成为可能。中篇小说《赢》同样如此。

其次是插足一个完好的家庭，在嫉妒中验证爱情。

弗洛伊德在分析男人的畸恋时指出，男人对于性爱对象的选择“在任何情况下都不能缺少被伤害的第三者”。这种人绝对不会去爱那些无所属的女子，如少女或者寡妇。他们所爱的女人，永远是那些被别的男人爱过或者占有着的，不管这些男人是丈夫、未婚夫还是情夫。女人的浪荡，则带来了嫉妒的情绪。① 只有当他们嫉妒的时候，他们的热情才升达沸点，对象的价值也才高得无可比拟，这个理论同样用于盛可以笔下的女主人公。所以，《道德颂》中，旨邑旨在介入无任何裂隙的家庭，三年前她曾成功地摧毁了一个家庭，当对方准备和她结婚时，她顿觉索然无味，很无情地结束了这段感情。她就是那种“非得发生点什么”才能感觉到爱的人。在与水荆秋的感情纠葛中，她不断地闹事，只是为了让他翻天覆地地证明他爱她。“她害怕平淡，如果一段时间什么也没有发生，感情没有起伏，没有

① ［奥地利］弗洛伊德．性爱与文明．杨韶刚，译．北京：九州出版社，2003：117.

磨擦，她就慌了，面对正常滑行的感情，她感到一种渐行渐远的消褪，仿佛她和他的爱情，就要从纸上淡去，从生活里消失了。”“爱，或者就是和梅卡玛一决高低”，在怨愤与嫉妒中“猜测与推断他与梅卡玛之间的细节”，“走在梅卡玛的城市街道，感到一种侵犯者的隐隐快感”。

而在《镜子》中的“我”本来与小女孩何心依一见如故、面对心依的信赖与信任，心里产生了一股陌生的柔情，甚至不知情的人还误认她们是母女。但当她与心依的父亲何波建立了恋爱关系后，老是觉得心依刺眼，对心依占据“我”的位置耿耿于怀，甚至把她送到寄宿学校，借故狠狠地呵斥她，伤害心依的爱美之心。对心依态度的变化，就是首先把她作为一个可爱的女孩来疼爱，体现出正常的人性美，继而把她作为马莉的女儿来嫉妒，每一次的战胜心依，就是把何波的前妻打败一回。《水乳》中左依娜对庄一心也是把她当作庄严的妻子杜梅兰来嫉妒。她们乐此不疲地与假想敌进行战争，在感情的磨砺中验证爱情。

正如《赢》中若阿内的感悟：“爱情似乎只有建立在非常态（痛苦或毁灭）的基础上，才有撼人的力量”，平淡无奇的感情构成了庸众的日常生活。在市场经济时代只能在传奇式的境遇中，在嫉妒中才能幻想与拥有珍贵的爱情。

（三）在世俗挣扎中进行精神的飞升

不同于卫慧们在放纵中体验虚无，盛可以的主人公在挣扎中体验疼痛、感觉存在。她们不仅立足此岸，释放本能欲望，更重要的是，她们对生活进行理性的判断，并且以理想激情进行形而上的精神的飞升。

《道德颂》中的旨邑的魅力就是来自于她的不同流俗，随时针对自己的生存境遇与人类文明进行理性思辨。她思考爱情，“爱情不分已婚未婚，不受世俗道德观念的引导和约束，反之则不是爱情，是苟且与苟活”。看到报纸上日本签订“婚姻契约”时旨邑不由得哑然失笑，认识到契约永远也解决不了人的精神困境。当谢不周痛恨自己母亲时，她为他疏通情感的郁结；当谢不周因母亲去逝悔恨万分时，她又能宽慰劝解。她反思水荆秋的爱情，觉得自己像一条“穿得漂漂亮亮，戴着颈圈，被他牵着，贱到幸福”的狗，意识到“离开自己太久”，于是决定回去做她的自由人。在她终于放弃了她的双胞胎孩子，以残缺之身找到秦半两时，她清醒地知道秦半两虽然出于道义抱住了她，但是秦半两的爱并不执著。她也深深懂得只有诞生恋爱的感觉，是“惟一纯洁与美好的，如果更深地进入爱情，只会看到腐烂、毁灭、伤害，只会百无聊赖”。她能与谢不周称兄道弟，但却没有被千万人追逐的他所俘获，这一点也构成她对谢不周永恒的吸引。旨邑就是这样一个“巫”式的女人。

不仅如此，盛可以笔下的女性不粘着于生活层面，能以特有的诗意情怀进行精神的提升。

《水乳》中，左依娜希望有一种脱离平庸的力量。虽为了户口，为了房子，为了同居的习惯与平头前进结了婚，但平头前进对她的忽视，把做饭当成她的天职使她对婚姻进行了背叛。而庄严对她的重视和对爱的尊重，让她感受到快乐，学会享受性爱，使她将感情的砝码倾向于他。在她与庄严产生感情危机时，初恋情人吉姆郎格的出现唤醒了她爱的记忆，出于对美好感情的向往她再一次背叛庄严将自己投入吉姆怀中。从左依娜与丈夫、情人的纠缠中，我们可以看出她对自我主体、对爱、对精神世界的重视，我们也可以从她的欲求与战栗中觉察出她为此所付出的努力。《无爱一身轻》中，“我”把性交称为“交配”，不想用做爱这样的词，是她还要“保存一些神圣的东西，哪怕是一个词”。《狗日的信仰》中女主角希望“卵”能够“分辩激情与爱情，做爱与交配”，能够唤起“你的柔情与审美”。《道德颂》中的旨邑更注重精神的丰富与内在。她与水荆秋之间的爱情除了两次非凡的经历，还出于与水荆秋能作精神的深度纠缠。她与谢不周之间似前夫前妻（指前世的夫妻）、似兄弟，似男人与女人的互相理解、有点爱慕、互相帮助的复杂关系，原因之一就是谢不周的宽容、博大让她觉得谢不周有一股巨大的力量引导她向前。文中频繁出现的白色野菊花的意象映衬出旨邑的内心世界，也标志着其精神的升华：“没有人间烟火，没有世俗嘈杂，被遗忘，被忽略，寂寞、快乐、自由地开放，密如繁星。如果它们有灵魂，有精神，那一定是‘自由’”。那种不被删刈的烂漫野性、漫无边际的蓬勃生命力，无人采摘无人欣赏的自由自在既代表着旨邑的生活向往，也是其向蝇营狗苟活着的人们失血的躯体内注入生机的努力。

盛可以笔下的女性闪烁着绚丽的精神光华。

三、后现代精神困境中现实主义回归

当后工业时代来临，科技发达，机器生产剥夺了人的生存空间，把人拉向物化。正如雅斯贝斯所说：“今天，虽然生活扩张的可能性已变得无法估量，但我们却感到自己正处于一条如此狭窄的通道上，以致几无容纳我们的实存之可能性的空间。”① 因此孤独、绝望与迷惘成为现代都市

① ［德］雅斯贝斯．时代的精神状况．王德峰，译．上海：上海译文出版社，1997：30-31.

人的精神现状。而盛可以的作品“像利刃”，“尖锐无比，百无禁忌”[①] 地解剖社会现实，塑造出具有冒犯气质的都市女性。在冒犯中，她并没有放任她的女主人公坠落，而是以青年人特有的诗意情怀重回婚姻、爱情、理想热情，以其对温暖的渴望、对爱情的眷恋、对诗意的追寻为当代彷徨的灵魂一片栖息之地。正如盛可以在访谈录中所说：“我想写精神痛苦与煎熬，写历尽酸辛后对生活仍怀友爱与宽容的心灵，我不想写成童话，不想小说励志，我写有些人是这么活着，卑微且高尚，痛苦但不失希望。”[②] 当城市简化为酒吧、咖啡馆、舞厅等简单符码时，盛可以追求人情、人性中的温暖与温情，在虚无的底色中做出寻找依托的努力。

弗洛姆在阐释其“社会内在的伦理学”理论时指出：“任何文化中的这样一些规范，这些规范所包含的禁律和要求只是为特殊社会的功能运转和生存维系所必需，任何社会都以遵守社会准则、信守该社会‘美德’为其重大利益，因为该社会的生存有赖于这种遵从和信守。”[③] 当尼采从肯定自然生命的角度，对传统道德进行重估，建立一种新道德时，现代社会欲望的泛滥或许已经超出尼采的估计。而欲望的泛滥导致的生命激情的萎缩，爱的能力的缺乏，使人动物化、机器化，最终将人类引向消亡。盛可以从社会内在伦理学的角度出发，拿出尼采式的重估道德的勇气在这失范的时代对这种所谓的新道德再次重估，促进人类精

① 盛可以，阚兴韵．著名青年作家盛可以访谈录．2009-04-18［2009-05-20］．http：//www.wzwb.com.cn/.

② 盛可以，阚兴韵．著名青年作家盛可以访谈录．2009-04-18［2009-05-20］．http：//www.wzwb.com.cn/.

③［美］弗洛姆．为自己的人．上海：三联书店，1988：241.

神的复苏，帮助寻找精神家园。我们知道，当西方社会面临精神困境时，中国传统人文精神在世界各地普遍作为重振西方文明的文化资源，各地孔子文化学院成立就是历经精神的劫难之后寻找人类的精神皈依，重建人类秩序的典型例证。盛可以重回传统道德的努力，标志着在陈染梦呓与卫慧狂欢之后中国文化的人文走向，因为任何自由都是以规范与秩序为前提的。

第五章 余 论

第一节 都市漂泊之魂的理想与憧憬
——徐讦小说“奇女”论

徐讦是中国现代文学史上一位红极一时的作家。作为后期浪漫派的代言人、“文坛鬼才”，徐讦小说写“奇情”、“奇恋”，以富于传奇色彩的笔法传达现代主义的生存感受。徐讦小说能蜚声文坛，不仅在于他能把无甚离奇的经历写得奇幻迷离，以悬念捕捉读者的好奇心，也不仅在于铺叙出浓重的异域氛围，使读者于幻想中得到愿望的满足，更重要的是塑造一系列独具异禀、能通天接地、生活于另一世界的“奇女”形象，如美丽的海神（《阿刺伯海的女神》）、女鬼（《鬼恋》）、精神病患者（《精神病患者的悲歌》）、盲女（《盲恋》）、懂鸟语的芸芊（《鸟语》），知晓树的呼声先晟（《百灵树》），听从某种神秘的召唤的银妮（《痴心井》）、能知过去未来的女先知（《吉卜赛的诱惑》）等，令人耳目一新。老舍说："按照旧的说法，创作的中心是人物。凭空给世界增加了几个不朽的人物，如武松、黛玉等，才叫创造。因此，小说的成败，是以人物为准，不仗着事实。"[①] 徐讦塑造的这些女性是极其完美的，作者不仅描画她们的"倾国倾城之貌"，更重要的是刻绘出她们超凡脱俗的"神性"光彩，突出她们圣母一般的情怀。如司马长风所言，徐讦"在绝大多数作品中，都塑造几个理想的完美女性，笔墨之深细，一往情深的虔诚，遂成为徐氏作品的特色"。[②] 徐讦"用悲悯之心看乱世，用悲痛之心看历史，更用悲壮之心默许给自由的人群。"[③] 作为一个理想主义者，徐讦动乱年代的生活经历，及移居香港之后"自外于香港"某种情结，使他以这些代表着他审美理想的女性人物形象寄托他的理想与憧憬，为同处于漂泊乱离之世的人们绘制了一幅理想的乌托邦图景。同时这些美好女性的凄婉的结局更进一步加深了作者的漂泊之感。徐讦的作品给人带来奇幻与悲情之美。

一、美女、圣女、奇女

徐讦笔下女性惊人的美，千姿百态，美不胜收。阿拉伯海的女神有着让人说不出她的美；《吉卜赛的诱惑》中的潘蕊是"世界第一美女"，使滞留于马赛的青年哲学家"我""一刹那间几乎晕了过去"；《禁果》中的沙美夫人的

---

① 老舍．人物的描写//老舍论创作．上海：上海文艺出版社，1980：83

② 司马长风．中国新文学史（下）．香港：昭明出版社有限公司，1978：95.

③ 司马中原．长忆斯人//徐讦传记资料（一）．台北：天一出版社，28.

多变风采让人难以抗拒，以至她供给青年全部的费用，唯一的条件就是不许向她求爱。《风萧萧》写三个女孩的美，如同《老残游记》中写白妞出场一样，层层铺垫，一波未平，一波又起。三个女孩代表着三种美的极致，作者用银、红、白来象征三位女主人公的个性气质，又用月光、日光和灯光来形容她们给人的感受，从而为我们描画了众香国里的“众美图”，为我们带来某种唯美的享受。

徐讦笔下的女性是美丽的，但她们并不以她们的美丽颠倒众生，如无名氏笔下的莎卡罗一样，在罪恶的都市中翻云覆雨。她们既美丽，又圣洁。

她们具有圣母一般的气质风采，超凡脱俗，不染世俗尘埃。《鬼恋》中的“鬼”“没有一点俗气，也没有一点市井的派头”，“我”感到她“是超人世的，没有烟火气”，“动的时候有仙一般的活跃与飘逸，静的时候有佛一般的庄严”。《盲恋》中的盲女微翠是纯美的象征，具有“圣美无比的面貌”，“没有人可以相信一个尘世里的成人可以保有这样纯洁天真无邪的容姿的……似乎从来没有接触过人间的烟火、尘埃与罪恶。真实，素洁，甜美，善良，活像荷兰画派所画的圣母，尤其是她的没有被口红染污过的嘴唇，像是刚刚迎着朝阳而启露的百合，它从来没说过谎话也不知道什么是谎话的。”《鸟语》中的芸芊具有别人“无法企及的心灵的洒脱与高贵”，“她莲花瓣一样的脸庞”，“淡淡愉快的微笑永远有神奇的洁净”。在《荒谬的英法海峡》里，“我”望着培因斯，“如在教堂里望着云端里的圣母，没有一丝不洁的念头。”作者不惜用了许多宗教般的词汇如“无邪、庄严、高贵、圣美”等来形容寄寓了他审美理想的美丽的女主人公们。

不仅如此，她们还具有圣母一般的情怀。

在《精神病患者的悲歌》中，19 岁的海兰聪慧美丽善良，她真心地侍奉着性格怪异的精神病患者梯司朗小姐，将她的青春和生命消耗在像古堡似的梯司朗家里。只要对小姐有益，她什么都愿意做。她参与了“我”对小姐的治疗计划，不分白天黑夜注意小姐的行踪，记录小姐的病况。在共同的医治小姐的过程中，逐渐与“我”产生了真挚的爱情。但当她意识到小姐也深深地爱上了“我”时，她在给“我”生命中留下一个美好的印象之后自尽了，并且用她“无罪的爱”永远祝福“我们”，她博大而无私充满着基督式的牺牲精神的爱，让人感受到爱的伟大、人生的意义。在《荒谬的英法海峡》的爱情故事中，彭点爱培因斯，而培因斯爱“我”，李羽宁与史密斯相爱，但她更爱自己的祖国。露露节的到来均为他们实现自已的愿望提供了契机，因为这里的女人有一个特权，只要在露露节上当众宣布自己所爱的对象，男人是不能拒绝的。作为误闯入荒谬国度的李羽宁与“我”，在浓得化不开的乡情、乡思中，为了摆脱爱的羁绊，李羽宁计划在露露节宣布所爱的对象是“我”，以达到不受爱情牵制离开荒谬的英法海峡回归家乡的目的。但结果这年的露露节她们竟然都没有实现自己的愿望，却完美地成全了别人：李羽宁宣布的结婚对象是史密斯，培因斯则为彭点，而鲁茜斯却宣布了“我”的名字。不以自我的意愿作为爱的选择，为了别人幸福牺牲自己幸福，在自由、平等、荒谬的英法海峡，“爱”的意义又有了一次生动的注解。《彼岸》中的露莲在“我”蹈海自杀时以真诚的爱拯救了“我”，当“我”移情别恋于裴都时，悲痛欲绝的露莲驾帆撞向岛岩葬身于大海。可是当“我”陷入无尽的追悔、沉痛的自责中，在精神的极度苦痛中，露莲又在大海上显现，安慰我痛苦的灵魂，“无论风雨阴晴，露莲都没有失信，她有时由海浪而来，有时由云雾降下，她永远没有改变，她是个天使”。

《风萧萧》中白苹与梅瀛子海伦都闪耀着神性的光辉。白苹以舞女的身份从事崇高的事业，她举重若轻地与各种男人周旋，不露声色地从日本人的魔爪中救出海伦，“在兽性的人群中开着不谢的花朵”，从赌场到教堂象征着她的人生旅程。同时她又具有爱心，为青年哲学家徐进行哲学研究创造一切条件。她终日在灯红酒绿之中，所有的男人都成为她的主顾；但她同时又“为国家献身，为民族入地狱，是风骨凛凛的战士”[①]，终于在战斗中为国捐躯，表现了视死如归的气概。盟军美国间谍的梅瀛子以交际花的身份出现。她机智、干练，勇于牺牲，她曾把白苹当作敌人来对付，一旦发现是同志，便又情同骨肉；她用尽心机，为白苹复仇，毒杀日本女间谍宫间美子，表现了高尚的人类之爱与热烈奔放的侠情。甚至连作为“鬼”（《鬼恋》），虽然弃绝尘寰，对“我”的友谊却非常珍视，体现出温暖的人性。另外，“赌窟里的花魂”将“我”从赌窟中拯救，又为了“点点滴滴”的幸福而离开“我”；懂鸟语的芸芊以其心灵的宁静给我熏陶从而医好了我的神经衰弱症；《来高升路的一个女人》、《女人与事》中的阿香、李小丁虽然出于世俗利益，无法允诺爱她的人以婚姻，但是她们都在尽可能的范围之内给他们应有的照应。可以说，对爱的执著，对友情的珍视，为爱与友谊献身，为民族的利益与人类的光明奋斗成为徐讦作品绝大部分女性人物的主导性格。甚至

① 司马长风．中国新文学史（下）．香港：昭明出版社有限公司，1978：95.

她们的名字也大都冰清玉洁，有股仙气，如“芸芊”、“露莲”、“海兰”、“紫裳”等等。

如果徐讦笔下的女性仅止于美丽而圣洁，那她们还是苍白的，虽然完美，但显得没有生命力。作为文学世界中怒放的奇葩，徐讦特地营构了特异的生存环境，让她们挣脱现实生活的束缚，“生活在别处”，从而进行奇异的人生表演，同时也把读者带入一个迷离恍惚的氛围，如同艾丽斯幻游的奇境。比如《鸟语》里的芸芊是现实生活中的低能儿，但她直觉灵敏，悟性超乎常人。也正因为如此，她能避免世俗尘埃的污染，不受世人惯性思维的束缚，能感应自然的律动，与自然息息相通。在鸟儿的婉转低唱中，她对着它们低吟相和，鸟儿飞近她时，她又与它们嘀嘟私语，鸟儿飞去时，她又与它们挥手送别。这一幕人鸟相戏的场景，最大限度地体现了人与自然的和谐。所以当“我”以救赎的心理帮助她、爱她时，她并不快乐，只有在未染尘埃的庵堂，她才真正有安详与愉快。《盲恋》中的盲女微翠，因为盲目，所以人间的罪恶无法闯入她的心灵。她不会因为天赋的美丽而骄傲，也不会为大都市浮华与虚荣蒙蔽，而听从心灵对美善的向往。她没有世俗女孩的浮华，沉醉于内心独有的想象，从而对文学艺术有着独特的感受性与超凡的欣赏力，开启陆梦放枯竭的意念，使她们共同完成的作品成为天才的结晶，获得巨大的成功。《阿刺伯海的女神》中有一个女孩，因对一个“谁是真正的上帝”的哲学问题的终极苦闷而跳海自杀，成为阿刺伯海的海神。在这迷离的气氛中，“夜与梦、人与神、实在与梦幻，死与生”[①]，诸多哲学问题缤纷而至。假海神与男青年在这神秘的幻影中相

① 冯奇. 人生寻梦——论徐讦三四十年代的小说创作. 中国现代文学研究丛刊，1994（2）：11-15.

识相恋。在“永生”与“现世”的矛盾中假海神以跳海超脱了人们长久迷恋的浅薄的尘世之恋，在永生的爱中体验到爱的真谛与真实的人生。真假海神的错落模糊了现实与虚幻的界限，美丽的阿拉伯少女带上了一层神秘与玄妙色彩。《鬼恋》中“女鬼”因对人事的厌倦自愿离群索居，甘愿为鬼，于是就有了生命飘忽的神秘、理想幻灭的悲凉。《吉卜赛的诱惑》将女人的天性置于崇尚自由，流浪世界不受拘束的吉卜赛人的生活情境中，于是自由、歌唱、流浪让潘蕊及其爱情保持着鲜活的生命力；而《荒谬的英法海峡》中的培因斯、李羽宁等美好女性生活于荒谬的英法海峡中而带有乌托邦色彩。《幻觉》中墨龙欣赏的还是与自然融为一体，作为审美观照对象的地美，一旦把她当成一个实实在在的女人，便失去了原有的光彩，美的幻梦也随之破灭。

徐讦并不对生活表象进行描摹，而是以瑰丽的想象进行艺术虚构。他蓄意编造能令“聪明人接受”的“艺术的谎语”，把一段段奇情、奇恋写得扑朔迷离、真假难辨，其女性表现也如梦如幻。

二、女性、爱情与哲理

徐讦小说通过这些特异的女性形象从各个侧面极究情爱的本质或生命的哲理。通过这些特异的女性形象徐讦将人物封闭在特定的情境中来探讨爱情哲理，一旦条件改变，爱情即发生变异。在他面前，丁玲、庐隐、白薇等作品中的女性虽有着追求自我解放的时代的声音，但是由于女性切身体验的伤痛使她们对现实的过分介入，过于入世的精神使她们的笔下形象成为对个人经历与社会现实的表层诠释。而徐訏的“有距离的写作”与“情感过滤”的写作理念，使他不过分粘着于现实，有着对社会现实的沉淀与过滤。更由于他在北京大学的二年哲学、一年心理学的学习经历及长期对哲学与心理学的兴趣，使他笔下的奇女形象似一坛醇酒，弥漫着哲理的芳香，闪耀智慧的光芒，从而发掘到人性的繁复深细处。《百灵树》与《痴心井》似乎出自于同一个故事构架。她们都在爱的沉醉中听从冥冥中的某种神秘的召唤，以最深的哀痛表达着爱，以交付自身生命实践着爱。于是“哀”和“爱”构成了相通的境界，从最悲哀的心境中证明伟大的爱，在最爱的境界中体验到真正的悲哀。作者以含魅叙事表达着痴情女孩超越生死的爱的境界，一片不可知的世界渲染的是爱的伟大与深切。《荒谬的英法海峡》则通过一个乌托邦世界诠释爱的无我。

徐訏很少写幸福、完美、永恒不变的爱情与婚姻，更多地探讨爱情的不可捉摸与变化。《盲恋》与其说谈恋爱是盲目的，毋宁说盲目才配有真正的恋爱。一旦盲女不盲，他们中的和谐的精神之恋便坍塌了。《时与光》书写时光间隔中女子爱情的变异，从而消解了爱情的地老天荒。“人在时间与空间中永远渺小，一切悲剧不过是偶然的错综。”爱随着时空的变化而变化，两情相悦就应该只争朝夕，应当尽可能的朝朝暮暮在一起，因为爱情往往产生于特定的时空中，过了这一时空，也许爱情会消逝无踪。《风萧萧》则阐释男女之间感情的理想状态——爱情距离观。“有深切的了解，有相互的融洽，最宝贵的还是黄金的距离。”所以，作品中主人公哲学青年徐先生，虽然欣赏着三种不同女子的美，却还是保持着独身主义的立场。《彼岸》中“我”和“你”因爱而结合，因失去自由而分离则进一步说明了爱情的距离观。

徐讦不仅以奇女形象探求着爱情的奥秘，也探索着人生的哲理。

《鸟语》以一个懂鸟语的女子让人们的思维重回原始混沌状态，从而对聪敏与愚笨等一切文明理性社会中已界定的名词进行重新界定。不会现代社会的理性思维，不能自如地与现代社会的人打交道，人们眼中的“白老鼠”（即白痴）却能与鸟儿呢喃低语，感应着大自然的芳香、色彩与声音，与音乐、诗歌等节律和鸣，与一个高高在上的“禅”的世界相通。“她属于一个未染尘埃的世界，在那里她才显露她的聪慧光彩与灿烂。”《阿刺伯海的女神》中一个美丽姑娘怀着对人生、生命的终极追问跳海自杀，成为一位天马行空、独来独往的自由女神。于是神性降临人世。只有当人的追求达到忘我状态时，人与神才真正接近。《阿刺伯海的女神》与《鸟语》演绎着是同一个主题：人越是接近现代、接近知识、接近科学越远离上帝，远离灵魂的永生。《鬼恋》中的女鬼的出现使“鬼”的内涵得以重新定义。于是，美丽与丑陋、高贵与低贱又被放入原生状态中进行重新思考。“鬼”由火热的生命走进淡漠无为之门体验到苦闷难当。她“最超人世的养成”由于“最入世的磨练”。而“鬼”虽超然物外，潜意识中仍然因世俗的欲望而倍受煎熬，不时在夜晚出没似乎在寻找着什么，也异常珍视与“我”交往的友谊，她的远行不仅是为了“我”的健康，也是为着对自己情感的逃避，“鬼”的灵魂的寂寞也显得无法逃遁。于是入世与出世之间上演着永恒的矛盾，显示出人活着的复杂形态。

徐讦以哲理的深入思考使作品超越于通常的言情。

三、乱离年岁的人生理想

徐訏以瑰丽的想象塑造出一系列奇特与完美的人物形象。一方面是由于他的理想主义人生观，他说“我是一个企慕于美、企慕于真、企慕于善的人。在艺术与人生上，我有同样的企慕。”在寂寞孤独时，徐訏仍坚持在黑暗里摸索，“把蛇睛当做星光，把瘴雾当做云彩，把地下霜当做天上月”，[①] 在人生旅途中，虽然岸景给他的是更多更深的哀怨、愤恨与惆怅，美丽的憧憬都成丑恶，伪作的真诚不过是虚伪，毒心的良善加增其罪恶。但“多少的风尘未减我热情，苍老未加我世故。我还是有爱有梦有幻想”，[②] 他“对于善、对于爱、对于真都有积极的爱去奉献”。[③] 他笔下的女性形象也正是这种理想的外化，所以，她们才那么完美。在《风萧萧》中，他借人物之口流露了他塑造这一系列人物形象的初衷：“也许我需要的是神，是种宗教，可以让我崇拜，可以让我信仰。她美，她真，她慈爱，她安详，她聪敏，她……”对于美好女性他有一往情深的崇拜，也有永不驻足的追求。所以有研究者指出的：“他是个理想主义者，追求一种美好的纯情的人格和境界。他在许多作品中描写了这样一类女性，寄托着他的憧憬和情感。《痴心井》里的银妮、《鸟语》里的芸芊，几乎都是和世俗格格不入的纯美而淳朴的少女。”[④] 另一方面是由于乱离年岁的生活情境与感悟情境触发了他创作的灵感，激起他幻想美好

---

① 徐訏．风萧萧．沈阳：春风文艺出版社，1988：542-548.

② 徐訏．风萧萧．沈阳：春风文艺出版社，1988：542-548.

③ 陈乃欣．徐訏二三事．台北：尔雅出版社，1980：191.

④ 丹晨．风萧萧．北京：中外文化出版公司，1989：1-3.

人性的欲望。

徐讦生活经历曲折，正如他自己所言，“象我这样年龄的人，在动乱的中国长大，所遭遇的时代风浪，恐怕是以前任何中国人都没有经历过的。我们经历了两次中国的大革命，两次世界大战，六个朝代。这短短几十年功夫，各种的变动使我们的生活没有一个定型，而各种思潮使我们的思想没有一个依赖”。“我同一群象我一样的人，则变成这时代的特有的模型，在生活上成为流浪汉，在思想上成为无依者。”1950年他抛妻别女，由沪赴港。对这位久负盛名的小说家，英人统治下的香港社会是与其格格不入的。首先是香港对他的文艺作品完全是一副冷面孔。其次由于英国式的职称晋升制度，他未有博士学位，在香港便只能当讲师，而不能当教授。尽管他后来已在浸会学院当了文学院院长，但仍然不能当教授。身在香港30年，他始终无法融入香港社会成为自外于香港的“香港人”。于是徐讦在小说中一再声称自己是一个“流落香港”的“过客”、一个举目无亲的“异乡人”，一再把香港说成是一个“令人憎厌的地方”，所以，陈香梅说他的晚年是很寂寞的。另一位台湾作家也说：“他是一个孤独的人，不只在台北孤独，在香港也孤独，对于他的过去，对我来说，至今是一个谜。”徐讦生前也曾这样描写过自己：“几十年来，象浮在大海中被浪潮推来推去的小船，东西飘流，四处摸索，苦闷无依之中。”早年的飘泊与晚年的孤寂都促使他幻想一个唯美与浪漫的世界，在文学创作中实现他的白日梦。于是这些特异的女性就成为他理想的化身。她们都表现出对现代都市商业文明与机械文明的拒斥，以特异的行为方式如目盲、智障，用淳朴、自然的面貌与神沟通。正如沈从文寓居租界时，有感于租界的时尚、前卫、快节奏、商业化把人的灵性的温情消磨光了，“已觉得实在生活中间感到人与人精神相通的无望，又不能马虎地活，又不能决绝地死，只从自己头脑中建筑一种世界，委托文字来保留，期待那另一时代心与心的沟通”。“有意来做乡巴佬”，开始建构“希腊小庙”来“供奉人性”，以乡村自在自为的人性状态来对抗西方理性传统。于是，徐订通过这些女性形象以文学创作幻象的补偿作用给乱离的人世人们以慰藉。

“上海的生活还是同过去一样，忙于是非，忙于生活，忙于应酬，忙于得失。”“以后我一直在都市里流落，我迷恋在酒绿灯红的交际社会中，我困顿于贫病无依的斗室里，我谈过庸俗的恋爱，我讲着盲目的是非，我从一个职业换另一个职业，我流浪各地，我结了婚，离了婚，养了孩子，我到了美洲欧洲与非洲，我一个人卖唱，卖文，卖我的衣履与劳力！……如今我流落在香港。”（《鸟语》）在诸如此类的情境中，芸芊之类的美好女性始终在“我”疲倦孤独时在他心中出现。

徐订以“真、善、美”的美学基本命题度量生活。尤其是小说写作和发表时充满动乱、颠沛流离的生活，他自然会加倍地感受理想与现实的矛盾，以及理想“幻灭”的痛苦。弗洛伊德的精神分析说认为，艺术与梦都是与现实的飘离，艺术如同游戏，来自现实未满足的愿望，想象是现实的满足，艺术在幻想中实现未能满足的愿望。徐订说：“每个人有他的理想与梦，这梦可以加于事，可以加于人，也可以加于一个世界。”徐订将他的诗人之“梦”，“加于”自己的“世界”，一个在现实生活中不能得到的“世界”，加于一系列超凡脱俗的奇女身上。于是，就有了《鬼恋》、

《吉卜赛的诱惑》、《荒谬的英法海峡》、《阿刺伯海的女神》等恍惚迷离、似真似幻的作品。所以，在《吉卜赛的诱惑》的卷献辞中，徐訏说："那么让我先告诉你故事，再告诉你梦，此后，拣一个清幽的月夜。我要告诉你诗。"

四、世道沧桑的孤寂虚无

徐訏明知在现实中不可能完美，只有选择离奇的情境才能实现现实中不可能有的梦与诗，可以说这又是徐訏的潜藏于心底的哀痛。所以，他的唯美型作品又时常弥漫着生命无常、人生孤寂之感。那些不食人间烟火的女主人公不仅只生活于离奇的情境，她们的结局也大多或是浪游，或归于寺庙，或归于尘土：《吉卜赛的诱惑》、《鬼恋》中女主人公选择了远行，《阿刺伯海的女神》、《盲恋》、《百灵树》、《痴心井》中的女主角选择了死亡，《鸟语》、《巫兰的噩梦》则选择了宗教。《时与光》表达的是面对着时光流逝的困惑，《鬼恋》与茅盾、无名氏一样面对同样的命题，后两者同样采取放纵的形式，面对信仰的坍塌，以另一极端来释放生命燃烧的热情，而《鬼恋》以倦于人事的悲凉让人感到热情燃烧后的灰烬。《彼岸》与《江湖行》对生命的追问更加无奈。在《江湖行》中，徐訏写道："人间无不变的爱，无不醒的梦，无长绿的草也无常开的花。人间无绝对的善恶，无清楚的爱恨。人间是非渗杂着利害，真伪混淆着观点"，人生的虚无感无遮拦地流露倾泻其中。与此同时，徐訏一系列写实主义作品如《手枪》、《杀机》则从另一方面直接叙说了漂泊人生与世道沧桑的孤寂与虚无。吕清夫读徐訏的小说后说："给我的感受与《红楼梦》相去不远，说得夸张一点，那种感受有点象心痛，或者近乎李叔同所谓的‘空苦无常’之感……隐觉得他一个相当悲观的人。”

“林花谢了春红”，极奇幻、极美好又极悲凉的女性诉说着徐讦人生向往与人生感悟，在构成其作品唯美主义品格的同时，又使人产生无限悲慨，余音袅袅，绵绵不绝。

第二节　传奇女性形象与张爱玲的现代女性观

众所周知，张爱玲是一个善于写传奇的作家。在她的传奇文学作品中，她塑造了一系列传奇式的人物形象，既不同于冰心的“爱的哲学”，也不是丁玲灵肉冲突的时代话语，而是以旁斜逸出的姿态体现出她对女性与人类的终极思考。张爱玲对她笔下人物的人本主义关怀、对女性主体位置的觉悟及都市现代情绪的流露都使她的女性观带有强烈的现代性。

一、人本主义关怀

对于现代意识，美国学者马泰·卡林内斯库（Matei Calinescu）认为它大体包括：进步与发展的观念（不排除进步中可能有的曲折乃至倒退）；对科技潜能的信心（19 世纪被称为“科学的世纪”，20 世纪更是“信息的世纪”）；对理性的崇拜；对时间的重视与关切；以人本主义为基础的人文理想（自由、平等、博爱、人权）；注重实践和行动的功利观等。在文学艺术上，后来的西方现代主义文艺，又在个人本位基础上发展出与外在现实对抗，面向内心，反对理性（认为人性本身就有非理性的成分），重视创新，反抗庸俗势利的另一种“现代意识”。中国作家周作人则在此基础上进一步地进行引申发挥。他在《人的文学》中说：“我所说的人道主义，并非世间所谓‘悲天悯人’或‘博施济众’的慈悲主义，乃是一种个人主义的人间本位主义。……个人爱人类，就只为人类中有了我，与我相关的缘故……所以我说的人道著述，是从个人做起。要讲人道，爱人类，便须先使自己有人的资格，占得人的位置。”① 在这里人的价值已经不是在“天地君亲师”中界定的，也不是在“国民”的意义上界定的，而是在“个体”本身的独立、自由和幸福的意义上界定的，而是在人的本体意义上确定的。张爱玲就是从对情欲的肯定，对带有尘俗意味的爱的追寻，以及对女性生存境遇的关心等人本主义角度体现出其女性观的现代性。

在个性解放的时代大潮中，张爱玲并没有把她作品中的主人公置身于婚姻自主，恋爱自由的具体情境中，写出女性自立自强的浩荡赞歌。她将女性置于日常生活中，对其做了最本真的反映。她塑造的只是一个个受情欲压抑而畸形变态的人物，一个个为了生存而处心积虑的人物，一个个在侈谈爱情的年代奢求爱情的人物，从而以理性的目光给她笔下的人物以人性与人道主义的关怀，对传统的男权社会女性不是天使就是魔鬼的女性观进行反正，体现出现代性的回声。在散文《洋人看京戏及其他》她就清楚地解析男权社会中女性被苦尽甘来、凤冠霞帔等美丽光环遮

① 周作人．人的文学．新青年，1918（12）5.

蔽的现实生存境遇，抨击《红鬃烈马》中薛平贵将他夫人搁置寒窑 18 年，像冰箱里的一尾鱼。[①] 解构了世俗认同的团圆与被封为皇后以后所带来的一切补偿，为她在一个年轻的当权的妾手中讨生活的鸣不平。

在所有这一切人本主义关怀中，她首先清醒地认识到传统男权社会中女性的性压抑，“如果一个男子公余之暇，做点越轨的事来调剂他的疲乏，烦恼，未完成的壮志，他应当被原恕”[②]，“男人可以跟最下等的酒吧间女侍调情而不失身份——上流女人向邮差遥遥掷一个飞吻都不行”[③]，从而正视女人的情欲，大胆宣称她的地母崇拜。

（一）地母崇拜

其实，上古时代人们的性观念还是比较健全的，《礼记》中就说过：“饮食男女，人之大欲存焉”，《周易·归妹》中有言：“天地不交，而万物不兴。”自周开始，社会舆论对于有关性的话语逐渐采取排斥的态度，人们将性行为划分为公私两类，前者表现为隆重与神圣的高媒祀典，后者则体现为委琐而肮脏的“中冓之事”。中世纪以来严酷的禁欲观念使人们往往将性视为淫秽丑陋的洪水猛兽，对于女性更要求她们为男性守贞守节，对其情欲的限制也不止于道德的评介，而更是“开膛剜心”式的惩戒。千百年来，对性的罪感意识一直压抑着人性与文学。直至五四新文化运动对西方人本主义性文化观念的接纳才更新古老的

① 张爱玲．洋人看京戏及其他//金宏达，于青．张爱玲文集：第 4 卷．合肥：安徽文艺出版社，1992：21-27.

② 张爱玲．谈女人//金宏达，于青．张爱玲文集：第 4 卷．合肥：安徽文艺出版社，1992：64-72.

③ 张爱玲．谈女人//金宏达，于青．张爱玲文集：第 4 卷．合肥：安徽文艺出版社，1992：64-72.

性欲观念。在新文化的性启蒙观念的照耀下，对性的充分肯定、对“自然人性”异常崇尚成为向封建道德公开挑战的现代性的声音。周作人就主张建立的“人的文学”，其核心观念就是“灵肉一致”，尤其重视肉的方面：“我们承认人的一种生物性。他的生活现象，与别的动物并无不同。所以我们相信人的一切生活本能，都是美的善的，应得完全满足。凡是违反人性不自然的习惯制度，都应排斥改正”①。在《读<欲海回狂>》中又说：“凡是人欲，如不事疏通，而妄去阻塞，终于是不行的。”②对这一文本主义的现代诉求，张爱玲从女性的视角做出大胆地回应。她真切地了解女人的欲求，她不无调侃论及女人的根性：“她们的全部教育无非是教她们意志坚强，抵抗外界的诱惑——但她们耗费毕生的精力去挑拨外界的诱惑”，“正经妇人虽然痛恨荡妇，其实若有机会扮个妖妇的话，没有一个不跃跃欲试的”。所以她深入剖析日本画家谷崎润一郎为什么以一个艺妓来代表他的“圣洁的 Madonna”，并且对“有着无瑕子宫的圣母”的画题赞赏不已③，进而对健康、肉感的地母怀着宗教式的崇拜，她说：

> “如果有这么一天我获得了信仰，大约信的就是奥尼尔《大神勃朗》一剧中的地母娘娘。
>
> ……奥涅尔以印象派笔法勾出的‘地母’是一个妓女，一个强壮，安静，肉感，黄头发的女人，二十岁左右，皮肤鲜洁健康，乳房丰满，胯

---

① 张爱玲．洋人看京戏及其他//金宏达，于青．张爱玲文集：第 4 卷．合肥：安徽文艺出版社，1992：21-27.

② 周作人．读《欲海回狂》．晨报副镌，1924（2）．

③ 张爱玲．忘不了的画//金宏达，于青．张爱玲文集：第 4 卷．合肥：安徽文艺出版社，1992：144-150.

骨宽大。她的动作迟慢，踏实，懒洋洋地象一头兽。她的大眼睛像做梦一般反映出深沉的天性的骚动。她嚼着口香糖，像一头神圣的牛，忘却了时间，有它自身永生的目的。”①

她认为，只有孕育着生命之杯的地母才是女神。翩若惊鸿，宛若游龙的洛神不过是个古装的美女，世俗所供的观音不过是古装的美女赤了脚，半裸的高大肥硕的希腊石像不过是女运动家，金发的圣母不过是个俏奶妈，当众喂了一千余年的奶。她就这样解构传统女神神话，而对其进行生命本真形态的还原，从而从人本主义的角度肯定女性的情欲。

同样，张爱玲对女性情欲的理解投射于她笔下人物中。在《沉香屑·第一炉香》中，她让梁太太这个彻底的物质主义者嫁给一个年逾耳顺的富人，但又让他以侄女与侍女为诱饵勾引男人，以填满她欲的饥荒。她聚精会神地敷衍旧欢司徒协，眼疾手快拿稳唱诗班的少年英俊卢兆麟，毫不知耻地勾搭乔家一门老少，连汽车夫都不放过。薇龙则为了乔琪允诺的“快乐”而自甘堕落，放弃人生的理想，成为一名交际花，为着姑妈与乔琪弄钱与弄人。《红玫瑰与白玫瑰》中的红玫瑰娇蕊在英国读书时就借着找人的机会在外面“玩”，名声不好之后，手忙脚乱地抓了个士洪，婚后又与孙悌米保持着暧昧的关系。当振保成为她们家的房客后，又借机主动接近吸引振保，她的心如同一幢公寓房子，随时等待着男性的招租。《金锁记》则从反面说明情欲受到阻遏之后的悲剧。七巧戴上黄金的枷锁控制了情欲的流泻，但她的儿子女儿的终身幸福都成了她受压抑的情欲

---

① 张爱玲．谈女人//金宏达，于青．张爱玲文集：第4卷．合肥：安徽文艺出版社，1992：64-72.

的殉葬品。她让她女儿裹小脚，让儿子吸鸦片，逼女儿弃学，取笑侮辱儿媳妇，从媳妇手中争夺儿子，让儿子整晚替她烧烟，只轻轻一句话，便断送女儿终身幸福。张爱玲的作品表面是写人物的传奇人生，她写七巧的疯狂、薇龙的堕落，娇蕊的放荡，梁太太的无耻，写出由于情欲驱使的畸形变态，写出她们偏离正常的生活轨道，但实际上只是对女性基本欲求的最真切的呼吁。因为革命之后的三十多年来，中国社会固有的礼法和旧礼教势力对女性的压抑，非但没有消除，反而变本加厉，资本主义在外国是封建势力的仇敌，然而到了我们中国，却会化敌为友，互相狼狈，造成更多重的压力，依旧盘据在各个黑暗的角落里。然而人总是有着“人性”的生物，当那些被压抑者一朝觉醒而倾向于自由的要求的时候，他们不但会喊出反抗的呼声，甚至也会见之于行动。冯沅君、谢冰莹、黄白薇都向着这股势力作全面反抗，喊出了社会大众的呼声。茅盾笔下的众多的“时代女性”的纵欲式的性解放，曹禺笔下的陈白露式的对现实伤心绝望的自由式的堕落，都从与社会结合的角度写出女性不无偏激的抗争。张爱玲却深入人性深处，从人性的一部分——情欲——的自由进行开掘，进行富于深度的抗争，她只是将她们放入日常生活中，从性心理写出她们的生理欲求。我们可以称之为主观人本主义思潮，它反对客观人本主义者忽略个体价值、感性存在，反对将人的本质定义为理性，而对人的官能化、非理性化报以肯定，将思想基点从国家、民族、集团的解放转化到真正个体生命的解放上来，将人的本质归结为生命本体欲望和激情。

钱理群曾指出：“在五四那一代人心目中，妇女的解放是与人性健全发展密切联系在一起的，在他们关于妇女问题的思考里，实际上包含了整个人性发展的思考在内的。”

张爱玲以对女性情欲合理性的理解诠释着其妇女的解放与人性发展，具有某种前瞻性。

张爱玲不仅从女性情欲合理性的角度体现其对女性的人本主义关怀，站在女性生存第一要务的角度，她又为女性的幸福对女性生存境遇进行了理性的思考。

（二）生存境遇的关怀

五四以来，一批觉醒了的女性精英分子力主和男人站在同一地平线上，为女性主义观念的建立付出了自己的努力与牺牲。丁玲就曾明确表示“我卖稿子，不卖‘女’字”，冯铿也说过“从来不把自己当作女人”，谢冰莹称“在这个伟大的时代，我忘记了我自己是女人”。于是，大批“娜拉”逃离傀儡家庭，摆脱长期以来菲勒斯中心秩序对男性的依附、屈从，立足于“做人”的主体本位，于是，“我是我自己的，谁也没有干涉我的权力”成为了时代最强音。但在这个问题上张爱玲却显得冷静与理智，在“为人”与“为女人”这个长期以来困惑人的问题上，体现出对“女性本位”的思考。

她深深明了当时女性半新半旧的生存情境，女性要解放发展之前生存的重要性，对“娜拉出走”的问题进行审慎思考。以“走，到楼上去”的反讽力量与鲁迅的理性话语形成有力的和声。她说：“前两天在报上看到关于菲律宾的一个岛上，女权很高，因为一切事情都由女人来做，男人完全被养活，懒得很，只知道斗鸡赌博。那样的女权我一点也不羡慕。”① “以美好的身体取悦于人，是世界上最古

① 张爱玲．苏青与张爱玲对谈录//张爱玲，苏青，静思．合肥：安徽文艺出版社，1994：52-69.

老的职业，也是极普通的妇女职业，为了谋生而结婚的女人全可以归在这一项下。这也毋庸讳言——有美的身体，以身体悦人；有美的思想，以思想悦人，其实也没有多大分别。"[①] 所以她赞美蹦蹦花旦这样的女人，在"将来的荒原下，断瓦颓垣里"，只有这样的女人，"能够夷然地活下去，在任何时代，任何社会里，到处是她的家"[②]。

她写都市巫女的传奇人生，写霓喜的中国的、英国的，年轻的、年老的丈夫，写薇龙由一个普通人家的女孩一变为名闻香港的交际花，也写丈夫不像丈夫，婆婆不像婆婆的生命的疯狂，更写一段倾城之恋。但她将传统巫女注入人性的力量，使之透露着人情的温度。

在《留情》中她让如花似玉的敦凤嫁给60多岁家有老妻已没有性能力的米晶尧为妻，因为，"我是为了生活"。《连环套》中的霓喜利用男人的欲求，同不同的男人姘居，获得了生存的依托。在《沉香屑·第一炉香》中，渴望上大学追求新生活薇龙并没有成为一个实现个人价值的新女性，为了暂时生活的安逸坦然做了个交际花。《金锁记》中的曹七巧为了经济上的安全，驱逐她无限痛苦地爱着的男人，甘愿戴上黄金的枷锁。在《倾城之恋》中，一场倾国倾城的爱情传奇成就着白流苏没有爱情的爱情：她以28岁女人仅有的资本谋生，香港的陷落幸运地使她免做"五个孩子的继母"，而成为范柳原名正言顺的妻，得到了终生生活的保证。张爱玲解构了因美丽而起战祸，以致亡国灭种

---

① 张爱玲．谈女人//金宏达，于青．张爱玲文集：第4卷．合肥：安徽文艺出版社，1992：64-72.

② 张爱玲．《传奇》再版序//金宏达，于青．张爱玲文集：第4卷．合肥：安徽文艺出版社，1992：21-27.

的故事，让一场战祸拯救一个女人于疯狂与毁灭之中。张爱玲写的就是这些深陷于尘世罗网之中的俗人，她们的理想不是拯救社会、思想启蒙，甚至不是当女店员、女打字员、女收银员，而是做个“女结婚员”，从而使她的作品充满俗世红尘的烟火味，这就是生命的底色。所以一度与张爱玲结合的胡兰成赞赏其作品：“她的《倾城之恋》里，漂亮机警，惯会风里言，风里语，做张做致，再带几分玩世不恭，益发幻美轻巧了，背后可是有着人生的坚执，也竟如火如荼，惟象白日里的火山，不见焰，只见是灰白的烟雾。他们想要奇特，结局只平淡的成了家室，但是也有着对人生的真实的如泣如诉。”[①] 张爱玲在白流苏等的故事便是如此关心着女性的生存境遇，为我们展示的现代女性价值观：撇开胡琴诉说着的忠孝节义的故事，树立以人为本的观念，尊崇生存的智慧，赞美不屈不挠的活的现代型的价值观。因为“我们这个时代本来不是罗曼谛克的”，“所以我们这一代的人对于物质生活，生命本身能够多一点明了与爱悦，也是应当的”。[②]

人们也许会批评张爱玲女性价值观的陈腐与对菲勒斯中心的认可。张爱玲笔下的女性确实没有摆脱“第二性”的屈从、依附地位，从这个角度说张爱玲小说并不是一个优秀的女权主义文本。但是其实重视饭碗，重视物质生活对于精神生活的决定作用，正是马克思主义的唯物态度。鲁迅在《娜拉走后怎样》里说：“钱这个字很难听，或者要

---

① 胡兰成．民国女子——张爱玲记//张爱玲与苏青．静思．合肥：安徽文艺出版社，1994：78-103.

② 张爱玲．我看苏青//金宏达，于青．张爱玲文集：第4卷．合肥：安徽文艺出版社，1992：225-238.

被高尚的君子们所非笑，但我总觉得人们的议论是不但昨天和今天，即使饭前和饭后，也往往有些差别。凡承认饭需钱买，而以说钱为卑鄙者，倘能按一按他的胃，那里面怕总还有鱼肉没有消化完，须得饿他一天之后，再来听他发议论。”在 1925 年“五月八日夜”，鲁迅给在北京世界语专门学校教书时的学生吕琦和向培良写回信谈及青年人生目标的问题，提出“一要生存，二要温饱，三要发展”的著名观点。[①] 他在信中说：“我自己，是什么也不怕的，生命是我自己的东西，所以我不妨大步走去，向着我自以为走去的路；即使前面是深渊，荆棘，狭谷，火坑，都由我自己负责。”他认为饭碗可以跟理想分开，“人不能不吃饭，因此即不能不做事……我看中国谋生，将日难一日也。所以只得混混”。张爱玲正是从生存第一的角度，是从一时无法摆脱的“第二性”地位中委曲求全，写出女性生活的韧性与艰难。严家炎、袁进在《现代性：二十世纪中国文学的显著特征》指出变革时期的文学主要是启蒙与关心现实的文学，是“为人生”而且“改良这人生”的文学。“为人生的文学”是一种具有强烈现代性的文学。[②] 张爱玲以其对女性生存境遇的关心，体现出“为人生”的思想，从而其女性观具有现代意义。

（三）身体美学的浪漫叙事

在张爱玲所描写的过渡时期女性形象中，与苏青相同的就是对情欲的肯定、对女性生存艰难的悲悯。张爱玲虽直言女性情欲，但她却又不似“饮食男，女人之大欲存焉”

① 鲁迅．北京通信//华盖集．北京：人民文学出版社，2006.

② 严家炎，袁进．现代性：二十世纪中国文学的显著特征．北京大学学报：哲学社会科学版，2005，(5)：57-61.

的苏青赤裸裸地“直言相谈”“性欲”、“月经”、“生理需要”……的大胆泼辣，于生存苍凉的大背景中而让人感觉出身体美学的浪漫叙事的余味与情蕴，从而给我们带来诗意的氛围，给人以爱情的美感、温情的体温与色情的浪漫。如同她在散文《爱》中就描摹的爱的美好情境——不在于结局，而在于曾经有过的可感可触的一幕——于千万人之中遇见你所要遇见的人，于千万年之中，时间的无涯的荒野里，没有早一步，也没有晚一步，刚巧赶上了，只轻轻地问一声：“噢，你也在这里吗？”①

我们知道，爱情在传统社会中是奢侈品，我们更是一个爱情荒芜的国度，人们有婚姻却没有爱情，人们的行为规范要求合乎“发乎情，止乎礼仪”的传统古训。个性解放思潮与启蒙话语带来的是革命加恋爱式的爱情，与此同时并存的还有张资平式的三角恋爱、多角恋爱，邵洵美、叶灵凤笔下的颓废与浮纨之爱。“革命加恋爱”式爱情中，爱情成了革命的点缀，三角、多角恋爱则体现为爱的腐朽与病态，颓废与浮纨之爱也“耽于肉欲之欢，轻视神的世界”。可以说，至张爱玲为止，真正健康本质的爱的话语几乎缺席。而张爱玲从女主人公对身体美学的浪漫想像中揭示出爱的含义，从而使爱带有质感与体温。

在小说《封锁》中，结局是惘然的，但翠远打量吕宗桢，“她又看了他一眼。太阳光红红地晒穿他鼻尖下的软骨。他搁在报纸包上的那只手，从袖口里出来，黄色的，敏感的——一个真的人！不很诚实，也不很聪明，但是一个真的人！她突然觉得炽热，快乐。”张爱玲说：“恋爱的

① 张爱玲．爱//金宏达，于青．张爱玲文集：第4卷．合肥：安徽文艺出版社，1992：78.

定义之一，我想就是夸张一个异性与其他一切异性的分别”。鼻尖下的软骨，搁在报纸包上黄色的、敏感的手激发了翠远的爱情冲动，甚至引发色情幻想，使她觉得炽热、快乐！《色·戒》则给我们带来冷酷现实中的情爱想象：当他陪她买钻戒时，她为着她恍忽中的真爱心里若有所失，以至放走他酿成大错，使全体成员死于他的屠刀之下。作者这样写道：“他的侧影迎着台灯，目光下视，睫毛像米色的蛾翅，歇落在瘦瘦的面颊上，在她看来是一种温柔怜惜的神气。”“这个人是真爱我的，她突然想，心下轰然一声，若有所失。”在少爱的时代，为了爱情的幻想，她出卖了同志，出卖了自己。虽然他并不年轻也并不帅气。《金锁记》中，长安和世舫的约会，“晒着两人并排在公园里走着，很少说话，眼角里带着一点对方的衣服与移动着的脚，这单纯而可爱的印象便是他们身边的栏杆，栏杆把他们与众人隔开了。许多人笑着，谈着，可是他们走的是——走不完的寂寂的回廊”。

太阳光，鼻尖，软骨，那只手，袖口；像米色的蛾翅的睫毛，温柔怜惜的神气；秋天的太阳，女子的粉香，男子的淡巴菰气，空旷的绿草地；——所有这些意象飘飘欲飞，带来超现实的氛围。场景中的女人的心思颇微妙：快乐着她的并非结实的爱，激动着陌生男人的手势，色感，形貌，切身但无重量的东西。看着阳光晒穿男人鼻尖的软骨；红红的，黄色的，敏感的，从袖口里出来的那只手；共同穿过的寂寂的绮丽的回廊——这些使她们洋溢着蠢蠢欲动的情欲，沐浴着爱的芬芳，又预示了爱的徒劳和幻灭。

《倾城之恋》写一对很世故的男女，在彼此追逐了很久，他第一次吻她时她的缠绵与沉醉：“这是他第一次吻她，然而他们两人都疑惑不是第一次，因为在幻想中已经发生过无数次了。从前他们有过许多机会——适当的环境，适当的情调；他已想到过，她也顾虑到那可能性。然而两方面都是精刮的人，算盘打得太仔细了，始终不肯冒失。现在这忽然成了真的，两人都糊涂了。流苏觉得她溜溜的转了圈子，倒在镜子上，背心紧紧地抵着冰冷的镜子。她的嘴角始终没有离开过她的嘴。他还把她往镜子上推，他们似乎是跌到镜子里面，另一个昏昏的世界里去了，凉的凉，烫的烫，野火花直烧上身。”甚至于对带着沉重黄金枷锁的七巧，作者也让她一度沐浴在爱的光辉里，“细细的音乐，细细的喜悦”。

在侈谈情爱的社会里，张爱玲从“手”、“睫毛”、“男子的淡巴菰气”等身体美学带来的浪漫想像，写出女主人公受催发不仅有温情、爱情，更具有色情的理想美。在张爱玲笔下，“爱”虽非荡气回肠，但不再是“空洞的能指”而显得真实而富于质感。

（四）神性的哀矜

对于女性受压抑的情欲、不得已而为之的“女结婚员”的地位，匮乏却不时幻想的爱情，张爱玲是持着一种神性的哀矜的。在《谈女人》中，她哀叹女人被征服的命运：“女人当初之所以被征服，成为父系宗法社会的奴隶。是因为体力比不上男子。但是男子的体力也比不上豺狼虎豹，何以在物竞天择的过程中不曾为禽兽所屈服呢?”也感叹苏青新女性的悲剧——“谋生之外也谋爱”。她宽容女人的“小性儿，矫情、作伪，眼光如豆，狐媚子”，“她们要人家把她们看得很严重，但是她们做下点错事的时候，她们又希望你说‘她不过是一个不负责任的小东西’。”她感伤生命的残酷，“看到我们缩小又缩小，怯怯的愿望，我总觉得有无限惨伤”。她以地母式的柔情为她们摘除面具，温暖盖被，安慰呵护，以神性的宽容、博大对待她们——“她们有什么不好我都能原谅，有时候还喜爱，就因为她们存在，她们是真的。”①

所以，对于《茉莉香片》像一只绣在屏风上的鸟的冯碧落式的女性，为所爱的人付出生命的全部之后所有的悒郁、伤怀，无数的不眠之夜，作者哀婉着她们的备受煎熬的岁月：“从前的女人，一点点小事便放在心上辗转，辗转，辗转思想着，在黄昏的窗前，在雨夜，在惨淡的黎明。呵，从前的人……”《金锁记》中，七巧戴着黄金的枷，“用那沉重的枷角劈杀了几个人，没死的也送了半条命”，但作者却在回想她滚圆的胳膊、雪白的手腕，对她有好感的肉店的朝禄，她哥哥的结拜兄弟丁玉根、张少泉、沈裁缝的儿子，为她永不回头的幸福唱上一曲挽歌。《倾城之恋》中不惜让一个城市的倾覆来成全一个普通女子的生活保证。

不同于丁玲等人为女性解放的狂热呐喊，张爱玲以神性的悲悯情怀看待女性，塑造女性形象，其女性观更显宽容与博大。

张爱玲专写日常生活，专写大都市的中上层女性心理，表现包括欲望在内的世俗化的内容。弗吉尼亚在《妇女的职业》中明确指出：“杀死房间里的天使，是每一位女作家职业的一部分。”② 张爱玲通过杀死房间里的天使，以大众文化立场试图建立一种日常生活伦理，与五四时期的精英

---

① 张爱玲．我看苏青//金宏达，于青．张爱玲文集：第4卷．合肥：安徽文艺出版社，1992：225-238.

② 高奋．西方女性独白．武汉：华中理工大学出版社，2000：104.

话语形成复调和声。沈从文说过："这世界上或有想在沙基或水面上建造崇楼杰阁的人，那可不是我。我只想造希腊小庙。选山地作基础，用坚硬石头堆砌它。精致、结实、匀称，形体虽小而不纤巧，是我理想的建筑。这神庙供奉的是'人性'。"① 张爱玲以其建立的日常生活伦理从女性视角建筑供奉"人性的神庙"，表现出对女性从物质到精神、从生理到心理的关怀，她并没有夸张女人以授予、牺牲、抚慰、温柔为特征的母性特征，而只是市井细民的文化心理，从真正关注女性幸福的角度体现她的人本主义精神而使她的女性观具有现代性。她又不盲从主流话语的"花木兰"式出路，能以理智与从容的态度、以"洋人看京戏"的眼光看待女性问题，这更是本质上的现代意识了。因为现代性的本质应当是一种批判的意识、思考的态度和独立的人文立场。

19 世纪法国空想社会主义者傅立叶在《经济和协作的新世界》中说道："某一历史时代的发展总是可以由妇女走向自由的程度来决定，因为在女人和男人、女性和男性的关系中，最明显不过的表现出人性对兽性的胜利。"② 张爱玲书写女性质朴的人生，表现人性关怀，从边缘化的视角表现了历史时代的发展。

二、反常规的形态中的女性主体意识觉悟

女性主体意识的觉悟是历来女性话语的主题词。张爱玲却从一个很别致的角度体现这个核心话语。张爱玲善写都市传奇，写出大批脱离正常生活轨道的女性形象。但又

---

① 沈从文．从文小说习作选．上海：上海书店出版社，1990.

② ［法］傅立叶．傅立叶选集．北京：商务印书馆，1981.

在传奇精心营构中突然以反高潮的叙事来对颠覆以往的叙事理路，写出人生“飞扬中的素朴”，以反常规的形态确立女性的主体意识。

作品《霸王别姬》对传统女性传奇的改写。在传统经典文本中，虞姬是个符号，她是体现楚霸王英雄气、儿女情等独特个性的一个符号、一个能指。因为“对于大多数女人，爱的意思就是被爱。”① 张爱玲的改写突出了虞姬作为一个女性丰富的个性蕴涵与思想。传统的虞姬，正如许多英雄美人故事中的美人：如果他是那炽热的，充满了烨烨的光彩，喷出耀眼欲花的 ambition 的火焰的太阳，她便是那承受着，反射着他的光和力的月亮。她是他的影子，“她以他的壮志为她的壮志，她以他的胜利为她的胜利，他的痛苦为她的痛苦。”她仅仅是他的高亢的英雄的呼啸的一个微弱的回声。假如他成功了，她则在宫中寂寞地生存，隔绝了她十余年来沐浴着的阳光，她不再反射他照在她身上的光辉，而成了一个被蚀的明月，阴暗、忧愁、郁结、发狂。他有他的壮志，而她却除了他什么也没有，直到他不再需要她，她则幽暗地老去。传统的故事赋予了女性特定的文化意义：她们是攀附在男人这棵大树上存活的“女萝”，是取悦于男人一时的被观赏、被玩弄、被践踏乃至被抛弃的“秋扇”。而张爱玲改写后的虞姬不再是坦然地依照惯性的力量活着，而开始了理性地思考女性的“活着”，“她怀疑她这样生存在世界上的目标究竟是什么”。她不愿意只做一个回声，只做反射太阳光辉的月亮，所以最终选择了美丽的死亡，一种全新的存在，为爱情而死去，作为

---

① 张爱玲．谈女人//金宏达，于青．张爱玲文集：第4卷．合肥：安徽文艺出版社，1992：64-72.

一个主体的死去，而不仅是一个客体而存在。所以她“很迅速地把小刀抽出了鞘，只一刺，就深深地刺进了她的胸膛”，并不用常规理路说：“大王……”之类的话，而是反高潮地用一句他所不懂的话说：“我比较喜欢这那样的收梢。”历史故事中的虞姬最后结局是项王被困垓下，夜间闻四面楚歌，哀大势已去，于是饮酒悲歌：“力拔山兮气盖世，时不利兮骓不逝，骓不逝兮可奈何，虞兮虞兮奈若何?”虞姬拔刀自刎以突出项羽的英雄末路。改编后的虞姬是个有自己思想的主体。她并不只是突出项羽的生存绝境，而是作为爱情的主体而选择一个凄美的结局。所以她的思想不是“你怎么样”，而是“我喜欢……”，从而颠覆了以往的女性叙事。

不用说放荡的娇蕊婚前婚后对情欲的主动追逐，以轻松的姿态淡出了以往女性“三从四德”从属规范，在张爱玲的作品中，许多女性虽不是争取做一个为主流价值观所认可的主体，但却坚持做回在当时历史条件下自己所爱、所需的主体。按主流叙事，薇龙看出乔琪的本质完全可能成为转变的契机，从此洗心革面，抛弃以往交际花生涯，重新做人。但她却选择了为爱而出卖自己。流苏与柳原之恋，可以铺衍成荡气回肠的情爱传奇，但经张爱玲的反高潮，让流苏待价而沽、用尽智慧勇气而终于成为范柳原平淡的家室，实现了一个28岁离婚女性的谋生梦。霓喜与多个男人姘居，她的第一个男人雅赫雅本可以让她一辈子衣食无虞，但却老把她当成他买来的，没给她足够的尊重，这是霓喜为自己所需的争取。不能委曲求全，使霓喜遭到离弃，以后连环套式的故事都使她始终在为太太的名分努力奋斗。甚至七巧作者也给了她一份主动，她决绝地放弃了爱情的悲凉，守护着自己一生的保障。所以姚玳玫指出张爱玲注意到了寄生于宗法制内部的市民价值观如何供给女性以维护自我利益的某种观念性资源，使她们在面对“屈抑”的现实生活时，不是完全地被动服从，而是做出某种主动的选择。或者说，实惠原则使她们改变了作为从属者在宗法制系统内的被动姿态，变被动寄生为主动追求。

三、现代情绪

延续海派其他作家表现传统，张爱玲也通过女性形象表达现代情绪。张爱玲的女性表达是通过对一切功利性价值观的深刻质疑，对现世生活的细致与持久的兴趣与日常生活审美化的情趣，对其日常生命背后“惘惘的威胁”的敬畏来实现，使其视角带有深刻的现代性特征。

本雅明说过，现代人的欢乐与其说在于“一见钟情”(love at first sight，不如说在于“最后一瞥之恋”（love at last sight)。……本雅明敏感地意识到现代性的非永恒特征，变动不居性。……“这些趋势越是恒定不变，凡是曾经被经验冠以“全新”标签的事物越容易变得陈旧而被废弃。现代主义几乎改变了一切，古代性——曾被人认为包含在现代主义里——真正呈现了废墟画面。”① 张爱玲没落贵族的家庭出身，使她带着和对旧有的一切被前进的历史所抛弃的最后一瞥的悲凉感。没落的时代滋生了无限的伤感和依恋，她只能以一个苍凉的手势与过去告别。满怀着怀旧和没落的情绪，张爱玲意识到，“时代是仓促的，已经在破坏中，还有更大的破坏中来。有一天，我们的文明，不管

---

① ［德］本雅明．译者前言//巴黎：19 世纪的首都．刘北成，译．上海：上海人民出版社，2006.

是升华还是浮华都要成为过去。”[①] 生命被抛出既往的生活轨道，即将进入创作高峰期的她又遇太平洋战争的爆发，浓重的战争阴影笼罩着人们。生命易逝、朝不保夕之感充塞着她的心。张爱玲“童年失落于家庭，又和家庭一起失落于时代，以及特定历史时期的失落感”[②]，形成张爱玲独特的悲观气质——彻骨的荒凉。“如果我最常用的字是‘荒凉’，那是因为思想背景里有这惘惘的威胁。”[③] 中国传统文明的没落及对西方文明缺乏亲和力的潜在影响，更加重了张爱玲对现代都市的恐惧、虚无、惶惑和无所归依之感。在旧的秩序已遭毁坏，新的尚未建立时，“上层与下层一样”，“两个世界都是昏暗、狭窄积满灰尘、空气不畅的迷宫，包括事务所、办公室、等候室，它们构成了无边际的等级秩序。……所有秩序似的任务混杂在一起，那么使它们不分彼此地浑浊在一起的背后的原因是什么？是恐惧感！但这种恐惧感不是感应上的恐惧感，而是感觉器官上的恐惧，当然这种恐惧感随时会对一些事物保持着敏锐而又准确的嗅觉，这种感觉器官上的恐惧其实就是对未知的罪过，对赎罪的恐惧”。[④] 这种现代情绪使张爱玲笔下的人物力图抓住一切切实、世俗的东西：《金锁记》中七巧选择黄金的枷锁，《沉香屑·第一炉香》中的薇龙抓住的是乔琪暂时能给她的快乐与安逸的物质享受，《留情》中的敦凤与《倾城

---

① 张爱玲．自己的文章//金宏达，于青．张爱玲文集：第4卷．合肥：安徽文艺出版社，1992：174.

② 宋家宏．张爱玲“失落者”心态及创作．文学评论，1988（1）：414.

③ 张爱玲．《传奇》再版序//金宏达，于青．张爱玲文集：第4卷．合肥：安徽文艺出版社，1992：21-27.

④ ［德］本雅明．论波德莱尔的几个主题//机械复制时代的艺术．李伟，郭东，译．重庆：重庆出版社，2006：185.

之恋》中的流苏抓住的都是下半生的依靠……

也许我们要认为张爱玲笔下的人物活得苟且，缺乏进取，过于颓废……但尼采认为颓废是现代的文化精神，是一种衰弱症。尼采著作中所提到的丑，实际可以分为两种：一种是指强力意志的粗暴和非理性方面，它积极地表现强力意志的横行无忌，可以称之为“积极的丑”；一种则是指缺乏生命意志的东西，那些衰败者、软弱者、堕落者……即“消极的丑”，它表明了强力意志的衰退、跌落。因此，尼采认为有两种痛苦，一种是生命过剩的痛苦，这种痛苦需要酒神艺术；另一种痛苦则是生命贫乏者的痛苦。它也会以苦、死亡、悲剧和颓废为乐。张爱玲笔下的女主人公表现的就是这种最后一瞥的爱恋，生命断裂的恐惧，生命贫乏者的痛苦，传奇人生被披上深厚的现代蕴涵。

张爱玲演绎都市传奇，在其传奇人生中，张爱玲寄托了其日常生活伦理规范的人文关怀。她以反高潮的笔法，另类的形式阐释了女性的主体性地位，末世贵族的苍凉感又给其作品中的女主人公抹上一抹浓重的现代感怀。这些都体现其女性观的现代性。

第三节　论方方小说的女性话语

方方作为新时期一个有着强烈的历史使命感与社会责任感的女作家，她继承了五四时期冰心、庐隐、石评梅、冯沅君等女作家的传统，执著地为女性解放探寻新路。她倾情于当代社会转型时期困惑与挣扎的女性，写出了一个个反叛的女性形象。在《暗示》、《在我的开始是我的结束》、《奔跑的火光》、《水随天去》等一系列作品中，她都以不同于男性的女性视野，写出了女性生活的艰难与悲剧宿命，展现了现代生活压力下的女性的鲜活生命，细腻地刻画出女性心理，理性而深刻地进行着女性批判，以殷殷的女性情怀表达她对女性命运的独特思考。

一、女性悲剧

为了体现对女性的关怀，引起社会关注与女性对自身的思考，共同构建和谐社会，作家方方将女性置之于男女两性的本体中展现出女性生存状态与生活命运，以此透视女性本身的弱点与当今社会问题。她往往选择带有一定局限性的女性为人物典型，形象地表现了女性在当今社会中生活的艰难与女性生活的悲剧宿命，写出了一幕幕女性婚恋悲剧，以期以典型的代表性、以悲剧的震撼力发人深省、引人深思。所以，这既是命运悲剧，更是个性的悲剧、社会悲剧。从《定数》、《暗示》、“三白”（《白雾》、《白梦》、《白驹》）、《在我的开始是我的结束》等作品名称中，我们便可以感觉到作品主人公所暗含的悲剧宿命。小说《暗示》中主人公的悲剧命运笼罩着的是一个宿命的情节。城市知识女性叶桑和妹夫宁克有过肌肤之亲以后，竟然发现她与宁克之间的事情是年轻时已婚的父亲和已亡的小姨之间历史的重演，似乎“她的生命早已得到无数的暗示”，于是跳入河中完成了自己的悲剧宿命。女性的斗争是那样的无力，女性的宿命就是这样不可抗拒。《在我的开始是我的结束》黄苏子的爱情悲剧也是如此无法逃避。黄苏子的爱情最早可以追溯到高中时期同班同学许红兵对她的追求，最后也是在许红兵手里结束。似乎她的爱情的开始便标志着她的爱情的结束，同样带有宿命气息。命运就像一张无形的网，无法预料，难以捉摸，不可选择，无法逃避。正如她在一篇创作谈中说的“生活是很残酷的，不是你想怎样就怎样，有时甚至可以说是有一点定数和宿命的”。[①] 方方运用这种含魅叙事技巧叙说了一个不可言说而又不可知的女性世界。但方方并没有停留在这一层面，如果仅是这样，作者至多是为我们展现了光怪陆离的婚恋景观。方方这拨开宿命积灰的表层，以个人的努力奋斗、抗争与周围环境、命运的冲突写出命运悲剧中蕴含的个性悲剧与社会悲剧。所以作者接着说：“人在现实面前无可奈何，但内心深处又不愿低头。”[②] 这种不愿低头的反抗，作者借用《奔跑的火光》中英芝的话语表达出来：“凭什么这就是我的命，我的命未必就不能由我自己去改变。”主人公以“知其不可而为之”的人生态度进行绝望的抗争，从而更加烛见悲剧的震撼力。从人物性格的感染力与悲剧的震撼力中透视性别弱点与社会因素，如黄苏子的悲剧。黄苏子生活在一个亲情淡泊的家庭，从来没有感受过其乐融融的父爱与母爱，自己的生活和感情都受制于人，于是性格压抑成为“僵尸佳丽”。所以，在她的生命之初，她生活的环境就暗含着悲剧因素。当不满的情绪满溢心头时，黄苏子采取了内心的谩骂来排遣。但她内心仍然渴望真爱，她以少女的满腔热情迎接她高中时的同学许红兵对她的追求，但许红

① 方方，王尧．有爱无爱都铭心刻骨．当代作家评论，2003（4）：34.

② 方方，王尧．有爱无爱都铭心刻骨．当代作家评论，2003（4）：34.

兵对她的猛烈进攻只是为了对儿时她父亲给他的羞辱的报复。因此，她性格突变，白天淑女依旧，晚上摇身一变成了琵琶坊的一名廉价妓女，后因为勒索事件而被一老嫖客所杀。当许红兵毁灭了她对他的感情，带走了她的希望时，她内心的谩骂不足以表达她的不满和反抗，她恨这个和她格格不入的社会，所以，她要采取颠倒社会道德标准的方式来反抗这个社会，她要撕破“道德这种受严格管制的东西”。于是，她脆弱的性格一分为二，白天她仍是公司美丽的白领，晚上却留恋于黑暗的“淫窝”。《奔跑的火光》中的英芝作为农村的新派女性想依靠自己的力量创造着自己的未来，要为自己建一个理想的家园。她拼命赚钱、借钱，以期实现自己的理想。但是一连串的不幸接踵而至。首先是丈夫的不务正业，嫖赌的恶习把她辛苦赚来的钱挥霍一空，其次是公婆的冷言冷语讥讽嘲弄，父母的固执保守，周围乡亲的冷眼旁观……最后她点燃了丈夫，也毁灭了自己。这样个性因素成为悲剧的基本内因，社会环境成为悲剧发生的深层因素与触发点。《水随天去》的天美和《暗示》中的叶桑都是如此：天美的情人水下为天美杀死了她丈夫三霸被判死刑，使天美面临着的是天人两隔的痛苦；叶桑接受命运的“暗示”完成了自己的悲剧宿命。天美和叶桑出于性格弱点都接受了第三者，完成对丈夫的反叛与对传统道德观念形态的颠覆。方方写女性的悲剧、展现女性的悲剧命运，但她又不拘泥于自我遭遇与个人情感，而能透过女性觉醒的表象揭示出她们的生存困境与生存危机。作者从女性本位出发，表现现代女性人生的苦闷，探索女性的人生归宿，力求把握她们的人生之路。

二、女性心理

方方近期小说在对现实的认知方式上打上了浓重的精神烙印，她的作品不大对生活作真实的模仿，倒偏向于表达人物当时的内心体验。这种体验不同于中国古往今来的婚恋世界中风花雪月、山盟海誓，有情人终成眷属，也不是池莉过日子式的“不谈爱情”的世俗言情。她着重表现在现代社会生活节奏加快，生活压力增大，人和人缺少交流与沟通的情境下的女性心理的变异与畸形。① 如《在我的开始是我的结束》中被称之为“僵尸佳丽”的黄苏子遭遇许红兵的报复式追求和抛弃后性格的裂变，成为淑女与妓女的统一体。方方在这部作品中展现的是主人公黄苏子在对爱的期待扑空以后的性本能的畸形释放，写出她灵魂裂变历程。弗洛伊德认为正常的爱是两方面的：“一方是温柔，至爱，另一方是肉欲的结合。”② 这是每段健全的爱情所具备的灵与肉的结合，而从小具有自我封闭的黄苏子，似“僵尸佳丽”般不食人间烟火。她本能的欲望被压抑着，找不到合理的出口。在遭遇真爱毁灭的刺激后，灵与肉产生强烈冲突，作品着眼于黄苏子性格的畸形与最终性格裂变心灵发展历程。《奔跑的火光》中年轻貌美的农村少女英芝在商品经济社会的大背景下，旧的道德规范部分颠覆，新的规范尚未建立的矛盾心理。她在个性解放的旗帜下，在对自我价值的追求中，陷入爱与欲的徘徊与犹疑中。她未婚先孕嫁与贵清后，不满丈夫和公婆的不公平待遇，不惜以身体交换为代价建一所摆脱公婆属于自己的房子。后

---

① 傅建安．当代城市女性文学与城市文化．湖南城市学院学报，2004（4）：77-78.

② ［奥地利］弗洛伊德．爱情心理学．西安：太白文艺出版社，2004.

又与曾借钱给她的同事发生性关系，被丈夫发现疯狂报复从而演绎了一部现代版的“杀夫”。作品叙述了一个当代乡村女子一步步陷入疯狂杀夫之路的心路历程，写出了她复杂心态：一方面有了性别意识的抬头，一方面没有相应的自控能力和对现实的超越能力；她受过教育，愿意接受新事物，却认为读大学只能成为书呆子，读书无用；她向往爱情，但经不住性欲与物质的诱惑而未婚先孕；她追求独立，想寄希望于经济的手段来摆脱束缚，但赚钱的途径又猥琐肮脏……总而言之，她的思想相对传统封建观念有了某种超越，却明显非常愚昧。作者把这种矛盾心理表现得鲜明活现、入木三分。《暗示》表现的是城市妇女叶桑发现丈夫邢志伟的出轨行为后的报复心理以及报复后的愧疚心态；《水随天去》则是乡镇妇女天美因不能生育而遭丈夫离弃后空虚寂寞的心理。方方分别选取了农村少女、乡镇妇女、城市白领丽人作为代表，系统地展现当代女性在理想与现实的格格不入中，渴望爱情又对爱情心灰意冷，离经叛道却在骨子里仍然执著爱情的矛盾心理以及由此而形成的性格畸形。女作家将人物置身于情感的悬崖边来砺炼人物的情感与心理，她们不被世人理解，遭受背叛、抛弃与玩弄，她们忧郁到了极点，伤心到了极点，所以她们采取叛逆的姿态颠覆传统，或“偷情”，或“苟合”，甚至不为生计地去“卖淫”，从而使她们的心理与情感表现淋漓尽致、真切感人。这显然撕破了人性单一的一面，颠倒了人们的道德标准，她让人们正视了人性复杂的、不敢剖析的受压抑的一面，让她作品中的人物在最隐秘的地方作着最真实的人生表演。正如方方自己所说“人们可以用道德来评判，法官可以说对和错，但是作为作家却不能，作家应该把复杂的东西表现出来。”[①] 她的作品不大对生活细节做真实的摹仿，倒偏向表达人物当时的内心体验，通过女性的边缘生活体现女性与社会冲突时的丰富、复杂的女性心理。方方继承了20世纪三四十年代张爱玲以来女性文学表现主题，通过心理刻画来烘托女性悲剧命运，以带有悲剧性的爱情故事引发我们关注爱情背后的人性内容，使我们感觉作品的沉重与悲凉。

三、女性批判

方方在她近期小说中展现了女性生存状态与女性的悲剧命运，刻画女性心理，作者以女性立场、女性角度进行着一定向度的批判。这使她的作品不同于一般的女性文学作品：卫慧、棉棉把女性的解放看成是肉欲的张扬，陈染、林白作品的出现是有一定的文学史意义的，但它们着重于片面的女性意识的发现。方方的女性文学作品超越这些作品的地方则在于她的女性批判。

（一）对传统男权社会的批判

在传统的男权社会中，不论东方还是西方，男女两性有着不同的性爱准则和行为规范，女性属于弱势群体，是“第二性”。[②] 尼采曾经作过这样经典的阐述：爱情对女人和男人表示了不同的意义，对于女人，它不仅要付出忠心，而且要求整个身体和灵魂的奉献，没有保留。而对于男人，如果他们能因爱一个女人而放弃欲望，他们必定不是男人。中国传统文化更有“三从四德”、“三纲五常”这样的传统

① 方方，王尧．有爱无爱都铭心刻骨．当代作家评论，2003（4）：34

② ［法］西蒙娜·德·波伏娃．第二性．陶铁柱，译．北京：中国书籍出版社，1998.

规范。在方方小说中无论英芝、叶桑、黄苏子，还是天美，她们都生活在男权社会留下的阴影里，作品中男主人公一般说来为所欲为又薄情寡义，女性生活在其中却必须遵守传统的道德行为规范，这使女性的生存状态如履薄冰。《水随天去》丈夫三霸封建而又冷血，天美因不能生育被丈夫拳打脚踢带来的肉体上的痛苦和独守空房的精神上的折磨，但是与少年水下的真挚的感情却不能为世人所容忍。《在我的开始是我的结束》中许红兵虚情假意，对儿时给黄苏子写情书所带来的屈辱可以伺机恶意地复仇，而黄苏子因此事及其他原因却压抑成“僵尸佳丽”，在《奔跑的火光》中的贵清不务正义，吃喝嫖赌，花光了英芝的血汗钱。英芝的种种努力换来的是公婆凌辱式的审判，甚至是“沉塘式”的打击。母亲的一句“伺候好男人，莫跟他斗，你斗不赢”显示出传统阴影下的英芝或者说她所指代的女性生活的宿命。作家对女性生存状态的关注寄托着作者的忧思。

（二）对女性自身的批判

首先，方方批判了女性在认识方式的迷误，指出女性在道德、价值观念上的徘徊与迷失。传统的价值观念的某种劣根性依然根深蒂固，如天美认为自身的价值便是生儿育女，因为不能生育，所以对丈夫满怀愧疚。知识分子家庭出身的叶桑仍认为自己的价值主要是相夫教子。同时商品经济的大潮又席卷中华大地，它或隐或显地成为一种影响人们行为和观念的支配力量，给人们带来一些负面影响的东西。且在个性解放的呼声中，女性们把自己的解放看成是对传统道德观念的背叛和对道德禁区的突破。如英芝的观念：处于闭塞农村的英芝认为要摆脱贫穷，逃脱社会底层，获取金钱便是标志。高中毕业时她庆幸自己没有考上大学，认为像春惠那样只读书是没有什么用处的。为了挣钱，她不惜光着身子演出，后来身体成了兑换金钱的商品。这在一代农村少女中是很具有代表性的。其次，作者批判了女性行为方式上依赖与顺从。女性本来也是自在自为的个体，虽然现代女性生活的环境逐渐开阔，但是女性仍然执着于自己的内世界，恪守着传统的行为规范。《暗示》中的叶桑是一个教授家庭出身的知识女性，在嫁给邢志伟后甘愿做一位洗衣做饭的贤妻良母。发现丈夫出轨的证据以后，为了报复邢志伟，她想狠狠花掉他一笔钱，买个二等舱票，却鬼使神差地买了四等舱票。在船上买袋方便面也是丈夫最喜欢吃的那种，而此时脑子里马上浮现丈夫的形象。在丈夫来电之后决定返家，还叮嘱丈夫，天凉了，要加衣，他的那件厚毛线衣在壁橱的第几格，用什么袋子装着。天美顺从丈夫三霸的无理和在外的寻花问柳，即使与少年水下的恋情给她的感觉也好像是回到了她与三霸的从前。她们把对男性感情看成是生命的全部，导致她们感情失落后的报复猛烈而偏激，促成悲剧的发生：黄苏子的性格分裂和死亡，叶桑的跳河自尽，天美的情人水下为天美而杀死了她的丈夫三霸被判死刑，英芝点燃了丈夫。她们过分顺从男性，依赖男性，以男性为中心为准则。她们太专注于先入为主的两性世界的传统伦理道德规范，太顺从而无力思考生活，心甘情愿地充当男人的附属物，以致迷失了自我。这是方方以悲剧的震撼力给我们带来的沉重的思考。第三，女性反叛方式的表面性与形式化。女性文学始终充满着反叛意识。方方在她的作品中也塑造了许多叛逆者形象，但她们的反叛却存在着一定的误区。她们认为阻扰自己幸福的是具体的某一个人或是几个人。她们看不清楚真正的敌对力量，是一种“无物之阵”，她们认识不到男权思想的根深蒂固，成为“一种多数人的社会力量，社会心理和旧习惯势力”。女性采取的反叛方式就是对丈夫或者是意中人的背叛，或同居、或苟合、甚至是卖淫以求得内心的平衡，使女性反叛表面化与形式化。她们不知道她们的反叛行为就是自己深为之伤害的方式，是自己所不耻的行为，女性走向了自己的对立面。而她们的这些行为又并不能像男性一样有那样深厚的土壤，所以她们的行为发生以后也不能像男性一样心安理得，而又彻头彻尾。明知可耻，却又为之，最终促成了她们灵魂的裂变，导致悲剧的发生。所以她们的个人反叛是没有出路的反抗。方方不仅批判传统的男权社会，同时对女性自身的弱点也看得入木三分，批判毫不留情，体现她对女性的解放与发展问题思考的理性与深刻。

方方从理解女性的角度出发，写出女性歧路彷徨中的悲剧宿命，她以人性探索与精神思考为其创作旨归，以理性批判精神使当代女性文学文坛上回荡着她深情的女性话语。

第四节　王安忆《长恨歌》中张永红形象与20世纪80年代都市文化

王安忆《长恨歌》在描写王琦瑶晚年生活时，穿插入张永红这一20世纪60年代出生，生活于20世纪80年代的新上海女性。这一人物出现于作品接近尾声的第三部分，关于她的描述也并非长篇大论，几乎只是表面上穿插进来沟通作品其他人物之间关系的一个符号，引出王琦瑶最后的悲剧性的结局，但这个人物却同样具有了“类”的意义。面对父亲是修鞋匠，母亲和姐姐都是结核病患者的家庭背景，居住于城市中心地带的农舍般房屋中的她却衣着时髦，性格骄傲，无论是她对待时代变迁的感慨还是对待爱情婚姻的态度，亦或是对周围事物的看法和观念，都和王琦瑶一样，深藏着一颗不为人知的寂寞的上海心。但她又生活于繁华与无序的改革开放初期的都市，她又有着都市发展初期喧嚣浮躁等时代特征。张永红的一颗心就是这样悬浮于新与旧之间。

一、旧上海底蕴

在王安忆的表述中，张永红是与薇薇们不同的，新时期鲜有的保留着40年前上海精神风貌的独特的一个，是旧上海底蕴散落在这都市中的体现。她生活在20世纪80年代繁华的淮海路两边的旁枝错节的横马路中最典型的一条成都路上，是王琦瑶晚年时代的好朋友，而且还是忘年交。她们虽属老少两代，却有着很多的共同语言。从张永红的生活环境到她的生活见解、生存哲学都可见出，张永红和王琦瑶一样不是上海繁华的外表，是上海的底色，代表着城市的内心。作者选取张永红这样一个在那个时代存在于大街小巷又带着某种象征意义的名字，既表明这个人物形象的普遍性，同时也暗示出张永红这个人物形象具有一颗永不褪色的上海心。

（一）上海摩登

张永红与王琦瑶一样继续演绎着上海摩登。但因她不可能主宰城市命运，王安忆也不准备表现时代的大的风云变幻，并且，“时装这东西，你要说它是虚荣也罢，可你千万不可小视它，它也是时代精神”。所以，她同样通过时装来演绎都市的摩登，并且对衣着有着深刻的领会，甚至达到形而上的层次。她们深深懂得，衣着虽是简单的东西，却蕴含着深厚的人生哲理，代表着人生观与价值观。所以，张永红的心虽只用在几件衣服上，却是在经营着她的人生。正如王琦瑶说：“衣服是什么，衣服也是一张文凭，都是把内部的东西给个结论和证明，不致被埋没。”我们姑且不说王琦瑶在成为沪上淑媛与上海三小姐时是怎样的风流与艳情，只看张永红在淮海路上对摩登的独特演绎：“张永红可说是已达到时尚中的独特境界”，她对时尚有着超凡脱俗的领悟能力。当新时期的女性以反叛的姿态来表现自己的标新立异时，她却采用“顺应的态度，将这时尚推至最精华”，并且自从受到王琦瑶的影响，张永红表现出脱离潮流的趋势，但她其实已将时尚抛在了身后。而当淮海路上又起来一批更年轻更大胆的时髦人物时，张永红却能以守为攻，以退为进，成为潮流中的中流砥柱，潮涨潮落都经她而去。张永红对时装的领会，包括她的顺应潮流，以守为攻，以退为进都蕴含着坚定的人生哲理。对于衣着，那么微乎其微的，她却是精益求精，对衣服裁剪、针线与试穿怀着一种近乎虔诚的宗教精神。

（二）都市生存哲学

1. 务实

与新时期上海的喧嚣浮躁形成鲜明对比的，是张永红有着 40 年前上海风的求真务实的人生姿态，这是上海弄堂的底色。它不是一种虚拟的浪漫，也不是一种歇斯底里的狂热，是可人心意的，过日子的情态。她们本分、知足、自知，是绝不强求的平常心。王琦瑶在她玫瑰色的年华里，选择了李主任，心甘情愿做了爱丽丝公寓的一只金丝鹊；她对康明逊尽管怀着一份不了情，但并没有幻想不可能的幸福；在平安里，她老老实实地替人家打针维持生活。张永红的人生态度也正是如此：她的时尚用替人家拆纱头、接送几个小学生上下课、辅导他们的作业的积攒来维持；她窥出老克腊找她不过是为了排遣某一桩难办的心事，他从不说，她也从不问，非常识相；对自己的婚姻，她也是非常实际的，她明白她的家庭出身唯一能给她带来的只是耻辱，在别人青春爱情的遐想与憧憬中，她利用自己时尚的优势近乎苛刻地挑拣着男朋友，把婚嫁当作人生的第二次投胎，把结婚当成重新书写历史。

2. 进取

上海是一座具有进取精神的城市，从 19 世纪 30 年代的一个小渔村发展成为国际经济贸易中心，这种可贵因素起了非常重要的作用。王安忆《长恨歌》中的张永红作为上海文化的内心，也体现出这种进取精神，即别的论者在解读王琦瑶时所说的“非常心”。新时期的张永红靠着这种精神引领着上海的时尚与潮流。当她得知王琦瑶就是 40 年前的“上海小姐”时，有着说不尽的崇拜与艳羡，认为作为一个女人，就是要这样抢一个上风头。而在她的实际行动中，也体现着她的这种追求。在那群争奇斗艳的女孩子中，她顺应潮流也好，以退为进也好，目的都是一领潮流，抢一个上风头。

张永红的爱情婚姻在某种程度上也体现着这种进取精神。张永红是个有野心的人，身居繁华的大都市，却出生于一个修鞋匠与结核病患者的家，她不甘如此的命运，她的未来必需要有华丽的景致，她要在婚姻中脱胎换骨。所以王安忆铺叙她是如此经心与努力地利用自己的优势，捕捉那些欣赏她的目光，再使些小手腕，将欣赏发展成喜欢。她这样苦心地经营自己的婚姻与人生，为刻意地改变自己的命运而努力。

二、新时代风潮

20 世纪 80 年代的上海是嘈杂的，旧和乱是其次，重要的是变粗鲁了。人群如潮如涌，噪声喧天。在这个人云亦云、机械复制的时代，王安忆批判新时期的上海失去文化底蕴，缺乏对生活的理性思考与创新精神。她这样形容我们改革开放初期现状："方才说的那种软包装，还有易拉罐……里面装着掺着香精、糖精、色素、各种自制的添加剂配方，受污染的饮水制成的饮料。这大约可用来形容我们这个时代里的处境，那就是，在现代化的支配下，是粗劣的、落后的、毁坏的、匮乏的内容"①，同样是演绎时尚，目下的时尚是粗陋鄙俗、粗制滥造、甚至是破罐破摔的。摩登人物积极地要将这城市推进潮流，结束它离群索居的日子，但也仅在形式上推进，缺乏灵魂。所以，即使薇薇一代人把裙裾展成莲花似的旋转，一百转也是空转，里面裹的都是风，没有一点罗曼蒂克。这是一个缺乏思想、预支快乐与激情、大把挥霍时光与青春的时代。张永红生活在这样的时代中，尽管她有着一颗跨越时代、沉入底层的上海心，新时代的风潮在她身上也不可抵御地留下不可磨

① 王安忆．充满梦幻的时代//窗外与窗里．广州：广州出版社，2001：102.

灭的印迹。首先表现出来的是她的虚浮，其次是她的物质欲与享受欲。

（一）虚浮

张永红追求时尚，是20世纪80年代淮海路中央一道迷人的风景。她的时尚是百里万里挑一的，跟得上时代的步伐甚至超前。但她追求时尚只是为了满足她所谓的虚荣心。她用替人家拆纱头，接送小学生上下学，看管小学生做作业所辛辛苦苦挣来的钱，换取了这时尚的外表。她羡慕王琦瑶头上“上海小姐”的虚空的光环，争抢着一个女人的上风头。张永红其实与薇薇一样是大把挥霍生活的，包括她如走马灯似的换男朋友，就有着流行歌曲中“我拿青春赌明天”的意味。她把贫困的家庭看成是耻辱，把青春当作资本，把无数男孩子对她的簇拥当成是成就感。她用一颗爱慕虚荣的心在现实生活中追求生活。她不愿脚踏实地地在今天的现实生活中创造奇迹，而是沉浸在“一夜成名”的梦幻中。这就是20世纪80年代的虚浮在张永红身上的投影。

（二）欲望

在欲望旗帜林立的当下社会，张永红生活于其中，理所当然受到影响，她有着强烈的物质欲与享受欲。她爱王琦瑶时代花团锦簇的辉煌场面，追求男孩子们爱慕的目光。她贫困的家庭是她挥之不去的阴影。所以，对于爱情，张永红追求的只是一个能够让她改变眼前所有一切的人。当她交过无数个男朋友后，认识了长脚，就和长脚维持了较长时间的朋友关系，一个重要的原因就是长脚舍得在她身上花钱。她与他的爱情就浓缩成了一餐餐的饭，一堂堂的舞会，一趟趟的逛马路买东西。她要的不是平淡，而是财富，荣耀；她希冀的是艳光四射，奴仆成群。

三、在新旧夹缝之间

张永红虽然出生于一个贫困家庭，但她对时尚与人生有着超常的领悟。也正是由于贫困，更加深了她对时尚与人生的理解。她是新时期的王琦瑶。正因为她承接了王琦瑶，而又生活于新时期，从而注定了理想与现实的矛盾。在作品中，王安忆并没有把张永红当作主要人物来刻画，但这形象一出现就展现了她与生俱来的矛盾，她仿佛是这个时代的空心人。

张永红和薇薇都是新上海女性，但两人却有着截然不同的命运。薇薇是淮海路上的女孩中最平常的一个。薇薇活得非常简单，她没有过多的理想与抱负。她就是没心没肺，简单快乐的一代，她的自我感觉也是身逢其时。张永红将贫困的家庭当耻辱，时时刻在心里，时时都在想着改变自己卑微的处境。旧上海的务实使张永红想依靠婚姻改变命运，新时期的虚浮又使她对于男朋友浅尝辄止，没有投入过多的感情。她追求时尚，但她的时尚堕入只是为了在淮海路上抢上风头的虚荣；她希望改变自己卑微的家庭出身，但却学会了大把大把地挥霍青春；她迷恋花团锦簇的旧上海的繁华，但她的繁华梦却建立在婚姻这唯一的赌注上。张永红抑制不住那个时代带给她的骚动，抑制不住自己的家庭环境带给自己的考验，也抑制不住那颗追求富贵的浮躁的心，结果一步步走上了将自己毁灭的道路。张永红的一颗浮躁的心就像是这浮华的城市中悬浮在空中的一粒尘埃，不上不下，永远在空中平行的飘动着，始终不能平静。

张永红作为新时代中时尚的领路人却抑制不住内心的

浮躁，寻找不切实际的未来。她活在这个时代，却不承认这个时代，仿佛在现实的舞台上来一场虚空的表演。殊不知这是20 世纪 80 年代的新上海，有了新的活力，有了新的奋斗目标，有了新的前进方向，新时代的舞台是新时代的心跳跃的平台。张永红仿佛让我们看到了一个走在旧上海尾声的上海女性对昔日上海的无限依念，而又不得不跟上时代步伐的矛盾体。

四、张永红形象的都市演绎

王安忆在《长恨歌》中用新时期张永红的形象演绎了自己的都市主题，突出或衬托出她的审美理念。她用女性叙事来表现20 世纪 80 年代的现实人生，表达出她一以贯之的缅怀主题，以及在时代浪潮中渐行渐远的旧上海的繁华梦的无限哀婉。

（一）女性叙事

不管是王琦瑶还是张永红，王安忆的目的还是通过女性来表现城市，或者用她自己的话来说，女性就是城市。王安忆认为：“要写上海，最好的代表是女性，不管有多么大的委屈，上海也给她们好舞台，让她们伸展身手，要说上海也有故事，也有英雄，她们才是。”①

因此，女性在她们的笔下就具有了十分重要的意义。她描绘不是史诗般的宏大叙事，而是里弄人生，张永红则实实在在是20 世纪 80 年代上海弄堂的女儿，她的琐琐碎碎既有旧上海的碎片，也有新上海的投影。王安忆不惜唠叨地细述张永红的贫困带有结核病气息的家庭，她对时尚的

---

① 王安忆．男人和女人 女人和城市//漂泊的语言．北京：作家出版社，1996：410.

热爱，她对人生的争取，她与王琦瑶的相知，她的不无悲剧色彩的婚恋。她写王琦瑶就是写上海，张永红则是新时期改革开放以来的上海。

（二）缅怀主题

在《长恨歌》中，王安忆对上海的底蕴有着诉说不尽的情感，表达出一份不了的上海情。弄堂，流言，闺阁是她宏观俯瞰的视角，王琦瑶，张永红等人物形象则成为她对上海精神的演绎，甚至每一个物都带有主观意识在诉说着上海的人生。新时期上海的喧嚣与浮躁之气，使王安忆更缅怀着一颗被掩盖着的上海的心。她追忆40年前虽然也是各国商品与摩登的集散地，但对外地风景的理解则是带有本地色彩，不是一股脑照搬的上海。并且异地风景总归是风景，王安忆重视的是窗户里头的东西，这才是过日子的根本。邬桥阿二的向往激起王琦瑶的归去来兮，老克腊的无限追怀让人魂牵梦系，面对时下都市，张永红的孤独与寂寞则更进一步衬托王琦瑶的缅怀主题。

（三）悲悯情怀

王琦瑶作为旧上海的代言人，最后被新时期都市的浮华、浮躁之气所扼杀，成为此恨绵绵无绝期的绝唱。张永红作为新时期延续着王琦瑶式的生活风、带有旧上海生活底蕴的女性也将成为昨日黄花。张永红和长脚是在相互憧憬美好前景中分手的，从这时到故事的最后长脚这个“混社会”的人杀了王琦瑶为止，对张永红的描述一句也没有。作者以乐景衬哀景，我们分明看到的却是张永红这一人物的命运。一个是自己寄托终身的人，一个是与自己命运如此接近的人。一个是杀手，一个是死者，如此凄惨的画面着实是属于王琦瑶自己的人生悲剧，但安排如此的情节，更要衬托的却是张永红的命运。此时正做着富贵梦的张永红也许正憧憬着和长脚一起去泰国曼谷，美国旧金山举行婚礼的美好的未来中。而她要面对的现实生活却是如此一番景象。一代旧上海弄堂女儿已经长眠，而另一代还在旧上海梦中徘徊的新上海弄堂女儿的命运则代表着作者王安忆对新时期都市的最后的哀叹。旧日的梦，旧有的繁华便如镜花水月，也如黄鹤一去不复返，伸手便是一个空，所以老克腊一度追寻似水年华却怎么也追不上。一曲《长恨歌》袅袅不绝地回荡在新时期上海的夜空，这也许是王安忆选取这个人物形象的最终目的吧！

旧时繁华与旧时梦幻让人追忆，新的上海在变革中难免粗糙与浮躁，但时代毕竟在进步，王安忆也不必孜孜地抓住以前的旧影。

第五节　“娜拉走后”现代命题的当代演绎

——新时期都市文学中女性解放心路历程探析

对于男女平等、女性解放问题，中外许多有识之士都进行过深入地探讨与研究。法国杰出的女作家、著名的女权主义者西蒙·波伏娃分别从生物学、心理分析学与经济哲学的角度分析妇女从童年至老年的实际经历，解说她们身心发展的过程，探讨她们的共同处境，提出了妇女如何获得自由、独立的人格尊严的设想。她提出了一个非常有名的观点：在传统的男权社会中，男性向来被认为是第一性，女性则是低于男性一等的第二性。[①] 英国女权主义先驱、著名女作家弗吉尼亚·伍尔夫在她的《妇女与小说》、《一间自己的房间》等论文中为女性所受的歧视发出不平之鸣，并且认为真正摆脱对男性的人身依附，实现男女平等与男女性站在同一起跑线上，首先必须有平等的就业条件和“一间自己的房间”。[②] 这些理论的传入，为中国娜拉的出场提供了特定的时代背景和一定的理论基础。挪威作家易卜生在《玩偶之家》中塑造的娜拉反抗男权、争取妇女自由解放，为中国妇女勇敢走出家庭，踏上一条不归路提供了一个可供效仿的范例。体现在文学作品中便有鲁迅中的子君、丁玲作品中的梦珂、莎菲，庐隐作品中的露莎，凌叔华作品中的燕倩等。正如庐隐在《妇女今后的出路》一文中提出的：“打破家庭的藩篱到社会上去，逃出傀儡家庭去过人类应过的生活，不仅仅做个女人，还要做人，这就是我唯一的口号”，逃离家庭“做人”成为现代妇女勇敢而艰难的选择。至于“娜拉走后怎样?”出于当时经济基础和社会制度，却是非常迷惘，正如鲁迅先生所说的“不是堕落就是回来”。[③]

解放以后，“男女平等”、“妇女能顶半边天”的观念使女性获得了平等的社会地位与经济的独立，女性得以与男性站在一起共同坚守“门外”的世界。在与之相应的文学作品中，涌现出了李双双等一批社会主义新人形象。然而，

---

① [法] 西蒙娜·德·波伏娃．第二性．陶铁柱，译．北京：中国书籍出版社，1998.

② [英] 弗吉尼亚·伍尔夫．论小说与小说家．瞿世镜，译．上海：上海译文出版社，2000.

③ 鲁迅．娜拉走后怎样//鲁迅全集（一）．北京：人民文学出版社，1980：159.

当我们揭开历史的表层，我们可以看到传统的因袭重负仍然存在，特别是在新时期商品经济大潮中，一批男性事业的成功与突然的暴富，使传统文人对于女性的戏弄与把玩的心理开始在金钱的刺激下逐渐复苏以至登堂入室。真爱失落，一些女性被迫在两性关系中处于附庸与不平等的地位。家庭因素的变更与社会环境的变化使“娜拉”们开始重新突围与挣扎，但她们的灵魂虽离家却仍思家，处于“离家”与“归家”的心灵焦灼中。

一、真爱失落后的颠覆与解构

“爱情”是一个经久不衰的话题，女性由于偏重于感性使她们对爱的追求更加热烈与执著。初入文坛的张洁在她“爱”的话语中是以理想化的态度追求真爱，呼唤爱的回声的。如她早期的作品《拣麦穗》在时代共名叙事中表达的却是这种“没有任何企求，不需要任何回报”的个人感情，在《爱是不能忘记的》中写出了虽然在一起的时间不超过二十四小时，但“灵魂分明日日夜夜在一起”的爱的刻骨铭心。随着“一个女性的话语由想象向真实的坠落”①，她痛心地发现“爱”与“被爱”常常被表面现象所迷惑，大呼“上了文雅的当”，痛彻地感悟到了在传统男权意识中女性存在的艰难。她说“真正使人感到疲惫不堪的，并不一定是前面将要越过的高山和大河，却是始于足下的这些琐事：你的鞋子夹脚”。② 从这一段话我们可以看出张洁深切地感悟到中国长时期以来男女平等表象下的问题实质：虽然在新中国成立后“妇女能顶半边天”，“男女平等”的观

---

① 戴锦华．“世纪”的终结：重读张洁．文艺争鸣，1994（4）：6-10.

② 李子云．我的船//张洁．方舟．北京：北京出版社，1983：285.

念似乎深入人心，但是男尊女卑，鄙视女性人格独立的传统观念还或隐或显地存在于社会的各个角落，使女性步履维艰。于是，她开始对传统的男权社会进行颠覆与解构，以思考女性的前途与出路的问题。

张洁笔下的“娜拉”重新开始突围。首先，在思想意识形态上她对传统男性形象进行了颠覆，解构男性神话。与传统男性形象的宽厚博大、勇敢正直、强大有力对应，张洁这个时期作品中的男性形象基本是委琐、孱弱的，他们是一批在爱的幌子下谋取私利的卑鄙无耻之徒，是迷人的外表下散发着毒汁的“红蘑菇”。其次，在行为方式上，她极力呼唤女子的自立、自强与自信。《方舟》、《祖母绿》与《红蘑菇》等作品就是这种强烈女性意识的反映，她把知识女性对爱的强烈渴望，失望以后钻心的痛苦及其在男权社会中人生旅途的艰难，这类女人的自立自强演绎得淋漓尽致。她们几乎都抛弃了破裂的婚姻，勇敢地走出家门，开始个人奋斗，她们以微弱的力量组成一只孤独漂泊的“方舟”，进行着近乎悲凉的抗争。这一组作品充分显示出张洁作为20世纪50年代成长起来的女作家对女性问题思考的代表性。在对男权社会进行批判的同时指出女性自身存在的性别弱点。新中国成立以后开展的轰轰烈烈的妇女解放运动，虽然激发了女性自强、自立的现代意识，但女性精神上却长期受到封建思想的钳制，女性潜意识中对男子的依赖依然十分强烈，男性实际仍处于社会的中坚地位。这一组作品中的曾令儿、梁倩、柳泉、荆华等人物形象虽迈出了女性自强自立的坚定的一步，但内心仍然是一颗渴望得到呵护的心，以至于形成她作品中女性外在表现形态的“雄性化”与内心强烈要求得到男性庇护的“小儿女”

情态的悖论，“老夫少妻”的婚姻模式就是典型的例证。张洁作品中的娜拉以解构男性神话的方式迈出了离家的重要一步，内心深处却仍思“归家”。

武汉作家池莉的《小姐，你早》、《来来往往》等都是从女性视角、女性立场出发思考“娜拉走后”命题的小说，反映的是当代社会中最普遍的社会现象：小说《来来往往》中丈夫康伟业下海经商如鱼得水，成为大款，却没有与糟糠之妻惺惺相惜，而与千娇百媚的林珠演绎了“一场风花雪月的事”，也与时髦女性时雨蓬保持了一段时间的情人关系。《小姐，你早》中丈夫王自力事业成功却行为出轨。女性在婚姻关系中无疑没有处于平等地位，于是女性开始拯救婚姻，捍卫自己的权益。作品没有展现鲁迅《伤逝》中“爱情与面包”的矛盾，如《小姐，你早》主人公戚润物经济独立，有知识、有身份、有地位。在经济基础、在社会地位上已与男性站在同一地平线上，可以在自己的领域一显身手。但她的观念、意识、行为方式却是在传统男权意识形态束缚下的——以孩子为圆心，以丈夫为半径。从这种意义上说，要真正实现男女平等还需要对自己的艰难突围。而池莉对“娜拉走后”的思考结果是与戚润物的另外两个女人一起从经济上整垮丈夫，夺得他的资产，三个女人共同生活在没有龌龊男性的“女人理想国”里。

这些作家都力求写出女性的自我觉醒、自我解救的过程，她们对男权社会的感悟与刻画都细腻真切，这不失为其艺术上的成功之处。但无论是孤独漂泊的“方舟”，还是“女人理想国”，“娜拉”的突围与反叛都是以女性与男性之间的性别对立为基础，在解决冲突中甚至以消除男性存在的方式出现。人类社会是男女共存、共同发展的社会，真正的女性解放，不是指两性对立，而应包括两性沟通、互补。所以这种反叛的方式情绪表现过于偏激，显得张扬而不内敛，显示出她们认识上的局限。

二、自我扩张中的欲望凸现

正如张洁对女性的界定“女性不是性，而是人”（《方舟》），张洁、池莉等作家“写女人”多是“社会层面上的女人”，她们力求在社会地位平等的基础上求得女性的独立与人生价值。长期以来，在一种“时代不同了，男女都一样”的社会标准下，女性的经验被忽视和遮蔽，从来也没有真正浮出过话语的层面。新时期以来，女性虽然开始从发式、服饰上从一片“都一样”的浑沌中区别开来，然而作为一个性别群体，她们的个体经验却依然讳莫如深，她们对女性解放之途的突出表现也是从社会政治层面进行解救：捍卫与拯救婚姻，以及不成之后的偏激姿态。20 世纪 90 年代的女性文本则着眼于多年来被遗忘的女性权力话语系统的重要层面——“性”的层面，以致矫枉过正成为欲望的凸现。20 世纪 90 年代的女作家对于个人经验抱着巨大的抒写热情，她们对男性中心话语的反叛方式是表现出被传统男权文化遮蔽的隐秘心理。她们“通过放纵自我躯体生命，冲破男性手腕下女性肖像修辞学的种种枷锁，强调女性写作在历史中的无可替代性和文化内涵的无与伦比性”。[①] 比如陈染《与往事干杯》中，女主人公把自己脱得一丝不挂，拿着一面镜子对照着妇科书逐一地认识自己成为女性意识觉醒的一种象征性的隐喻。林白的《一个人的

① 孙桂荣．纠缠在利用与依赖之间的性别修辞．扬州大学学报：人文社科版，2005（4）：39-43.

战争》直接写出女性的感官享受，表现出女人对性的一种不为人知更不为人道的隐秘经验，写出女性成长自我意识觉醒的过程。伊蕾的诗集《独身女人卧室》抒情主人公独自享受着“窗帘的秘密”，她们在浴室镜子面前有顾影自怜，自我欣赏、自我陶醉。这些作品以鲜明的女性意识丰富了中国当代文学的创作领域，但她们的反叛是以自我的扩张与欲望的凸显的方式来实现的，将潜意识领域的东西上升到意识层面，形成一个个欲望文本。正如中国现代文学史上叶灵凤的宣叫：“礼教中的贞操与 cupid 箭镞上的恋爱果有何关系?”但值得注意的是，作为创作主体的作家在表现自我时，她们津津乐道地叙说性体验的每一细节，似乎重蹈了旧式文人的老路，满足了一些人的窥秘欲，使女性的隐秘成为商家的卖点。翟永明的“黑夜意识”试图穷尽女性所有情感与境遇，伊蕾则在“你不来与我同居”的慨叹中肯定女性的一切欲望的合理性，陈染、林白张扬女性边缘与陌生的心理与生理，卫慧和棉棉则在审美领域炫耀色情。这样女性的隐秘便堂而皇之地从后方走向前台，对女性的解放也单纯而苍白地体现为身体的解放。女作家方方将潜意识领域的畸变心理搬上小说中的意识领域的人生舞台:《奔跑的火光》中的英芝作为很有个性的新派农村少女，性别意识的抬头以后，竟在唱歌班光着身子演出，一次意外结识了清贵便和他有了身孕，婚后又红杏出墙;《暗示》中叶桑出于对丈夫的报复与妹夫宁克有了肌肤之亲;《在我的开始是我的结束》中的黄苏子按照弗洛伊德的观点将脆弱的性格一分为二，白天她是公司美丽的白领，是“僵尸佳丽”，不食人间烟火，清高孤傲，晚上却留恋于黑暗的“淫窝”充当妓女，充分释放自己的本能。她们把个性解放的理解简单化，把女性的解放理解为单纯的躯体的解放、欲望的扩张、本能的释放，也就超出了文学的允许值，从而走到了初衷的反面。无疑这是一条无力而又薄弱的反抗之途，但也是一条不归路，体现出“娜拉走后”追求的偏执。

三、“炮礼时代”的婚恋游戏

沿着陈染、林白、卫慧、棉棉开创的道路，新生代女作家盛可以、王小菊等为娜拉的突围进行了更为全新的演绎。在她们的笔下，女性神话与现代女巫并置，共同拆解着男性文化的原则。她们在男女性爱关系中取代男性的主动地位采取了绝对主动。她们没有传统女性追求美满爱情婚姻失落后的痛彻心肺，也没有陈染、林白等欲望文本作家的自恋、自怜。在市场经济的作用下，以金钱为原则，男女两性关系步入了“这个以炮为礼的时代”。她们对性关系表现出异乎寻常的潇洒，以游戏的态度实施着男女两性婚恋规则，认为性关系可以不掺杂任何的感情，只是欲望的满足而已，充其量是一场男女之间的“取暖运动”。同时出于对传统男权的反证，且与传统男性的“狎玩”心理一致，她们也将男性降到性工具的地位。出于对传统老夫少妻模式的反证，盛可以的小说中推行的是“姐弟恋”的方式，出于对男权社会经济基础的反拨，体现在作品中的是女性以姐姐以母性的姿态关心男性，供养没有任何经济基础的小男人。男女性关系在社交场合日常化、礼仪化，“以炮为礼”、“以炮会友”。如盛可以《手术》中的女主人公认为“婚姻只是世俗留下来的东西”，她的《取暖运动》中作为男主人公的刘夜对女主人公巫小倩的意义从一开始就只是肉欲的吸引，他们之间的曲折的情感历程不过是一场“取暖运动”，爱情恰恰缺席。在王小菊的《我和王小菊》中，作品对“我”和“王小菊”因为性关系而迅速展开的友谊，“我”和“王小菊”反对男权社会中被动的姿态而变成了绝对主动的一方，首先是“垂涎”“瞄准”，然后是“俘获”，并且如愿以偿地完成了交换性伴侣的事件。她们以激进、前卫的姿态展开一种全新的两性关系，女性叙述人借助自己掌握的话语霸权创造了属于她们的天堂。作品中的主人公也因带有某种“类”的意义显示出“娜拉”突围的歧途。事实上，要实现男女两性的真正平等，体现女性的价值，并不是女性取代男性掌握霸权话语，男女双方都应该“用人类的理性去克服自身的占有欲与统治欲，以取得两性之间的平等互助和谐共存”。①

四、冲破云霞的太阳

前述不少女作家在她们的创作中写出女性对男权中心社会的突围与反叛，写得决绝与悲凉。情感表露或者痛彻心扉、或者激越悲怆或者悲观绝望。可以说由于她们身处其中，感同身受，感受的细腻、真切及随之而来的行为效果使她们的作品能够得到不少读者的共鸣与认同，但是身处“庐山之感”却使她们过分关注女性自身的内感受，对于“娜拉走后”设问的回答，对女性解放之途的思考视野显得过于狭窄与偏执。她们往往希望创立一个纯女性的社会，或者以女权话语代替男权话语等，这些都体现出这些女性文学作品创作的局限。但也有一批小说却能另辟蹊径，

① 王澄霞．两性战争何时休．扬州大学学报：人文社科版，2005（4）：34-38.

以冷静、现实、超然的态度来思考这一经典命题。如潘向黎小说《白水青菜》中的女主人公基本上能走出一条形式上的解放之路，并完成精神上的涅槃。她们不光有性别意义上女性的觉醒与解放，同时能客观冷静地审视自己的生存状态，追求自己生存价值，写出女性鱼和熊掌兼得的高品位的生活美质：女主人曾以爱作底，以情为料精心地每天为丈夫熬制一瓦罐“白水青菜”，但丈夫迷恋的是时髦女性嘟嘟，而渐渐忽略女主人的白水青菜。女主人并没有表现得痛不欲生，而是以沉着、冷静的态度思索自己的境遇，思考自己的人生价值。想到为了丈夫而曾经被自己忽略了的外面的世界，于是从自己现实基础出发，为自己的将来作着脚踏实地的努力。最后凭借自己曾是教师的经历，凭借白水青菜的烹饪功底与悟性，当上了一所烹饪学校的老师。可以说作品把女主人公的解放之途写得毫不张扬而又意味绵长，恰如那具有象征意味的清淡浓郁、回味无穷的白水青菜。男作家普玄《章梅腰间的太阳》对女性命运、女性问题的思考显得超然高拔。作品的女主人公章梅追求生活中的爱情，认为爱情好比头顶上的一颗太阳，没有太阳，身体和生活就没法进行光合作用。于是章梅果断地抛弃了没有爱情的婚姻，找寻真正爱情。但她追求爱情却不为情所困，最终在有爱没爱的时候都能奋起，在白马城贩服装被骗，开餐馆失利的情况下都能维护女性的尊严，追求女性人生价值，完成女性蜕变升华的过程。用作品中的话来说，就是“刚才太阳烤到我眼里了，我睁不开了，现在好了，太阳落下了，落到腰间了，你看，我又睁开眼了！”有阳光照耀，但不被强光遮蔽，作品用象征性的笔法来描绘女性精神觉醒之途，不是张洁作品的情绪过激式的宣泄，也不是自我发现之后的自我扩张，更不是看破红尘之后的人生游戏。作家的认识犹如冲破云霞的太阳，气象万新。他们开拓了女性写作的视野与情感蕴含，标志着女性文学新境界的出现。

商品经济的发展促成了很多领域内传统文人意识的复苏，长期以来对女性进行精神奴役的社会环境，使不少女性展开“娜拉”般突围与抗争，不少作家及时地关注女性的觉醒与女性的抗争，以其对女性的理解完成了一部女性心灵成长与蜕变的历史，描画出了改革开放以来女性精神发展的脉络。他们写出女性挣扎的痛楚与艰难、彷徨与迷惑、歧路与困厄，写出各自的生命历程与生命体验，使女性文学在文学画廊中犹如一道迤逦的风景。当代社会的女性虽然不像封建社会的女性一样处于被遮蔽、被掩盖的地位，但她们面临着新的困境。如何正确处理女性的人生价值与女性性别地位的问题成为当代女性面临的难题。与五四时期个性解放思想“不仅仅做个女人，还要做人”相呼应，新时期女性在此基础上还有待完成“不仅仅要做人，还要做女人”的命题，从而彰显长期以来被遮盖女性主体的性别意义与精神内涵。正如西蒙·波伏娃所说：“今日的自由独立的女性在职业和性生活之间被分割，她有困难去平衡这两个问题，假如她要解决就一定要付出代价做某种牺牲”,[①] 如何既能体现自己的人生价值又能获得完整的人生成为新时期女性所面临的艰难选择。在当代女性成长的心灵历程中，她们曾经做出过激的选择：由于对男权社会的失望而解构男性神话，张扬女性的自信、自强与自立，

---

① ［法］西蒙娜·德·波伏娃．第二性．陶铁柱，译．北京：中国书籍出版社，1998.

充分肯定女性作为社会角色的意义；或由于女性性别意识的觉醒充分释放自己的本能欲望，写出自己作为女性的体验的逼真与细微；或由于世纪末情绪的浸染否认人间真情真爱，把神圣的感情仅仅当作是一场游戏；或者在文学层面上实现女性的话语霸权，将以往男性的霸权话语取而代之。最终作家能从狭隘的女性意识中超越与升华，从两性对立的状态中解脱。对女性意识的觉醒、女性价值的追求以客观冷静的方式展现，既不忽视女性人生价值的追求，也不忽略女性作为性别主体的人生定位，正确处理好"做人"与"做女人"的人生课题。从而显示女性真正精神上的独立与坚强，代表着"娜拉走后"正确的人生方向。西蒙·波伏娃认为："如果一个人想尝试去重新获得对外界环境的掌握，首先一定要从这宇宙中抬头进入一个自主独立的境地。"[①] 女性文学正逐步摆脱被自我遮蔽、奇观化、媚俗化的倾向，抬头进入一个新的自在自为的境界，以正确、科学的女性观为构建当今和谐社会作着努力。

第六节　新时期都市文学与都市文化的诗性建构

随着新时期以来日新月异的都市化历程，当代都市文学以欣欣向荣之势向前发展着。都市以其极富于诱惑力的

---

① ［法］西蒙娜·德·波伏娃．第二性．陶铁柱，译．北京：中国书籍出版社，1998.

物质繁荣、自由平等的原则吸引着成千上万的人们，留下了他们的欢笑歌哭与爱恨情愁。都市生活逐渐取代传统意义上的农村宗法制社会，中国迈入了现代化的道路。这样，以都市经验为依托的都市文学以耳目一新的方式打破了乡土文学一统的局面。影院、舞厅、咖啡厅、酒吧、汽车、摩天大厦、宾馆写字楼等成为现代城市符号与象征。进入20世纪90年代，各种各样的消费欲望弥漫城市的角角落落。眼花缭乱的街景、摩肩接踵的人流、硝烟弥漫的商战成了世纪之交的中国都市景观。在这现代化与都市化社会中，都市文学逐渐取代传统的乡土文学，成为一种主要的文学潮流。

一、都市化进程中全新价值观念与人格范型的建立

“都市化”这一当下热门话题既然意味着向现代市场经济转型，都市的利益原则与竞争法则必然会褪去农业社会温情脉脉的面纱。面对突如其来的生存法则与价值规范，“物质的都市”、“冷漠的都市”甚至“罪恶的都市”成为不少作家对当下都市的崭新诠释。张承志、张炜认为城市生活充满着赤裸裸的金钱与利益，没有温情、血脉、德行。甚至有人认为城市是张着欲望大口吞噬正常人性的地方。都市是机械的“方程式”，都市是商业性的、没人情味的，都市生活是糜烂的、堕落的，都市人是寂寞的、孤独的，男女之间的性欲、肉欲成为都市的主题歌。在这个金钱主宰一切的社会里，对于物质的热爱使我们在付出过多之后，已经很难再回到精神的清贫当中。作家们在赞叹着物质繁荣的同时，也批判着“物”所象征的资本主义文明的罪恶，他们以一种复杂的眼光打量着都市，这里既有对于物质的

欲望与迷恋，也有一种冷静的反思与批判。

但现代都市的经济内涵及其市场生存方式，给予中国社会的巨大影响，莫过于孕育了一套与传统宗法社会截然不同的价值观念和一种全新的人格范型。首先是交换原则带来的平等观念。士农工商一旦进入市场无贵贱之分，个人的付出与报酬相等，个人的价值由市场带来的回报得到社会的承认与尊重。第二是自由精神。商品交换的平等性，个人选择的自主性，都市社会价值的多元性，对个性的尊重，都使自由观念成为最可贵的品格。三是拼搏向上的信念。城市是欲望之都，欲望带来的利益原则与快感原则形成了许多都市的负面，欲望是城市罪恶之因，但也因前面所述的平等与自由的原则，尽可能实现欲望成为都市发展的原动力。正视欲望、实现欲望，把欲望看成是一种创造力，是当代都市人寻求生存动力的关键。在优胜劣汰的都市生存竞争中，既有充满拼搏的欲望和激情，也有抵御诱惑，刻意诗情的守望。

二、多彩的都市文学与都市文化诗性建构

文学作为一种特殊的文化建构活动，建构着文化精神。面对着中国城市化进程转型阶段的痛苦裂变，难能可贵的是作家对都市的书写，不仅是一些论者指出的都市对人的异化与世纪末情绪，及由此而来的理性的批判与反思，而且从中可见出诗性的光芒。在他们的书写中，都市也是充满着温情的、有着理想与追求的，特别是奋发向上、百折不回的。文学作为一种文化存在，总是要通过人物形象的塑造，发掘出民族化的心灵秘史，展现出一种文化精神，并对其进行情感的判断或者褒贬。新时期的都市文学正是

通过对一系列具有诗性精神的人物完成对当代都市精神的诗性建构。

池莉、方方、范小青等的市民小说尽管被人讥为“恶俗”，但他们却能通过对都市人的当下境遇、个体生存的物质幸福进行关怀而回到平民生存的现实需求层面。范小青的《城市民谣》，池莉的《冷也好热也好活着就好》、《你以为你是谁》，苏童的《城北地带》等，写出了市民们的独特的精神气质，尽管生活如网、人生如梦，他们却坚忍达观、平淡自如、奋发向上。池莉通过作品中印家厚、赵胜天、李小兰、庄建非等击节赞美“不屈不挠”的活，他们在“活”的过程中的自我发现、自我尊重，以及伴随着母爱而来的自身成长与“腹有诗书气自华”的诗性追求，燕华们花团锦簇地走在汉口街头成为一道美丽的风景。范小青的《城市民谣》中，生活的苦难也被完全过滤，生活如小河一般静静流淌，江南小城的情韵成为市民人生的诗意再现。

邱华栋、张欣等作家主要写出都市奋斗者的拼搏与守望。邱华栋虽然不止一次地指出城市生存如同“一台轮盘赌”，“一架绞肉机”，写出在都市利益原则面前人的异化与物化，但邱华栋不忘的是城市欲望所带来的进取的、无所顾忌的，充满着生命力的东西。他曾如此评价自己的作品：“我认为我的作品从来就不缺乏理想的光芒，我从《手上的星光》开始写到了中国城市化过程中的‘闯入者’——城市新移民，城市之于他们来说既是梦想的实现之地，也充满了各种各样的陷阱，每个人都在接受挑战和考验，不断面临新问题。我也许还没有塑造出一个让人永志不忘的人物形象，但是我塑造了都市新人类，他们是进取的，自由的，无视一切羁绊，蔑视知足守旧，同时他们又是贪欲的、向上的，无所顾忌的，充满了生命力。这一切都与中国的城市化有着相似的命脉。”确实，《手上的星光》、《沙盘城市》、《城市玻璃山》和长篇小说《城市战车》等作品都写出一批为了跃入上层、过上舒适生活而做的努力与挣扎的奋斗者。邱华栋的作品虽然充满物质、金钱、商品，表现物欲都市，但这些带来的更多的是前进的动力、拼搏向上的精神与随之而来的灵魂的坚守。所以，他们虽然没有家，一直在路上，但一直在追求之中。《手上的星光》中的林薇白手起家，一直靠自己的最原始的本钱在北京这个以物易物的都市接交关系，生存发展，虽然倍受打击，却一直前行。《哭泣游戏》中，黄红梅遵守都市生存法则，从一个外地小保姆一变而成豪华别墅的主人和女名人，不能忽视她为了实现欲望而进行的拼搏与努力；《环境戏剧人》中，环境戏剧人林格完成《纸葬》、《冰葬》后，最后以生命完成了环境戏剧《风葬》，充分表达了他对艺术的尊重、对信念的执著。《乐队》中主唱莫力那撕裂的声音与狂暴的演出风格似乎代表着他们奋斗的雄姿。而在他们的奋斗与追求中，他们的精神理想一直是“回到爱达荷”，找到他们青春的最后寄存地，他们的梦想与追求。邱华栋的小说世界时刻跃动着温馨人性的光芒，充满着对生活的信念与美的向往。张欣小说同样认同商业文化精神与物质利益原则。作为“蹁跹于都市的舞者”，她满怀深情，展现滚滚红尘，缕缕浪漫。在现代都市舞台上，张欣笔下的白领丽人奔波于写字楼、商业大厦、歌舞厅、金融界，或争当首席，或参与造星工程等。面对着都市竞争现实与残酷，张欣小说主人公不屈地挣扎奋斗。《爱又如何》中，爱宛从一个被晚娘虐待的小女孩，先是承包了供销社的东方红商场，狠赚一笔之后，又率先走精品路线，在第一时间内以曼姝莎丽的崭新面貌成为商界一颗瞩目的新星；《亲情六处》中简俐清从一个剧团演员发展为商界名流；《岁月无敌》中方佩带着女儿千姿到陌生的城市广州探星路、闯生活，为我们展现了一部传奇式的都市奋斗史。她坦言物欲都市，但又不忘表达都市人对爱与美的追寻。虽然“爱情奔袭”如“不系之舟”，景华却永远是朋友茵浓温情的港湾（《访问城市》），焦跃平也能与维沉成为世纪末的经典爱情标本（《亲情六处》），在《岁月无敌》中，母亲方佩也代表着至深至真至纯的母爱告别人世，使女儿千姿看到了这个混沌、虚假、拜金并且物欲横流的世界里的一点微光。张欣通过这些绘制出一个温情都市，旨在告诉读者人间有真爱，世间有真情。在王安忆的都市文本中，《富萍》叙述的是一个乡下女孩如何锲而不舍地试图进入上海的历程。她有着自己的观察，自己的思考，自己的决断，最终凭自己的努力在某种程度上达到了最初设定的目标：以合法的身份留在上海。《我爱比尔》中大学生阿三为了她心目中的西方文明，以某种偏执的方式不懈地追寻。都市以其魅惑让这一系列人物施展身手，尽显其智慧、勇气与魅力。在他们身上，我们可以找到一种喷薄而出的奋发向上的精神力量。

在都市化的商品经济社会中，女性向来被看作是欲望的象征。对于娱乐业高度发达的都市，消费与享乐是其突出的主题，女性身体成为最美的消费品。女性的被放逐与自我放逐使女性本体被物化为商品参与社会的交换。在这样的生存环境下，“以年轻貌美来换取丰衣足食是一种流行”，从而也导致了以女性诱惑为表征的多种文化的呈现。

但是不仅在王安忆、陈丹燕等文本中，女性具有打造生活的“硬劲”，在张欣、唐颖、缪永等作家的创作中，女性们也能“驶出欲望街”，实现自己的精神超越。

张欣小说中的白领们的生活虽是有声有色，但内心却渴望着爱的归宿，情感的依托。爱宛（张欣：《爱又如何》）虽在生意场上精明强干，在情感生活中却傻里傻气，渴望理想的至美至纯的爱情。在浪漫诗人肖拜伦身上，她渴望以诗情来慰藉自己满是创伤的心灵；《亲情六处》中与俐清的人生信条完全相反的维沉认为，任何东西都不能与感情与人格做交换。在她的人生奋斗中，她首先出于人格的自尊放弃了爱情，后又出于对感情的尊重放弃了嫁入豪门的可能。唐颖的《丽人公寓》想象了一座借以挡避都市尘嚣的“丽人公寓”，表达出作者的乌托邦梦想，并用之包裹了无可逃遁的心灵。（唐颖：《丽人公寓》）在缪永的《驶出欲望街》中，外语学院英语系毕业的志菲以其惊世骇俗的“反道德”勇气，接受了15万包银，把自己包给了大款韦昌（都市欲望的象征），后因双方认识了真情的可贵而“驶出欲望街”，获得了某种精神的升华。小说以一种“介入欲望”的“积极”姿态，来达到超越其上的道德回归，表达了一个关于都市“原罪”的想象以及自我救赎、最终脱离此岸的出走动机。特别是潘向黎的《白水青菜》，主人公在象征着与丈夫清淡而浓郁的“白水青菜”式的爱情消失了之后，最终超越了以丈夫为圆心，以孩子为半径的生活，开始了对生活的全新理解与自己全新创业生涯，演绎了一部新时期的“娜拉走后”。可以看出，女性在市场所带来的机遇与挑战中完成了自己艰难的抉择与转型。在人生的彷徨的十字路口，确立了自己的人生定位与审美追求。

新时期都市的迅猛发展给不少习惯于传统思维的人们带来了诸多的不适应，在一度“失范”的社会环境中他们茫然困惑，或因找不到意义而无所适从。在他们的眼中，乡村是人们永远的精神沃土，而都市是“罪恶的逃逋薮”。确实，都市以其物质的诱惑力使人们一度迷失，但不能忽略的是由商品交换与欲望所带来的力与美以及平等自由、不屈不挠、奋发向上的精神文化特征，以及经过理性思考后的道德回归与对人生的诗意追寻，这些在新时期都市文学中都得到了可贵的体现。

结语

综观20世纪中国文学中都市巫女的形象变迁，我们可以看到她们不仅随着中国都市的现代化进程的文化内涵转变而呈现出不断发展的轨迹，而且表现出精神突围的重要意义。从启蒙现代性、世俗现代性至审美现代性，从现代性的建构、解构以至于重构，女性形象呈现出异彩纷呈的精神内涵。整体而言，乘时代风潮变化的都市巫女体现的精神突围具有创造性的重要意义，同时由于女性要从几千年的菲勒斯中心文化中挣脱，未免带有过激性，而在性别文化中呈现出两性对抗的文化局面。从男性作家巫女表现的性别视点中对巫女的夸张、漫画化表达，我们可以见出男性对于道德行为规范变化了的女性接受的艰难及其对于女性解放理解的误区。

作为文化构成一部分的文学与整体文化产生互动，文学反映文化的发展变化，文学又推进文化的发展。所以，从20世纪都市巫女形象的发展演变中我们可以看到中国都市文化的走向。

一、女性突围的创造性

漫长的男权中心使男性统治根深蒂固。“父权制强加给女性的被动品格由女性自身得以发展，女性的才华往往被描述为被男性‘注入’或者由男性‘塑造’，而不是来源于和女性缪斯的感性交往。”① 女性们从来也没有想到有一天能摆脱男性的遮蔽与其对女性的规约。但是在民主和文明到来的一天，创世纪的神话果真被推翻，女性逐步完成对父权制的某种颠覆。弗洛伦斯·南丁格尔曾做出“下一个基督也许将是女性”的胆大包天预言也许不会实现，但是女性生活的巨大变化却无疑具有传奇色彩。既然男性创世神话可以被推翻，那么女性的再造神话也可以脱离常规，女性进一步的突围也从中得到启发与鼓励。如同张抗抗在《作女》中所说“‘作’是一种创意”。无形之中，推翻既有秩序，创造性地重建女性精神道德品格成为女性突围的显著特征。而既然要在既有的废墟上重建新的文化，批判性地对待以往的一切，创造性地向前发展便成为文化精英的必要工作。创造性作为一种时代精神，是以批判性为前提。对社会现实感觉敏锐的茅盾从肯定尼采的道德重估的精神出发，充分肯定不苟同先圣先贤的既有信条的时代创造精神，认为：“尼采最大的——也就是最好的见识，是要把哲学上的一切学说，社会上一切信条，一切人生观道德观重新称量过，重新把他们的价值估定……扫荡古来传习的信条，把古来所认为绝对的真理根本动摇”。“这一点可以借重来做摧毁历史传统的畸形桎梏与旧道德的利器，重

① 徐小斌．逃离意识与我的创作//中国新时期女性文学研究资料．济南：山东文艺出版社，2006：167-172.

新估定价值，创造一种新道德出来。”[①] 具体对于女性文化的建构，正如戴锦华所指出的：“在男性文化里有一个被分裂和被驱散的女性文化，是过去几年里女性主义思想中难以摆脱的一个尝试性主题。我们依赖男人而把自己互相间隔起来——在家庭里，在宗族里，在庇护人和机构的世界里，因此我们现在首先要承认并反对这些间隔物，其次，要开始探讨我们在这个星球上作为妇女所共同分享的一切。”批判性与创造性成为文化重建的重要质素，虽然这种批判与创造在具体表现中不无偏颇。如说对于性爱。性爱在中国传统文化中一直是一个讳莫如深的词汇，两性之间的欢愉要戴上堂而皇之的传宗接代的面具才能免受社会的唾弃，对于女性而言，追求性爱更要冒天下之大不韪。正如张爱玲所言：“她们的全部教育无非是教她们意志坚强，抵抗外界的诱惑——但她们耗费毕生的精力去挑拨外界的诱惑。”[②] 鲁迅《肥皂》中四铭老爷一方面怀着淫邪心理调戏女乞丐，一方面又正襟危坐，以道学家口吻训斥儿女正是对于伪道学的绝妙反讽。正因如此，在每一个历史时期，“性”解放成为女性解放的突破口，甚至把女性的身体的解放与女性的个性解放联系起来，身体解放成为个性解放的标志。《人海潮》中秦爱心女士将性欲与吃饭、拉矢等同，肯定性欲作为生理欲望的合理性，将性观念回复到上古时期《礼记》所述“饮食男女，人之大欲存焉”自然健全的状态中。苏青甚至将这句话移动一个标点，“饮食男，女人之大欲存焉”，从而以女性的视角肯定性欲的合理性。性主

---

① 茅盾．尼采的学说．学生杂志，1920，7（1）．

② 张爱玲．谈女人//金宏达，于青．张爱玲文集：第4卷．合肥：安徽文艺出版社，1992：64-72.

动，性狂欢成为以后男性颇觉诱惑、颇为棘手又稍加利用的复杂命题。不仅是异性爱，“姐妹情谊”也成为她们一再思考的问题。再比如传统文化对女性的阴柔气质比较认同，而突围中的女性很多具有“弥尔顿式的撒旦的美”，以恶魔的力量给都市文化带来冲击。

女性突围中的创造性探索为都市文化的发展带来多元化的价值取向，提供了多种可能。但是文化反叛席卷一切的狂飚突进的姿态却带有两性文化对抗性的特点。

二、女性突围的对抗性

中国新文化建立的姿态完全是颠覆性的。五四运动是伟大的思想解放运动，面对新旧势力的搏斗，人们对于旧有事物与外来事物采取的态度是绝对的。由此延续到社会主义革命、社会主义建设时代，人们的思维方式仍然是砸烂一切、打倒一切。特别是文化发展到解构性的时代，这种文化特性体现得更为剧烈。正如丹尼尔·贝尔说的：“今天人们所追求的，用亚历山大·米切尔里奇的话来讲，是一个‘没有父亲的社会’。打倒权威的意思无非是打倒任何父辈的观念，而不是同辈集团本身。”①

作为文化发展中最具代表性的一翼的女性文化更带有极端、激烈性质。她们对以往全部规范与价值观念的怀疑既体现出一种勇气，一种创造，同时在对以往文化身份“僭越”过程中，又表现为一种破坏，一种偏激，甚至简化为非此即彼两极型的思维方式，对立成为其最基本的心理机制。女性文化体系不仅公开挑战男性，而且挑战整个社

---

① ［美］丹尼尔·贝尔．资本主义文化矛盾．赵一凡，蒲隆，任晓晋，译．北京：三联书店出版社，1989：221.

会伦理价值体系。正如阿德里安娜·里奈在《妇女的天性》所表达的观点："在这里，'理性的'这一术语将其所拒绝处理的一切都归结于它的相反术语，结果就会使它认为是纯理性的，而不是首先寻求出自己的超现实和非理性的因素。"

既然女性饱受几千年男性的统治与压迫，她们就对男性/女性这一根本对立等级进行颠倒。清末民初的都市自由女针对封建社会的男子纳妾制度，她们提倡公妻与男妾；无名氏《金色的蛇夜》中的莎卡罗认为既然男人可以玩弄女性，那么女性也可以"嫖男子"；针对女性长期对男性的唯唯诺诺，盛可以小说中的女性坚持对男人说"不"，不能让"男人把绳索套进我们的脖子"，对男人可以 TURN ON，也可以 TURN OFF；既然男性把女性的德行放在首位，那么，她们不妨来个欲望的大狂欢。

无疑，性别公正是妇女解放的标志与前提。但是妇女的解放应该建立在人的基本权力和人格地位平等的前提下，具体地、历史地规范社会的性别关系，而不是逆反性地与男性对抗。所以，充分接受西方女性主义浸淫的第三代女学人并不强调性别对抗，她们强调"性别对话"，提倡"双性同体"或"双性和谐"的观念是客观的、正确的。

三、中国特有的文化传统所带来的对女性解放的误解

西蒙娜·德·波伏娃有一句话非常典型："女人不是天生的，女人是变成的。"也就是说，女人最终是文明和文化的结果。

自然，长期的文化积淀使社会对于女性解放的接受有一个过程。所以未免对男女两性的道德批判存在双重标准。比如清末民初小说中表现的男人逛窑子是一种正常的社会交际，而对待追求幸福自由的新女性却不乏明枪暗箭。而

中国特有的文化传统对女性解放更存在较大的误解。

况且，国家民族意识和社会意识在中国文化传统中一直居于主导地位，所以，对于女性解放的理解从政治与意识形态层面出发，着重于女性社会地位的提高。清末民初男性引导者下的启蒙意识是以罗兰、苏菲亚、贞德为楷模的，目的是在造就“国民之母”，将社会中未挖掘的女性力量挖掘出来最大可能地投入到民族解放与国家的现代性建构之中。一直到建国以来的“女性半边天”，“男女都一样”的社会意识，对女性解放的理解从来都是建立在国家民族意识和社会责任意识基础上的，缺乏对女性本身诸如生理、心理的温情关怀。在此意义上，女作家丁玲显得难能可贵。丁玲的可贵性就是在于，她以敏锐的性别意识感觉到革命政权内部由无形的性别观念和性别秩序构成的压抑性因素的存在。但是，丁玲等作家流露出来的可贵的个性意识与女性主体意识不仅被遮蔽而且受到压抑，以致丁玲以后的创作自然而然地将情感转为与工农兵一致。与其说丁玲是以一名“新女性”的形象受到文坛关注，毋宁说她是以一名“新战士”的面貌出现而备受尊重。她的女性意识逐渐萎缩，直到最后消散于革命意识与集体意识之中。所以作家李陀指出：“自五四以来，‘妇女解放’在中国一直是现代性话语不可或缺的部分。但是，很少有人警觉妇女的‘解放’从来不是针对以男权中心为前提的民族国家。恰恰相反，妇女解放必须和‘国家利益’相一致，妇女的解放必须依赖民族国家的发展——这似乎倒是一种共识。不仅梁启超作如是观，毛泽东亦作如是观。”① 号称“女王朔”的徐坤也敏锐地指出：“时代从来都是一条无形的枷锁。逆

---

① 李陀. 丁玲不简单——毛体制下知识分子话语生产中的复杂角色. 北京文学，1998（7）：29-39.

来顺受或是挣扎冲突，成为一代又一代女人逃不脱的命数，挣扎反叛的痛楚烙在一辈又一辈女人的躯体发肤上，比之男人们对时局动荡遭受的惨烈还要为甚。”① 面对中国特殊的文化语境，女性总会面临不期然落入被“他者”甚至是自我指认和误读的穷困境地。

四、都市文化走向

妇女的解放是人类解放的一个尺度，“妇女生活被看成一个领域，人们从中观察到社会和文化的规范变化对行为的影响，人们乐于追问妇女的经历是如何反映和响应历史潮流的，它又如何可以作为例子说明整个生活背景的重大变化所普遍引起的心理适应过程”。② 文学作品对于女性的书写无疑是文化发展潮流的表现，而女性形象蕴涵的一些不为人知的精神特质，也许正暗示着中国都市文化的走向。

在西方社会中，丹尼尔·贝尔分析西方资本主义的发展脉络，认为人类文明的发展经历自然世界、技术世界和社会世界三种背景，每一种背景都相应地拥有一种象征性的宇宙观。自然世界由命运和机遇控制，技术世界由理性和熵支配，从历史的发展角度来说，宗教作为与终极价值有关的意识形态，成为这两种背景中所共有的道德秩序的根据。由于科技理性的发展对于自然神秘性的祛魅，哲学代替了宗教，加之在信息化网络化社会中，社会存在主要通过人们的相互意识，而不依赖某种外界现实被人感知。“人之间的共有情操和感情纽带已经变得涣散和衰弱。给人

① 徐坤．双调夜行船——九十年代的女性写作//中国新时期女性文学研究资料．济南：山东文艺出版社，2006：195-222.

② 陈晓明．反抗与逃避：女性意识及其对女性的意识//中国新时期女性文学研究资料．济南：山东文艺出版社，2006：73-90.

提供共同身份证明和感情交流的基本因素——家庭、教区、教会和团体已经削弱了”[1]，“上帝死了”，社会的羁绊已经绷断。进入后工业社会，人伫立“一个他从未创造的世界上，孤独而恐惧”[2]，“社会世界只能具有在‘恐惧和战栗’中生活的特点”[3]。为此贝尔呼唤重新用宗教来拯救已死的资本主义文明，重建区分神圣与亵渎的体系。

中国文化传统向来缺乏固定的宗教信仰，不存在信仰破灭的问题。但是在商品结构占统治地位与市场经济高度发展，社会迈入信息化与网络化时代时，我们所面临的精神危机却是共同的。况且中国社会从启蒙时代、新民主革命时代与毛泽东时代的对真理的探求，对于崇高的热烈向往，对激情燃烧岁月的精彩演绎，对无悔青春的追寻，甚至领袖崇拜、英雄崇拜骤然进入到市场经济条件下物质利益原则支配冷冰冰的游戏规则中，失重的感觉是显而易见的，人生的虚无感也容易滋生。信息网络的高度发展，大量的“宅男”、“宅女”固守于网络的终端孤独自闭，与火热的现实生活离得太远，而产生种种心灵的苦闷，缺乏责任意识与奉献精神，以致发生精神危机。文学作品女性人物形象的表现也在反对永恒、消解意义的潮流中从理想的云端坠落到地面，从谌容作品中陆文婷式的为理想信仰的献身，张洁作品中柳泉、荆华、梁倩对自立、自强、自信的理想人格的执著，到卫慧等作品中的女主人公只追求一

---

① ［美］丹尼尔·贝尔．资本主义文化矛盾．赵一凡，蒲隆，任晓晋，译．三联书店出版社，1989：206.

② ［美］丹尼尔·贝尔．资本主义文化矛盾．赵一凡，蒲隆，任晓晋，译．北京：三联书店出版社，1989：200.

③ ［美］丹尼尔·贝尔．资本主义文化矛盾．赵一凡，蒲隆，任晓晋，译．北京：三联书店出版社，1989：205.

种当下感觉，追求瞬间，好像明日不再有的歇斯底里的欲望狂欢中明显昭示出都市文化一度失范的发展态势。而盛可以小说中对世俗婚姻的向往，在情欲纠缠中又对情表示执著，在世俗中挣扎但又不粘着于生活层面，能以特有的诗意情怀进行精神的提升，表明中国都市文化试图挣脱精神困境，找回精神皈依的努力。在世界性的寻找新的文化支点的努力中，中国也正加强仁爱、礼诚、忠勇、孝悌、信义等核心价值观的教育，中国传统文化的许多美德正唤起人们久违的记忆。中国的都市文化正朝着物质文明与精神文明双向发展，个人、民族、国家三位一体齐头并进，共同建构人类文明。

参考文献

一、著作、作品集与资料汇编

[1]［美］卡林内斯库. 现代性的五副面孔［M］. 顾爱彬，李瑞华，译. 北京：商务印书馆，2004.

[2]［美］丹尼尔·贝尔. 资本主义文化矛盾［M］. 赵一凡，蒲隆，任晓晋，译. 北京：三联书店出版社，1989.

[3]［德］马克思·韦伯. 新教伦理与资本主义精神［M］. 彭强，黄晓京，译. 西安：陕西师范大学出版社，2002.

[4]［英］迈克·费瑟斯通. 消费文化与后现代主义［M］. 南京：译林出版社，2000.

[5] 王岳川，尚水. 后现代主义文化与美学［M］. 北京：北京大学出版社，1992.

[6] 高宣扬. 后现代论［M］. 北京：中国人民大学出版社，2005.

[7]［德］马克思，恩格斯. 马克思恩格斯选集. 北京：人民出版社，1972.

[8]［德］本雅明. 发达资本主义时代的抒情诗人［M］. 张旭东，魏文生，译. 北京：三联书店，1989.

[9]［德］哈贝马斯. 公共领域的结构转型［M］. 上海：学林出版社，1999.

[10]［德］齐奥尔格·西美尔. 时尚的哲学［M］. 北京：文化艺术再版社，2001.

[11] 肖巍. 女性主义伦理学［M］. 成都：四川人民出版社，2000.

[12]［德］西蒙娜·德·波伏娃. 第二性［M］. 陶铁柱，译. 北京：中国书籍出版社，1998.

[13]［英］弗吉尼亚·伍尔夫. 一间自己的屋子［M］. 王还，译. 北京：三联

书店，1989.

[14] 张京媛. 当代女性主义文学批评 [M]. 北京：北京大学出版社，1993.

[15] [瑞士] 荣格. 荣格文集 [M]. 北京：北京改革出版社，1997.

[16] [美] 波利 · 扬 · 艾森卓. 性别与欲望——不受诅咒的潘多拉 [M]. 杨广学，译. 北京：中国社会科学出版社，2003.

[17] [法] 夏尔 · 波德莱尔. 波德莱尔全集：第 2 卷 [M]. 杭州：浙江文艺出版社，1999.

[18] 孟悦，戴锦华. 浮出历史地表：现代妇女文学研究 [M]. 北京：中国人民大学出版社，2004.

[19] 戴锦华. 镜城突围 [M]. 北京：作家出版社，1995.

[20] 戴锦华. 犹在镜中——戴锦华访谈录 [M]. 北京：知识出版社，1999.

[21] 戴锦华. 涉渡之舟：新时期中国女性写作与女性文化 [M]. 北京：北京大学出版社，2007.

[22] 张清华. 中国新时期女性文学研究资料 [M]. 济南：山东文艺出版社，2006.

[23] 刘慧英. 走出男权传统的樊篱——文学中的男权意识批判 [M]. 北京：三联书店，1996.

[24] 刘纳. 颠踬窄路行 [M]. 北京：作家出版社，1995.

[25] 夏晓虹. 晚清文人妇女观 [M]. 北京：作家出版社，1995.

[26] 黄乔生. 西方文化与现代中国妇女观 [M]. 北京：作家出版社，1995.

[27] 王绯. 睁着眼睛的梦 [M]. 北京：作家出版社，1995.

[28] 谭桂林. 宗教与女性 [M]. 北京：作家出版社，1995.

[29] 孟晖. 中原女子服饰史稿 [M]. 北京：作家出版社，1995.

[30] 解玺璋. 中国妇女向后转 [M]. 北京：作家出版社，1995.

[31] [韩] 洪信子. 为自由辨明 [M]. 北京：作家出版社，1995.

[32] 郑伊. 女智者共谋 [M]. 北京：作家出版社，1995.

[33] 胡缨. 翻译的传说：中国新女性的形成（1898—1918）[M]. 龙瑜宬，彭珊珊，译. 香港：凤凰出版传媒集团，南京：江苏人民出版社，2009.

[34] 姚玳玫. 想像女性 [M]. 北京：中国社会科学出版社，2004.

[35] 荒林，王红旗. 中国女性文化 [M]. 北京：中国文联出版社，2000.

[36] 荒林，王光明. 两性对话［M］. 北京：中国文联出版社，2001.
[37] 刘思谦. "娜拉"言说——中国现代女作家心路历程［M］. 上海：上海文艺出版社，1993.
[38] 巴里. 被奴役的性［M］. 晓征，译. 南京：江苏人民出版社，2000.
[39] 全国妇联. 五四时期妇女问题文选［M］. 北京：三联书店，1981.
[40] 周辅成. 西方伦理学名著选辑（上卷）［M］. 北京：商务印书馆，1964.
[41] 周辅成. 西方伦理学名著选辑（下卷）［M］. 北京：商务印书馆，1987.
[42]［美］R. E. 帕克，E. N. 伯吉斯，R. D. 麦肯齐. 城市社会学——芝加哥学派城市研究文集［M］. 宋俊岭，吴建华，王登斌，译. 北京：华夏出版社，1987.
[43]［英］马尔科姆·布雷德伯里. 现代主义的城市［M］. 上海：上海外语教育出版社，1990.
[44]［美］弗洛姆. 爱的艺术［M］. 刘福堂，译. 桂林：广西师范大学出版社，2002.
[45]［美］弗洛姆. 为自己的人［M］. 上海：三联书店，1988.
[46]［奥地利］弗洛伊德. 性爱与文明［M］. 杨韶刚，译. 北京：九州出版社，2003.
[47]［德］雅斯贝斯. 时代的精神状况［M］. 王德峰，译. 上海：上海译文出版社，1997.
[48]［前苏联］巴赫金. 拉伯雷研究［M］. 石家庄：河北教育出版社，1998.
[49] 熊月之，周武. 海纳百川——上海城市精神研究［M］. 上海：上海人民出版社，2003.
[50] 金丝燕. 文化的接受与文化过滤［M］. 北京：中国人民大学出版社，1994.
[51] 全国妇联妇运史研究室. 中国妇女运动史（新民主主义时期）［M］. 北京：春秋出版社，1989.
[52]［美］许烺光. 宗族、种族、俱乐部［M］. 北京：华夏出版社，1990.
[53] 吴健熙，田一平. 上海生活（1937—1941）：老上海期刊经典［M］. 上海：上海社会科学院出版社，2006.
[54] 王书奴. 中国娼妓史［M］. 北京：团结出版社，2004.

[55] 魏绍昌，吴承惠．鸳鸯蝴蝶派研究资料［M］．上海：上海文艺出版社，1962.

[56] 张林杰．都市环境中的20世纪30年代诗歌［M］．北京：中国社会科学出版社，2007.

[57] 周作人．苦雨［M］．北京：京华出版社，2005.

[58] 辜鸿铭．辜鸿铭作品精选［M］．武汉：长江文艺出版社，2004.

[59] 沈从文．沈从文文集［M］．广州：花城出版社，上海：生活·读书·新知三联书店，1984.

[60] 张抗抗．作女［M］．北京：华艺出版社，2002.

[61] 郭宏安．论恶之花［M］．桂林：漓江出版社，1992.

[62] 鲁迅．鲁迅全集［M］．北京：人民文学出版社，2005.

[63] 茅盾．茅盾全集［M］．北京：人民文学出版社，1991.

[64] 李泽厚．中国思想史论［M］．合肥：安徽文艺出版社，1999.

[65] 熊月之．上海通史［M］．上海：上海人民出版社，1999.

[66] 唐振常．近代上海繁华录［M］．香港：商务印书馆，1993.

[67] 郁慕侠．上海鳞爪［M］．上海：上海书店出版社，1998.

[68] 郑祖安．海上剪影［M］．上海：上海辞书出版社，2001.

[69] 徐国桢．上海生活［M］．上海：世界书局，1930.

[70] 张秀熟．五四运动在四川的回忆［M］//五四运动回忆录．北京：中华书局：1959.

[71] 谭桂林．长篇小说与文化母题［M］．长沙：湖南师范大学出版社，2002.

[72] 杨剑龙．上海文化与上海文学［M］．上海：上海人民出版社，2007.

[73] 司马长风．中国新文学史［M］．香港：昭明出版社有限公司，1978.

[74] 夏志清．中国现代小说史［M］．上海：复旦大学出版社，2005.

[75] 范伯群．中国近现代通俗文学史（上下册）［M］．南京：江苏教育出版社，2000.

[76] 王德威．想像中国的方法［M］．上海：三联书店，1998.

[77] 陈平原．中国现代小说的起点：清末民初小说研究［M］．北京：北京大学出版，2005.

[78] 杨联芬．晚清至五四：中国文学现代性的发生［M］．北京：北京大学出

版社，2003.
[79] 王德威. 被压抑的现代性——晚清小说新论 [M]. 北京：北京大学出版社，2005.
[80] 阿英. 晚清小说史 [M]. 北京：上海：东方出版社，1996.
[81] 陈平原，夏晓虹. 二十世纪中国小说理论资料 [M]. 北京：北京大学出版社，1997.
[82] 宋剑华. 现代性与中国文学 [M]. 济南：山东教育出版社，1999.
[83] 李欧梵. 上海摩登 [M]. 毛尖，译. 北京：北京大学出版社，2001.
[84] 李今. 海派小说与现代都市文化 [M]. 合肥：安徽教育出版社，2000.
[85] 钱理群，温儒敏. 中国现代文学三十年 [M]. 北京：北京大学出版社，1998.
[86] 李俊国. 中国现代都市小说研究 [M]. 北京：中国社会科学出版社，2004.
[87] 李洁非. 城市像框 [M]. 太原：山西教育出版社，1999.
[88] 蒋述卓. 城市的想象与呈现 [M]. 北京：中国社会科学出版社，2003.
[89] 王文英. 上海现代文学史 [M]. 上海：上海人民出版社，1999.
[90] 李涵秋. 广陵潮 [M]. 长沙：湖南文艺出版社，1998.
[91] 李涵秋. 魅镜 [M]. 哈尔滨：黑龙江人民出版社，1999.
[92] 徐枕亚. 玉梨魂 [M]. 南昌：江西人民出版社，1986.
[93] 网蛛生. 人海潮 [M]. 长沙：湖南文艺出版社，1998.
[94] 张恨水. 金粉世家 [M]. 太原：北岳文艺出版社，2003.
[95] 张恨水. 春明外史 [M]. 太原：北岳文艺出版社，2000.
[96] 张恨水. 现代青年 [M]. 北京：人民文学出版社，1985.
[97] 张恨水. 啼笑因缘 [M]. 太原：北岳文艺出版社，1993.
[98] 张恨水. 五子登科 [M]. 太原：北岳文艺出版社，1993.
[99] 张恨水. 似水流年 [M]. 太原：北岳文艺出版社，1993.
[100] 孙家振. 海上繁华梦 [M]. 长春：时代文艺出版社，2003.
[101] 刘呐鸥. 刘呐鸥小说全编 [M]. 上海：学林出版社，1997.
[102] 刘呐鸥. 都市风景线 [M]. 北京：中国文联出版社，2004.
[103] 穆时英. 穆时英小说全集 [M]. 长春：时代文艺出版社，1998.

[104] 施蛰存. 沙滩上的脚迹 [M]. 沈阳：辽宁教育出版社，1995.

[105] 施蛰存. 北山散文集 [M]. 上海：华东师范大学出版社，2001.

[106] 施蛰存. 十年创作集 [M]. 上海：华东师范大学出版社，1996.

[107] 施蛰存. 蝴蝶夫人 [M]. 北京：京华出版社，2006.

[108] 无名氏. 海艳 [M]. 广州：花城出版社，1995.

[109] 无名氏. 金色的蛇夜 [M]. 上海：上海文艺出版社，2001.

[110] 无名氏. 淡水鱼冥思 [M]. 广州：花城出版社，1995.

[111] 白先勇. 白先勇文集 [M]. 上海花城出版社，2000.

[112] 张爱玲. 张爱玲文集 [M]. 合肥：安徽文艺出版社，1992.

[113] 苏青. 苏青经典作品 [M]. 北京：当代世界出版社，2003.

[114] 丁玲. 莎菲女士日记 [M]. 北京：京华出版社，2005.

[115] 丁玲. 丁玲短篇小说选 [M]. 北京：人民文学出版社，1981.

[116] 严家炎. 新感觉派小说选 [M]. 武汉：湖北长江出版集团，长江文艺出版社，2009.

[117] 陈染. 陈染文集 [M]. 南京：江苏文艺出版社，1996.

[118] 卫慧. 卫慧作品全篇 [M]. 桂林：漓江出版社，2000.

[119] 盛可以. 火宅 [M]. 沈阳：春风文艺出版社，2003.

[120] 盛可以. 取暖运动 [M]. 沈阳：春风文艺出版社，2006.

[121] 盛可以. 道德颂 [M]. 上海：上海文艺出版社，2007.

[122] 盛可以. 水乳 [M]. 沈阳：春风文艺出版社，2003.

[123] 盛可以. 谁侵占了我 [M]. 长春：时代文艺出版社，2002.

二、论文

[1] 秦境. 上海社会的魔力 [N]. 民立报，1911-09-12.

[2] 刘巧凤. 我的婚制解放谈——自由恋爱 [J]. 解放画报，1923（6）.

[3] 何血痕. 礼教下的新“鬼”[J]. 觉悟，1922-09-08.

[4] 陈学勇. 闲话陆小曼 [J]. 中国图书评论，2005（2）：46-48.

[5] 陈独秀. 吾人最后之觉悟 [J]. 青年杂志，1916，1（6）.

[6] 丁玲. 三八节有感 [N]. 解放日报，1942-03-09.

[7] 施蛰存. 又关于本刊的诗 [J]. 现代，1933，4（1）：6-7.

[8] 杜衡. 文人在上海 [J]. 现代，1933，4（2）.

[9] 姚雪垠. 京派与魔道［J］. 芒种，1935（8）.

［10］谭桂林. 论现代中国文学的都市诗［J］. 文学评论，1998（5）：133-144.

［11］谭桂林. 现代都市文学的发展与《子夜》的贡献［J］. 文学评论，1991（5）：4-17.

［12］陈思和. 论海派文学的传统［J］. 杭州师范学院学报，2002（1）：1-6.

［13］张英进. 批评的漫游性：上海现代派的空间实践与视觉追寻［J］. 中国比较文学，2005（1）：90-103.

［14］李欧梵. 现代性的中国面孔［J］. 文艺理论研究，2000（6）：2-22.

［15］吴福辉. 多棱镜下有关现代上海的想象［J］. 湖北大学学报（哲社版），2003（4）：7-14.

［16］朱志荣. 现代通俗文学与新文学关系论［J］. 上海文化，2007（1）：72-80.

［17］郑坚. 五四以来中国文学中小资产阶级人物形象溯源［D］. 复旦大学，2004.

［18］李永东. 租界文化与三十年代文学［D］. 山东大学，2005.

［19］杜英. 对于1949年前后上海的想象与叙述——以90年代的上海创作为例［J］. 文艺争鸣，2005（2）：111-120.

［20］李兴阳. 被消费的都市女人——刘呐鸥中日新感觉派小说著译比较之二［J］. 阜阳师范学院学报，2003（2）：24-26.

［21］彭小妍. 刘呐鸥一九二七年日记——身世、婚姻与学业［J］. 读书，1998（10）：133-141.

［22］皮皮. 女人与小说［J］. 文学自由谈，1989（3）：2.

［23］林白. 记忆与个人化写作［J］. 花城，1996（5）：124-125.

［24］陈染. 陈染自述［J］. 小说评论，2005（5）：35-37.

［25］于展绥. 女人在路上——80年代后期当代小说女性意识流变［J］. 小说评论，2002（1）：28-32.

［26］孙长军. 大众文化的失范——析卫慧小说的道德反美学倾向［J］. 当代文坛，2003（4），22-25.

［27］马春花. 刀刃上的舞蹈——评卫慧《上海宝贝》兼及晚生代女作家创作［J］. 小说评论，2000（3）：29-34.

[28] 盛可以. 盛可以小说创作对谈录 [J]. 河池学院学报, 2005 (6): 72-75.

[29] 盛可以, 阚兴韵. 著名青年作家盛可以访谈录 [EB/OL]. 2009-04-18 [2009-05-20]. http: //www. wzwb. com. cn/.

[30] Wirth Louise. Urbanism As a Way of Life [J]. American Journal of Sociology, 1938 (44): 3-24.

后记

我从1999年考入上海师范大学攻读硕士学位、迈入上海这个现代化都市开始，似乎就与都市文学、都市文化结下了不解之缘。在导师杨剑龙先生的指导下，我的硕士论文选取了现当代两个风头正健的都市女作家张爱玲与王安忆作为评论对象，对她们在都市文学与女性文学发展的作用予以标志性的定位，在对两位作家的比照研究中分析其各自所处时代在创作特色，力图梳理从张爱玲到王安忆都市文学与女性文学关系的发展，这是我研究都市文学的开始。在导师杨剑龙先生的指导、鞭策与鼓励下，几年来我在都市文学领域笔耕不息，也取得了一定的成绩：如论文被人大复印资料摘转、在全省论文评选中获奖以及系列论文获社科成果奖等等，从而给我继续研究以不少的勇气与鼓励。2006、2007年我连续获得湖南省社科联、省教育厅与益阳市科技计划三个关于都市的立项资助科研项目，这也给我进一步研究以不少信心。2006 年我考入湖南师范大学师从谭桂林先生攻读博士学位。谭老师从我的既往研究与所供职学校（湖南城市学院）的特点出发，建议我继续在都市这一块开掘，继而将都市文学与都市文化联系起来。出于对那些离奇怪异女性人物形象的热爱及女性解放与社会解放密切相关度的重视，在谭老师的启发下，我选择了都市女性形象与都市文化的关系作为切入视角，系统梳理 20 世纪都市女性形象与都市文化的相互影响、互相诠释的发展历程。

十余年的艰辛交出的也许是一份不太满意的答卷，但是生命的意义却在于不断的探求当中。为此，我欣然享受这一生命追求的过程。

在这一本小书即将付梓之时，我深深感谢我的导师杨剑龙先生与谭桂林先生。他们的学识修养、为人为文都让我非常钦佩与敬重，并对我人生之途以深深感染与重要启迪，因此也让我觉得我的人生非常幸运。感谢我的硕士生导师杨剑龙先生，是他指导我蹒跚学步，引领我走入学术的殿堂；感谢我的博士生导师谭桂林先生，在繁忙的工作中，他仍以精益求精的态度引导我在学术的道路上攀登。记忆中谭老师疲倦的身影与不倦的教诲，让我尤其感动。感谢湖南师大凌宇先生、罗成琰先生、赵树勤先生、上海师大的陈娟先生对我的教育与帮助。感谢湖南师大出版社何海龙老师、吴亮芳老师为我的书稿付出的辛勤劳动。感谢我的同学《文艺报》评论部主任刘颋，在我写作的焦灼中，她经常对我说：“我能为你做点什么吗?”她的很多建议给我带来有益的启示，许多帮助让我觉得异常温暖。在与我的同学与朋友的交流中，我觉得我找到了我的精神同盟。感谢湖南城市学院中文系与学报编辑部对我的培养与支持，感谢我的家人对我的默默支持与无私奉献，我的先生在这几年间为了家庭与自己的事业每天都像一个陀螺式的运转，我的孩子总是懂事得让人心疼。感谢我所有的亲友们！

在即将结束书稿的写作之时，回望苍茫岁月，百感交集。前路依然很漫长，我仍将继续前行！

傅建安

2010 年 6 月